rowohlt
POLARIS

Dana Buchzik

Warum wir Familie und Freunde an radikale Ideologien verlieren – und wie wir sie zurückholen können

Rowohlt Polaris

Originalausgabe
Veröffentlicht im Rowohlt Taschenbuch Verlag, Hamburg, Februar 2022

Covergestaltung HAUPTMANN & KOMPANIE Werbeagentur, Zürich
Lektorat Karin Schneider
Satz Noort bei Dörlemann Satz, Lemförde
Druck und Bindung CPI books GmbH, Leck, Germany
ISBN 978-3-499-00746-0

Die Rowohlt Verlage haben sich zu einer nachhaltigen Buchproduktion verpflichtet. Gemeinsam mit unseren Partnern und Lieferanten setzen wir uns für eine klimaneutrale Buchproduktion ein, die den Erwerb von Klimazertifikaten zur Kompensation des CO_2-Ausstoßes einschließt.
www.klimaneutralerverlag.de

FSC www.fsc.org MIX Papier aus verantwortungsvollen Quellen FSC® C083411

Inhalt

Wenn Aufgeben keine Option ist

April 2020: der erste Lockdown. Die Straßen waren wie leer gefegt, die Geschäfte geschlossen – und mein Postfach quoll über. Es waren vor allem junge Erwachsene, die mir schrieben und um Hilfe baten: Angehörige und Freunde, Nachbarn und Kollegen, die sie für besonnen und reflektiert gehalten hatten, teilten plötzlich in den sozialen Medien krude Verschwörungserzählungen und boykottierten alle Maßnahmen zur Pandemieeindämmung. Meine ehrenamtliche Kommunikationsberatung für Menschen, die im direkten Umfeld Radikalisierung erleben, war erst im Januar gestartet; das Thema Radikalisierung aber begleitet mich bereits ein Leben lang. Ich wurde in eine Sekte hineingeboren und habe mich schon als Kind zum ersten Mal gefragt, wie und warum Radikalisierung funktioniert, auch wenn ich das Wort damals natürlich noch nicht kannte. Ich wollte verstehen, was den Zauber radikaler Ideologien ausmacht und wie er gebrochen werden kann. Je älter ich wurde, desto schmerzhafter stellte sich mir die Frage, warum sich weder Politik noch Mehrheitsgesellschaft dafür interessierten, was tagtäglich in radikalen Parallelgesellschaften passiert. Warum es so oft nicht Ermittlern oder Jugendämtern, sondern Journalisten zu verdanken war, wenn Scharlatanerie, Finanzbetrug oder Kindesmissbrauch aufgedeckt wurden. Warum es zum Thema Sekten vor allem kitschige Autobiografien zu lesen gab und keine Sachbücher, die erklärten, wie Manipulation funktioniert und wie man sich gegen sie wappnen kann. Um es mit den Worten der Sektenexpertin Ursula Caberta zu sagen: «Wir schützen die

Menschen heute besser vor Gammelfleisch als vor denen, die es auf ihre Psyche abgesehen haben.»[1]

Im Frühjahr 2020 war ich seit knapp acht Jahren Journalistin. Ich hatte die Redaktion der «No Hate Speech»-Kampagne geleitet, der deutschen Sektion eines Europaratprojekts, und hielt Seminare zum Umgang mit Online-Hass und Verschwörungserzählungen. Ich hatte Tausende Seiten wissenschaftlicher Literatur über Radikalisierung verschlungen – und mich damit abgefunden, dass das Thema für die Gesellschaft nicht wirklich relevant war. Die Nachrichten aber, die mich erreichten, weckten Hoffnung in mir. Plötzlich stellten auch andere die Fragen, die mich seit so langer Zeit begleiteten: Welche kommunikativen Techniken helfen uns dabei, radikale Menschen wirklich zu erreichen? Wie können wir sie dabei unterstützen, aus einer radikalen Gruppe auszubrechen? Wie können wir im besten Fall von vornherein verhindern, dass sie in Parallelgesellschaften abdriften und nicht nur sich selbst, sondern auch ihren Kindern, ihren Angehörigen, ihren Freunden schaden?

Viele der Menschen, die mich kontaktierten, wussten entweder nichts von den Beratungsangeboten, die es im deutschsprachigen Raum gibt, oder hatten ihr Glück versucht, waren aber mit hohlen Phrasen abgespeist worden. Manche hatten in Zeitungsartikeln oder Social-Media-Beiträgen gelesen, dass sie «Gegenrede» betreiben müssten; ihre Erfahrung zeigte aber, dass Gegenrede alles nur schlimmer machte. Andere hatten in Buchläden und Bibliotheken nach praxisorientierten Hilfestellungen gesucht, aber nur historische Rückblicke oder kulturpessimistische Gesellschaftsanalysen gefunden, die Radikalisierung als Überforderungssymptom in einer globalisierten Welt relativierten.

Ich wollte nicht mehr darauf warten, dass jemand ein Buch

veröffentlicht, das eine Brücke zwischen Erkenntnissen der internationalen Radikalisierungsforschung und konkreten, anwendbaren Strategien für den Alltag schlägt. Also habe ich über die Manipulationsstrategien radikaler Missionare geschrieben, über toxische Gruppendynamiken und die Illusion radikaler Heldenreisen. Über die Psychologie hinter dem Abdriften in Parallelgesellschaften und die gesellschaftlichen Nährböden für Radikalisierung. Darüber, wie wir den Kontakt zu radikalen Personen im direkten Umfeld aufrechterhalten und konfliktärmer gestalten können. Und was in Politik und Sozialwesen wichtig wird, wenn wir auch in Krisenzeiten bestehen wollen – als Familie, als Freundeskreis, als Kollegium und als Gesellschaft. Schön, dass Sie da sind. Packen wir's an.

I

Radikal sind immer die anderen

In jedem anderen Jahr wäre der Begriff «Radikalisierung» für Terrorismus reserviert geblieben. In jedem anderen Jahr hätten die meisten Menschen nur herzlich gelacht, wenn sich ein ehemaliger Berufspokerspieler bei seinem Engagement für «die Wahrheit» in der Tradition Martin Luthers verortet oder wenn Zehntausende fest davon überzeugt sind, dass Bill Gates, Mobilfunkmasten oder außerirdische Vampire für eine globale Pandemie verantwortlich sind. Über eine 22-jährige Studentin, die von ihrem Erlebnis, eine Versammlung anzumelden, so beflügelt ist, dass sie sich kurzerhand mit Sophie Scholl vergleicht, oder über ein elfjähriges Mädchen, das ernsthaft verkündet, es habe sich wie Anne Frank gefühlt, als es seinen Geburtstag leise feiern musste, hätten sie nur den Kopf geschüttelt. Es ist verlockend einfach, solche Menschen zu verspotten und sie für ungebildet, dumm oder gar psychisch krank zu erklären. Es ist ein großer Luxus, sich von einem gesamtgesellschaftlichen Problem nicht gemeint zu fühlen und sich einzureden, dass man selbst oder das eigene Umfeld «so einen Blödsinn» niemals glauben würde.

Das Jahr 2020 hat vielen von uns diesen Luxus genommen. Es waren nicht mehr «die anderen», sondern unsere Onkel und Cousinen, Mütter und Söhne, Nachbarinnen und gute Freunde, die unter dem Motto «Querdenken» auf die Straße gingen. Die neben polizeibekannten Rechtsextremen und unter wehenden Reichskriegsflaggen marschierten. Die Wissenschaft und Politik ausnahmslos als korrupt aburteilten. Die Straflager oder gleich den Tod für Virologen, Journalisten und Regierungsmitglieder forderten. Das monatelange kollektive Staunen darüber, dass «ganz normale» Menschen mit ihren Kindern unter wehenden Reichskriegsflaggen herliefen und es irgendwie nie mitbekamen, wenn nicht nur Friedensgebete, sondern auch Holocaust-Leugnung und Mordfantasien gegen Politiker aus den Lautsprechern schallten, sprach Bände. Überraschung: Auch gut situierte Bürger können menschenfeindliche Ideologien hegen! Auch Demokratieverächterinnen haben Kinder! Auch Menschen, die Gewalt predigen, halten sich für Botschafter der Liebe!

In den ersten Pandemiemonaten rätselten Politik und Medien über den wundersamen Kitt, der so «plötzlich» diese «unerwarteten» Allianzen möglich machte, statt auch nur einen Blick in die Geschichtsbücher zu werfen: Schon im 19. Jahrhundert instrumentalisierten Rechte erfolgreich die breite Front, die sich gegen Bismarcks Pocken-Impfpflicht gebildet hatte. Die Angst davor, sich gezielt mit Kuhpocken infizieren zu lassen, wurde durch wilde Verschwörungsmythen und antisemitische Stereotype befeuert: Geimpfte Menschen würden sich in Kühe verwandeln,[2] hieß es, und das «Einimpfen von Krankheiten» sei eine jüdische Erfindung. Später hetzten die Nationalsozialisten gegen die angeblich «verjudete Schulmedizin».[3] Die rechtsextremistische Überzeugung, dass in einer «naturgegebenen» Ordnung nicht jedes Leben gleich viel wert sei und bei feindlichen Angriffen – ob von Menschen oder Viren – immer «die Weißen» als Sieger hervorgehen würden, war in Teilen der Esoterikszene durchaus anschlussfähig: Denken wir etwa an Helena Petrovna Blavatsky, die Ende des 19. Jahrhunderts eine esoterische Geheimlehre rund um «Wurzelrassen» entwickelte, deren höchste Stufe angeblich die «germanische Rasse» darstellte.[4] Zu den Abspaltungen der von Blavatsky mitgegründeten Theosophischen

Gesellschaft gehört auch die Anthroposophie, ins Leben gerufen von Impfgegner Rudolf Steiner, der unter anderem der Überzeugung war, dass das Judentum «keine Berechtigung innerhalb des modernen Völkerlebens» habe und seine Erhaltung «ein Fehler der Weltgeschichte» gewesen sei.[5] Steiner sah die Demokratie als Werk dunkler Mächte, gesteuert von den «Finanzleuten» beziehungsweise dem «Großkapitalismus»[6]: ein klassischer antisemitischer Verschwörungsmythos. Politiker waren in seinen Augen ebenso wie Journalisten chronische Lügner[7] – Überzeugungen, die auch heutige Impfgegner pflegen. Auch in der jüngeren Vergangenheit, im Jahr 2019, haben Impfgegner gemeinsam mit Rechtsextremisten, Reichsbürgern und Verschwörungsgläubigen demonstriert – vereint in der Empörung über die Impfpflicht gegen Masern.[8]

Repräsentative wissenschaftliche Erkenntnisse über Querdenker sind bislang Mangelware. Es liegen nur erste kleinere Studien sowie Erkenntnisse des Verfassungsschutzes vor: Analysen der Demonstrationen gegen die Corona-Maßnahmen, Analysen öffentlicher Äußerungen in einschlägigen Telegram-Kanälen sowie Befragungen von Maßnahmenkritikern und Querdenkern. Die bisherige Datenlage liefert einen ersten Aufschluss über ihren Hintergrund, gerade die Befragungen müssen allerdings mit Vorsicht betrachtet werden: Jede radikale Bewegung hat ein Interesse daran, sich so positiv wie möglich darzustellen. Es wäre daher möglich, dass sich vor allem Personen mit hohem Bildungsgrad und einer Zugehörigkeit zu oberen sozialen Schichten an den Befragungen beteiligt haben oder dass bewusst beschönigt oder auch gelogen wurde. Gerade wenn evidenzbasierte Wissenschaft angezweifelt oder gar als Feindbild konstruiert wird, ist die Hemmschwelle vermutlich sehr niedrig, Vertretern ebendieser Wissenschaft die Unwahrheit zu sagen. Während die COSMO-Studie zur Impfbereitschaft der Menschen in Deutschland[9] zeigt, dass Ungeimpfte eher einen niedrigeren Bildungsgrad haben und häufiger arbeitslos sind, zeichnen die Befragungen von Querdenken-Demonstranten ein anderes Bild: Sowohl der Anteil an Akademikern (34 Prozent im Vergleich zu 18,5 Prozent in der deutschen Gesamtbevölkerung) als auch der Anteil an Angehörigen der Mittelschicht (über 66 Prozent im Vergleich zu 47,5 Prozent in der Gesamtbevölkerung)[10] scheint überdurchschnittlich hoch zu sein. Ein Spektrum des Bürgertums, in dem radikale Ideen nicht unbedingt erwartet werden. Ob diese Zahlen nun die Realität abbilden oder nicht: Wer viele Privilegien hat, läuft tatsächlich eher Gefahr, sich zu radikalisieren.[11] Er bringt nicht nur zeitliche und finanzielle Ressourcen mit, um sich ausgiebig seiner Idee des «Widerstands» zu widmen, täglich stundenlang im Netz zu diskutieren und alle paar Wochen quer durch die Republik zur nächsten Querdenken-Demonstration zu reisen, sondern er ist auch daran gewöhnt, von Politik und Gesellschaft gesehen und gehört zu werden. Im Zweifelsfall ist er davon überzeugt – oder lässt sich gern überzeugen –, dass seine persönlichen Bedürfnisse wichtiger seien als die Regeln des gesellschaftlichen Zusammenlebens und dass er das Zeug dazu habe, die Welt für immer zu verändern.

2020 ist offensichtlich geworden, dass Radikalisierung kein Problem ist, das nur «Außenseiter» oder «Abgehängte» betrifft – und dass sie in den meisten Fällen lange vor der Pandemie begonnen hat. Das spiegelten auch die Anfragen wider, die mich im ersten Frühjahr der Pandemie erreichten: Die Künstlerin, deren Expartner vom Antifaschisten zum Reichsbürger geworden war. Die Schülerin, deren Mutter ihr von klein auf so viele Schauermärchen über «Schulmediziner» erzählt hatte, dass sie panische Angst vor Ärzten entwickelt hatte und selbst vor Routineuntersuchungen nicht mehr schlafen konnte, weil ein Teil von ihr tatsächlich glaubte, bei dem Termin sterben zu müssen. Der Student, dessen Mutter ihn zu verstoßen drohte, weil er nicht an QAnon-Verschwörungsmythen glauben wollte. Die junge Medizinerin, deren Familie sie als Handlangerin der Pharmaindustrie beschimpfte. Der Literaturwissenschaftler, der von seinem kleinen Neffen förmlich angefleht wurde, ihm Lesen beizubringen: Die Mutter hatte ihn in eine private Schule geschickt, wo Basteln und Waldspaziergänge wichtiger waren. Später steckte sie mehrere Besucher ihrer «maskenfreien» Yogakurse mit Covid-19 an, verbrachte ihre Quarantäne damit, die WhatsApp-Gruppe der Familie mit Querdenker-Parolen zu fluten, und deklarierte schließlich ihr Long Covid als psychosomatischen Stress aufgrund der vielen «Schlafschafe» in ihrer Umgebung. In allen Fällen, die ich in meiner Beratung erlebt habe, gab es schon Jahre vor der Pandemie erste Warnzeichen. Das direkte Umfeld aber hatte diese Signale als harmlose Exzentrik oder als Ausdruck einer schwierigen Phase abgetan, als etwas, das sich irgendwann von selbst erledigen würde. Dass ihre Verwandten oder Freunde radikal sein könnten, hätten sie nie für möglich gehalten – nicht zuletzt, weil der Begriff «Radikalisierung» immer wieder von Politik und Medien verzerrt wird.

Politische Definitionen werden der Realität nicht gerecht

Für Regierungen gilt Radikalisierung gemeinhin erst als problematisch, wenn organisierte Gruppen Straftaten begehen und die Schlagzeilen füllen. Die internationale Radikalisierungsforschung erlebte Sternstunden der Förderung vor allem dann, wenn Attentate verübt worden waren: nach den Flugzeugentführungen in den späten 1970er und frühen 1980er Jahren, nach dem 11. September 2001 und nach dem Ausruf des Kalifats durch den selbsternannten Islamischen Staat (IS) im Jahr 2014. Forschung zu Verschwörungsmythen, Impfgegnerschaft, Wissenschaftsfeindlichkeit, Sekten und Scharlatanen hingegen geriet viel zu oft ins Hintertreffen. Ein Fokus auf Akteure, die unsere staatliche Ordnung gewaltsam zerstören wollen, ist richtig und wichtig. Eine alleinige Fixierung auf diese Akteure aber verstellt den Blick darauf, dass das Phänomen Radikalisierung auch Menschen einschließt, die niemals Gewalt ausüben würden.

Im eigentlichen Wortsinn nämlich bedeutet «radikal» nichts Schlechtes. Der Begriff ist vom lateinischen «radix» für «Wurzel» abgeleitet: Wer radikal ist, will an Problemen nicht oberflächlich herumdoktern, sondern sie nachhaltig lösen, sie «mit der Wurzel» aus dem Boden reißen. Auch der Einsatz gegen Sklaverei oder für ein Frauenwahlrecht war radikal und – zu seiner Zeit – extrem: Die Ziele standen im Konflikt mit der Norm setzenden Mehrheit. Die Mehrheitsmeinung ist aber, wie die Geschichte zeigt, nicht in Stein gemeißelt. Denken wir etwa an die Themen Klima und Umwelt: 2020 wünschten sich 63 Prozent der Deutschen, dass die Covid-19-Konjunkturmaßnahmen auch dem Klimaschutz zugutekämen;[12] 74,5 Prozent zeigten sich dazu bereit, ihr Verhalten zugunsten des Klima- und Umweltschutzes zu verändern.[13] Einige konservative und rechtspopulistische Politiker aber beharren nach wie vor darauf, dass Klimaschutz ein Nischenthema sei. Sie unterstellen der Aktivistin Greta Thunberg und Fridays for Future eine «Ideologie», die mit Demokratie nichts zu tun hätte, sondern «extremistisch» sei. So versuchen sie nicht nur, eine wissenschaftlich fundierte Argumentation als eines von vielen möglichen Wertesystemen abzutun, sondern verzerren Klimaschutz auch als potenziell gewaltbereite Abkehr vom gesellschaftlichen Konsens.

Der Verfassungsschutz sieht Extremismus als ein Verhalten an, das «auf eine Beeinträchtigung oder Beseitigung des staatlichen Grundgefüges» hinauslaufe.[14] Unterschieden wird hier zwischen der im Rahmen der Meinungsfreiheit rechtlich zulässigen radikalen Meinung und einem die Grenze des Zulässigen überschreitenden extremistischen Verhalten: Wenn also jemand öffentlich kundtut, dass er die Demokratie für ein gescheitertes oder gefährliches System hält, gilt er als «radikal». Solange er aber nicht die Grenzen der Meinungsfreiheit überschreitet und die Gesetze ebendieser Demokratie befolgt, bleiben solche Bekundungen folgenlos: «Das Grundgesetz kennt nur die Pflicht zur Gesetzestreue, nicht aber eine Werteloyalität»,[15] heißt es auf der Website des Bundesamtes für Verfassungsschutz. Erst wenn eine Person mit radikalen Überzeugungen das Gesetz bricht und die Demokratie aktiv gefährdet, gilt sie als extremistisch.

In diesem Spannungsfeld von «unproblematischen», weil gesetzeskonformen, radikalen Überzeugungen, und gefährlichem, weil demokratiefeindlichem, Extremismus fallen einige Akteure und Gruppierungen durch das Raster: selbsternannte Wunderheiler etwa, die schwere Krankheiten mit nicht evidenzbasierten Methoden behandeln, werden vor Gericht immer wieder freigesprochen, obwohl Menschen, die bei ihnen Hilfe gesucht haben, gestorben sind. Wer Misstrauen in die «Schulmedizin» schürt, um Menschen teure «Heil»methoden zu verkaufen, kann sich immer auf den freien Willen seiner Opfer berufen und gilt im Zweifelsfall als gesetzestreu. Das macht solche Akteure aber nicht weniger gefährlich. Auch Fälle rassistischer und rechter Gewalt, die von Vertretern der Sicherheitsbehörden ausgeht, scheinen in einer Lesart von Extremismus, die nur auf «eine Beeinträchtigung oder Beseitigung des staatlichen Grundgefüges» abzielt, nicht konsequent mitgedacht zu sein, auch wenn sie eindeutig strafbar sind.

Für den Politikwissenschaftler Christoph Butterwegge ist Extremismus «ein völlig inhaltsleerer Kampfbegriff», der letztlich «als Diffamierungsinstrument gegenüber der politischen Linken fungiert».[16] Auch sein Kollege Claus Leggewie betont, dass sich der deutsche Verfassungsschutz in den ersten Jahren nach seiner Einrichtung im Jahr 1950 vor allem auf linke Strömungen und Parteien konzentriert habe; selbst Vertreter der Grünen galten anfangs als potenzielle Extremisten.[17] Auf dem rechten Auge hingegen scheint der Verfassungsschutz bisweilen an Sehschwäche zu leiden: Bis zur Selbstenttarnung der rechtsextremen Terrorgruppe «Nationalsozialistischer Untergrund» (NSU) etwa wurde behauptet, dass es in Deutschland keine rechten terroristischen Organisationsstrukturen gebe, und für den Fall, dass es doch welche gäbe, würde es sich um eine «braune RAF» handeln.[18] Klar: Rechte Gewalt hat in Deutschland keine Tradition, sie kann also nur von den Linken kopiert sein.

Auch die Querdenken-Bewegung wurde vom Verfassungsschutz trotz der regen Beteiligung von Rechtsextremen und Reichsbürgern an ihren Demonstrationen, trotz wehender Reichskriegsflaggen, Hitler-Gruß und antisemitischer Verschwörungsparolen[19] als noch nie dagewesene Spielart der Radikalisierung präsentiert, als Extremismus «sui generis». Sicher: Was neu ist, hätte niemand kommen sehen können. Was neu ist, könnte eine kurzlebige Erscheinung sein, eine radikale Mode, die sich nach einer Saison wieder erledigt hat. Er habe die Hoffnung, «dass diese Bewegung mit ihren Verschwörungstheorien nach dem Ende der Corona-Pandemie wieder in den Hintergrund verschwindet»,[20] äußerte Verfassungsschutzpräsident Thomas Haldenwang in einem Interview im Dezember 2020, also wenige Monate, nachdem eine Reichsbürgerin in Berlin Hunderte Menschen erfolgreich dazu aufgerufen hatte, die Treppe des Bundestags zu stürmen, und nur wenige Wochen nach der Explosion eines Sprengsatzes vor der Berliner Leibniz-Gemeinschaft und einem Brandanschlag auf das Robert Koch-Institut. Erst Ende April des folgenden Jahres war man im Bundesamt so weit, eine Beobachtung der Querdenker-Szene auszurufen.

Wie Medien und Deradikalisierungs«experten» das Bild von Radikalisierung verzerren

Nicht nur in der Politik, sondern auch in der journalistischen Berichterstattung sind ausgewogene Wortmeldungen zu Radikalisierung Mangelware. Die mediale Debatte nimmt nur selten Menschen in den Blick, die am Anfang eines Radikalisierungsprozesses stehen. Stattdessen werden Extremfälle präsentiert, die sich in folgende drei Typen einteilen lassen: der Teufel in Menschengestalt (Charles Manson oder Beate Zschäpe), der Abgehängte (die Attentäter von Halle und Hanau) oder der Peinliche (Michael Wendler oder Tom Cruise). Es werden Geschichten erzählt, die entweder schockieren oder zu Spott und Hohn einladen. Diese Art der Berichterstattung befriedigt Sensationslust, erfüllt für das Publikum aber auch andere Funktionen. Erstens: Freispruch von jeder Verantwortung. Wie sollte die Leserin strukturelle Probleme wie Armut oder Bildungsungleichheit lösen? Was könnte der Fernsehzuschauer psychischen Erkrankungen seiner Mitmenschen entgegensetzen? Und überhaupt, was gehen ihn die Spleens peinlicher Promis an? Zweitens: Angstabwehr. Wer radikal ist, kann nicht der gesellschaftlichen Mitte angehören, sondern muss ein fehlgeleitetes Individuum sein, das schnellstmöglich zu identifizieren und sozial auszuschließen ist – Problem gelöst! Wir selbst würden uns von radikalen Missionaren natürlich niemals täuschen lassen ...

Solange Medien Radikalität vor allem als Phänomen einzelner «Abweichler» präsentieren, bleibt das eigentliche Problem unbeachtet: die Tatsache, dass sich Radikale und selbst extremistische Gewalttäter eben nicht von uns unterscheiden. Ein Beispiel: Nach Ende des Zweiten Weltkriegs wurden ranghohe Nationalsozialisten von einem Psychologen der Alliierten befragt. In seinem Gutachten war von «gewalttätigen, machthungrigen Persönlichkeiten» die Rede, «die vom Tod besessen waren und denen jedes echte menschliche Gefühl» fehlte.[21] Jahre später wurden die Resultate seines Gutachtens mit den Testergebnissen amerikanischer Bürger verglichen, und es stellte sich heraus, dass die nationalsozialistischen Täter weder psychisch kränker noch instabiler gewesen waren als der US-amerikanische Durchschnittsbürger. Der Psychologe der Alliierten ging vermutlich einem Phänomen namens Attributionsfehler auf den Leim, erklärt der Kriminologe Andrew Silke: «Wenn Menschen extrem und gewalttätig handeln, neigen wir dazu, anzunehmen, dass ihre Persönlichkeit ähnlich extrem und abweichend sein muss. Und dann tendieren wir dazu, sämtliche verfügbaren Hinweise an unsere Annahmen anzupassen.»[22]

Die internationale Radikalisierungsforschung belegt seit Jahren, dass Terroristen – genau wie die ranghohen Täter im Nationalsozialismus – weder ungebildet noch psychisch auffällig sind, weder ärmer als der gesellschaftliche Durchschnitt noch sozial randständig. Viele von ihnen sind vor ihren Gewalttaten beruflich etabliert und anerkannt gewesen.[23] «Terrorismus ist das Ergebnis eines schrittweisen Radikalisierungsprozesses, der ganz ‹normalen› Menschen passieren kann»,[24] hält ein Forschungsteam um den Psychologen und Politikwissenschaftler Bertjan Doosje fest: Es gibt kein typisches psychologisches Profil des Terroristen oder des Radikalen.

Trotzdem bedienen immer wieder Journalisten und sogar Deradikalisierungs«experten» das Klischee, dass mit der Psyche radikaler Menschen etwas nicht stimmen könne. Radikale als labil und krank abzutun, befeuert die sinnlose Stigmatisierung psychisch Erkrankter und unterstützt das in den allermeisten Fällen sachlich falsche Narrativ eines Außenseiters und «Abweichlers», der in seiner Isolation auf wirre Gedanken kommt und aus dem buchstäblichen Nichts einen Anschlag verübt.

Wenn terroristische Netzwerke über Jahre ungestört wachsen und sich professionalisieren können, liegt der Vorwurf politischen und polizeilichen Versagens nahe. Wenn es sich aber um ein vollkommen neues Phänomen handelt, für das noch keine Früherkennungssysteme existieren, oder wenn ein im Alltag unauffälliger Einzeltäter nicht rechtzeitig identifiziert werden konnte, hat außer dem Täter natürlich niemand etwas falsch gemacht, schon gar nicht die Politik.

Der «Einzeltäter»: Ein bequemer Mythos

Der westliche Blick auf die Welt rückt traditionell gern Einzelfiguren in den Vordergrund. Wenn aber beispielsweise die Überwindung der Sklaverei ausschließlich Abraham Lincoln oder der Zweite Weltkrieg nur Adolf Hitler zugeschrieben wird, kommt, wie die Psychologen Clark McCauley und Sophia Moskalenko in ihrem Buch *Friction* erklären, die Komplexität historischer (und gegenwärtiger) Tatsachen zu kurz.[25] Ganz gleich, ob wir jemanden als Helden oder als Teufel in Menschengestalt präsentieren: die Erzählstrategie ist dieselbe – und auch ihr Effekt. Wer Einzelpersonen aus der Gesellschaft heraushebt, spricht ebendiese von jeder Pflicht zum Handeln, jeder Verantwortung und jeder Schuld frei. Obwohl Einzeltäter derart selten sind, dass sie laut Extremismusforscher Bart Schuurman eher «Anomalien» darstellen,[26] wurde Attentätern in den vergangenen Jahren immer wieder bescheinigt, sich ohne Netzwerkanbindung radikalisiert zu haben; in der medialen Debatte ließ sich förmlich die Uhr danach stellen, wann der nächste «Zeuge» zitiert wurde, der den jeweiligen Täter als Eigenbrötler beschrieb – «Die Rollläden waren immer unten!», «Die Nachbarn hat er nie gegrüßt!» –, der sich in aller Einsamkeit im Netz die Informationen zusammensuchte, die er für sein teuflisches Werk brauchte: «Wer hätte das ahnen können?»

Haben wir es mit einem Einzeltäter statt mit einem professionellen Netzwerk zu tun, können wir nach Attentaten leichter darauf vertrauen, dass die Politik schnell Hilfe auf den Weg bringen wird. Hilfe bedeutet hier meist ausgeweitete Befugnisse für den Verfassungsschutz, Fördergelder für zivilgesellschaftliche Initiativen gegen Radikalisierung und Fördergelder für die Wissenschaft, konkret: für Grundlagenforschung. Grundlagenforschung hat für die Politik viele Vorteile: Zum einen suggeriert sie, dass es sich tatsächlich um ein vollkommen neues Phänomen, eine vollkommen neue Art der Radikalisierung handle. Zum anderen ist sie billig. In vielen Fällen besteht sie einfach aus Hypothesen, die nie empirisch überprüft oder gar bestätigt wurden, oder aus Datenanalysen, in die sich nach Belieben rückwirkend «Anzeichen» und «Anfälligkeiten» für Radikalisierung hineindeuten lassen. Die Suche nach einem vermeintlichen psychologischen Profil für Radikale treibt bisweilen seltsame Blüten: Der «gefährlichste Indikator für das Potenzial von Einzelkämpferterrorismus ist die Kombination aus radikaler Ansicht sowie Mitteln und Gelegenheit für radikales Handeln», schreiben etwa Clark McCauley und Sophia Moskalenko.[27] Ja, was denn sonst? Aber es wird noch besser. Zu den bahnbrechenden Erkenntnissen über Einzeltäter gehört auch Folgendes: Über 50 Prozent waren innerhalb der letzten fünf Jahre vor Planung oder Durchführung ihres terroristischen Akts umgezogen! Fünfzig Prozent hatten einen Job! Fünfzig Prozent waren Single![28] Solche wertvollen Ergebnisse erleichtern die Früherkennung sicher enorm.

Tatsächlich werden über 95 Prozent aller terroristischen Anschläge weltweit von Gruppen geplant und ausgeführt.[29] Auch der Weg der übrigen Täter ist in den meisten Fällen kein einsamer.[30] Ihre Ideologie wird nicht nur durch die Propaganda extremistischer Gruppen inspiriert und verstärkt,[31] sondern oft auch durch regelmäßigen Kontakt in entsprechende Szenen.[32] Viele der angeblich «einsamen Wölfe» versuchen, eigene Gruppen zu gründen[33] oder sich bestehenden anzuschließen;[34] viele finden während der Vorbereitung ihrer Attentate Hilfe, etwa, wenn es darum geht, Waffen zu besorgen oder Schießen zu lernen,[35] und die wenigsten von ihnen machen aus ihrer Ideologie ein

Geheimnis. Eine Studie zu terroristischen Einzeltätern ergab, dass bei rund zwei Dritteln Angehörige, Freunde oder Bekannte von der radikalen Einstellung des Täters wussten; in 64 Prozent der Fälle hatte er ihnen gegenüber sogar seine Pläne angekündigt.[36]

Der Begriff «einsamer Wolf» trifft auf eine andere Weise zu als intendiert: Er stammt von den US-amerikanischen Neonazis Tom Metzger und Alex Curtis. Deren «lone wolf activism» bezeichnete allerdings keine einsamen Taten. Metzger und Curtis warben vielmehr für den konspirativen Zusammenschluss von Rechtsextremen in kleinsten Gruppen oder Zellen, um während der Planung von Attentaten unter dem Radar der Sicherheitsbehörden zu bleiben. Trotzdem gab es – wie im Wolfsrudel – klare Kommandoketten und eine Anbindung zu den extremistischen Anführern.[37]

Heilige oder Hure?

Die öffentliche Debatte fixiert sich in doppelter Hinsicht auf Einzeltäter – gemeint sind nämlich fast immer Männer. Wenn radikalisierte Frauen doch einmal vorkommen, gelten sie entweder als Opfer, das von Männern manipuliert wurde, oder als Personifikation des Bösen. Beate Zschäpe beispielsweise wurde in den Medien entweder als naives Hausfrauchen und Gespielin von Uwe Böhnhardt und Uwe Mundlos oder als der Teufel höchstselbst präsentiert. Mal befassten sich gefühlige Artikel mit ihrer schweren Kindheit oder dem Tod ihrer Großmutter, mal wurde sie offen dämonisiert. Frisur und Kleidung waren in der Gerichtsberichterstattung immer wieder Thema: Trug Zschäpe legere Kleidung, wurde das als Respektlosigkeit und

Provokation kritisiert; trug sie einen nüchternen Hosenanzug, wurde gespottet, sie habe sich schick gemacht.

Wir kennen das aus schlechten Filmen: Frauen sind entweder Heilige oder teuflische Hure; individuelle Eigenschaften oder gar eine eigene Agenda haben sie nicht. Zu den prominentesten und mächtigsten Mitgliedern der RAF etwa zählten einige Frauen: Ulrike Meinhof, Gudrun Ensslin, Brigitte Mohnhaupt. Was deutsche Medien dazu zu sagen hatten: Frauen seien eben unfähig, vernünftig zu handeln. Die Frauenbewegung sei schuld, weil sich Frauen nun «mit der maskulinen Rolle identifizierten». Oder – mein persönliches Highlight – die weiblichen RAF-Mitglieder seien eigentlich nur ihrem «Boss» Andreas Baader sexuell hörig![38] Dass gebildete Frauen aus gutem Hause aus freien Stücken der Gesellschaft den gewaltsamen Kampf angesagt haben könnten, war undenkbar.

Radikale Frauen werden jedoch nicht nur von der Außenwelt objektifiziert, sondern in vielen Fällen auch von ihren Mitstreitern. Während die linksterroristischen und säkularen Gruppierungen der 1960er und 70er Jahre, etwa die RAF oder die baskische ETA, kein Problem damit hatten, Frauen nicht nur in ihre Reihen aufzunehmen, sondern sie auch in die oberen Ränge aufsteigen zu lassen, sah (und sieht) das bei religiös oder stark patriarchal geprägten Gruppen anders aus: Hier gibt es meistens nur einen Lebensentwurf für Frauen, nämlich eine zurückgezogene Existenz, erfüllt von Mutter- und Haushaltspflichten. Je länger aber der «heilige» Kampf dauert und je größer die Gier nach Macht und internationaler Aufmerksamkeit wird, desto kompromissbereiter zeigen sich die männlichen Führungsriegen.[39] Der IS beispielsweise setzt Frauen als Missionarinnen und Spendensammlerinnen ein, als Lehrerinnen und Ärztinnen, als Hackerinnen, Organisatorinnen und Waffenbeschafferinnen.[40] Aber es gibt auch Selbstmordattentäterinnen. Manchmal gehören sie islamistischen Gruppen an, die nur lose an Al-Qaida angeschlossen sind und im Alltag die Freiheit haben, pragmatischere, weniger ideologisch geprägte Entscheidungen zu treffen. Manchmal gelten sie als Ausgestoßene, deren Leben ohnehin nichts wert sei: In Staaten wie Irak, Tschetschenien oder Sri Lanka werden verwitwete oder missbrauchte Mädchen und Frauen als Selbstmordattentäterinnen rekrutiert, indem man ihnen weismacht, dass ein Terroranschlag ihre angeblich verlorene Ehre retten würde, oder indem man sie auf eine Reise mit scheinbarer Schmuggelware schickt, die tatsächlich eine ferngesteuerte Bombe ist.[41] Selbstmordattentäterinnen haben für Terrorgruppen viele Vorteile: Sie werden nicht nur seltener kontrolliert oder überwacht und können deswegen im Durchschnitt viermal so viele Menschen in den Tod reißen wie männliche Täter, sondern ihnen wird auch achtmal so viel mediale Aufmerksamkeit zuteil.[42] Umschmeichelnde Missionierung und professionelle Propaganda rund um Heirat und Mutterdasein als heilige (und einzige) Lebenserfolge bleiben für Mädchen und Frauen aus behüteten Verhältnissen reserviert.[43]

Auch Rechtsextremisten, Verschwörungsgläubige und fundamentalistische Christen haben die Glorifizierung der Mutterrolle als Erfolgsrezept erkannt. Evangelikale Gruppen lassen junge, attraktive Frauen auf YouTube und Instagram für ihren Glauben (und für Spenden) werben. Rechte Propagandistinnen unterwandern die Mütter-Community auf Instagram und verschweigen dabei ihre Zugehörigkeit zur Identitären Bewegung oder anderen einschlägigen Gruppierungen. Eine Aussteigerin berichtete im Interview mit dem Recherchezentrum Correctiv, dass die Identitäre Bewegung Workshops zu «rechten» Frisuren und Kleidungsstilen anbiete, damit man einander gut erkennen könne.[44] Die Propagandistinnen kapern Hashtags wie #Heimatliebe oder #MutzurWahrheit und verbreiten als besorgte Bürgermütter Verschwörungsmythen: Schwere Krankheiten gelten wahlweise als Erfindung der bösen Pharmaindustrie oder als Beweis mütterlichen Versagens; eine Stärkung der Kinderrechte im Grundgesetz wird zur drohenden Selbstermächtigung der Jugendämter deklariert, die angeblich nur darauf warten, Kinder grundlos aus ihren Familien reißen zu können. Auch QAnon-Anhängerinnen adressieren bei Instagram gezielt die Mütter-Community und arbeiten dabei mit einer Mischung aus Panikmache und verheißungsvollen Andeutungen: «Der Grund, warum wir ‹erwacht› sind, ist, dass ich Mutter wurde und wir eine Dokumentation angeschaut haben, die uns nie mehr losgelassen hat», wird etwa eine Influencerin vom Online-Magazin *Slate* zitiert.[45] Eine wirklich gute Mutter, so wird insinuiert, ist eine, die sich auf ganz bestimmten Kanälen informiert. Konkrete Details gibt's natürlich nur per Privatnachricht oder auf einschlägigen Telegram-Kanälen, wo ohne Angst vor Moderation gehetzt werden kann.[46]

Radikalisierung: Die Ent-Pluralisierung der Welt

Die internationale Forschung konnte sich bis heute nicht darüber einig werden, was genau «radikal» eigentlich bedeutet und wie lange ein Radikalisierungsprozess dauert. Die meisten Theorien stellen Radikalisierung als Einbahnstraße dar, die, einmal eingeschlagen, über kurz oder lang zu einer staatsfeindlichen Haltung und zu Gewalt führen wird. Das könnte nicht zuletzt damit zusammenhängen, dass beim Fokus auf Gewalt und Terrorismus die meisten staatlichen Fördergelder zu erwarten sind. Immerhin wird seit etwa zehn Jahren immer öfter zwischen gewalttätiger und nicht gewalttätiger Radikalisierung unterschieden.[47] Ersteres meint beispielsweise Attentate von Islamisten gegen «Ungläubige» oder von Neonazis gegen Politiker und Journalisten, also die Ausübung von Gewalt gegen jene, die als Feinde definiert werden. Gruppen und Akteure aber, die sich nicht gegen Außenstehende wenden, sondern «nur» ihre eigenen Mitglieder ausbeuten und missbrauchen, sei es finanziell, emotional oder sexuell, werden hier meist nicht mitgedacht.

Auf der Suche nach der für mich treffendsten Definition für gefährliche Radikalisierungsprozesse bin ich beim Religions- und Politikwissenschaftler Daniel Köhler fündig geworden. Er bezeichnet Radikalisierung als «Ent-Pluralisierung»: Die individuelle Persönlichkeit wird «überschrieben»; eigene Interessen, Werte und Ziele werden durch eine einzige, alles umfassende Ideologie ersetzt.[48] Auch die Welt verliert – in den Augen der radikalen Person – ihre Vielfalt: Jedes politische oder gesellschaftliche Thema, jeder berufliche oder private Konflikt schrumpft zusammen auf den imaginären Kampf zwischen Gläubigen und Ungläubigen, zwischen «Erwachten» und «Schlafschafen». Diese Beobachtung schildern auch die Menschen, die ich berate: Es scheint, als würde ihr Gegenüber einfach verschwinden. Als würde aus einem geliebten Menschen, den sie in- und auswendig zu kennen glaubten, plötzlich ein Fremder werden. Ein Fremder, dem nichts mehr von dem wichtig zu sein scheint, was zuvor sein Leben ausgemacht hat. Ein Fremder, der anders handelt, anders klingt, anders aussieht als die vertraute Person. Eine solche Erfahrung schockiert, löst Traurigkeit aus, vielleicht auch Wut. Sie überfordert uns, und diesem Gefühl möchten wir so schnell wie möglich entfliehen. Deswegen nehmen wir uns nicht die Zeit, einen Schritt zurückzutreten und die Situation mit mehr Ruhe zu betrachten, sondern wir handeln impulsiv, nach Bauchgefühl. Unser Bauchgefühl aber erinnert uns im Wesentlichen nur daran, wie wir in – scheinbar – vergleichbaren Situationen gehandelt haben. Wenn wir diskussionsfreudige Menschen sind, werden wir Fakten zusammentragen, an den Verstand unseres Gegenübers appellieren und uns kurz darauf in einem hochemotionalen Konflikt wiederfinden. Wenn wir eher introvertiert oder unsicher sind, werden wir uns einem Klärungsgespräch mit der radikalen Person nicht gewachsen fühlen und den Kontakt reduzieren oder sogar abbrechen. Beide Strategien führen zum gleichen Ergebnis: Eine jahre- oder gar jahrzehntelang gewachsene Beziehung wird nachhaltig geschädigt oder zerstört. Die radikale Person stürzt sich noch tiefer in die radikale Ideologie, weil sie nichts mehr in der alten Welt zu halten scheint, während Freunde und Verwandte verletzt zurückbleiben und – meist vergeblich – nach Worten für das Geschehene suchen.

Die meisten Menschen, die sich an mich wenden, wissen nicht, welche Stellen für ihr Anliegen überhaupt zuständig wären. Manche haben sich, weil die radikalen Personen in ihrem Umfeld minderjährige Kinder haben, ans Jugendamt gewendet und wurden mit der Antwort abgespeist, dass sie ja vor Gericht ziehen könnten. Manche haben bei Sektenberatungsstellen angerufen und wurden darüber informiert, dass ihre Vermutung, ihr Gegenüber radikalisiere sich, wahrscheinlich richtig sei. Manche haben «Beratungsstelle Radikalisierung» gegoogelt und sind beim Bundesamt für Migration und Flüchtlinge gelandet, das eine «Erstanlaufstelle» anbietet, allerdings, das legen sowohl die Website als auch der Standort im entsprechenden Bundesamt nahe, nur für islamistische Radikalisierung von Geflüchteten. Auch eine Übersichtsseite der Bundeszentrale für politische

Bildung lässt sich vergleichsweise schnell über Google finden; die aufgelisteten Hilfsangebote beziehen sich aber ebenfalls nur auf islamistische Radikalisierung. Ansonsten im Angebot: Hier und da ein paar gestelzte Infobroschüren und Websites, die Ausstiegsberatung für alle anbieten, die sich «ein extremistisches Umfeld» aufgebaut und «fremdenfeindliche Äußerungen» getätigt hätten, jetzt aber an einer «Distanz zu extremistischen Haltungen» oder einer «Überwindung der Weltanschauung» arbeiten wollten. Welche radikale Person, ausstiegswillig oder nicht, würde ernsthaft in solchen Begriffen über sich selbst nachdenken? Natürlich gibt es auch Beratungsangebote für Angehörige; gern mit dem Hinweis versehen, dass radikalisierte Menschen mit der «Komplexität» der «globalisierten und vernetzten Welt» überfordert seien und «einfache Antworten auf schwierige Fragen» suchten – mit anderen Worten: Es wird nahegelegt, dass Radikale denkfaul oder dumm wären. Solange selbst offizielle Stellen und «Experten» nur alte Vorurteile reproduzieren und die Politik keine langfristige Finanzierung für wissenschaftlich fundiert arbeitende Beratungsstellen, seriöse Überblicksarbeiten über die radikale Szene Deutschlands oder Forschung zu wirksamen Deradikalisierungsstrategien ermöglicht, wird Radikalisierung ein unlösbares Problem bleiben.[49]

II

Radikalisierung verstehen

Geschichten über Auserwählte begleiten uns seit Jahrtausenden. Ob religiöse Schriften, altgriechische Sagen, germanische Heldendichtung, Blockbuster wie «Star Wars» oder Superheldencomics: Die Geschichte ist immer die gleiche. Eine vom Schicksal auserwählte Person rettet ihr Vaterland – oder gleich die ganze Welt. In den meisten Fällen handelt es sich um einen männlichen Helden, dem das eigene Wohlergehen und die eigene körperliche Unversehrtheit gleichgültig sind und der sich allein Treue und Ehre verpflichtet fühlt: Werte, die scheinbar so allgemeingültig und erhaben sind, dass kein Blutbad sie beflecken kann. Egal, wie viele Tode der Held zu verantworten hat: Mörder sind immer die anderen.

Die Selbstlosigkeit und überzeitliche Moral, die Märchen und Mythen glorifizieren, hat einen hohen Preis: Ein Held ist jemand, der die schmutzige Arbeit erledigt, damit alle anderen in Frieden und Wohlstand leben können. Überzeitlichen Ruhm erkauft er sich nicht nur durch den Tod anderer, sondern auch durch das eigene frühzeitige Ableben.

«Wer bereit war, sein Leben eher zu opfern als seine Kameraden zu verrathen, wie es gar mancher Wilde gethan hat, der wird oft keine Nachkommen hinterlassen, welche seine edle Natur erben könnten», konstatierte schon Charles Darwin nüchtern in seinem Hauptwerk *Die Abstammung des Menschen*. Evolutionär betrachtet, ergibt Heldentum nur wenig Sinn. Aber ein Held steht über den Dingen, auch über der Evolution: «Wir spüren, dass im Heldentum das höchste Geheimnis des Lebens verborgen ist», erklärte der Psychologe und Philosoph William James im Jahr 1902, «was auch immer die Schwächen eines Menschen sein mögen, wenn er bereit ist, den Tod zu riskieren, und noch mehr, wenn er ihn heldenhaft erleidet, im Dienst der Sache, die er erwählt hat, heiligt ihn das für immer.»[50]

Konsens der Forschung: Radikalisierung ist eine Heldengeschichte

Dass der auf dem Schlachtfeld gefallene Held seine Belohnung nicht mehr erleben wird, ändert für manche Menschen nichts an der Verlockung, ins kulturelle Gedächtnis einzugehen und «unsterblich» zu werden. Der Sozialpsychologe Arie W. Kruglanski hat schon vor Jahren die zahlreichen und scheinbar disparaten Motivationen von Terroristen – von Solidarität bis zum finanziellen Vorteil, von Rache bis zum Wunsch, in den Himmel kommen – unter dem gemeinsamen Nenner «Significance Quest», dem Streben nach Bedeutsamkeit, zusammengefasst: Niemand möchte glauben, dass die eigene Existenz vollkommen sinnlos wäre. Sich bedeutsam zu fühlen zählt zu den wichtigsten Triebfedern menschlichen Handelns und scheint sogar mit unserem biologischen Überlebenstrieb verknüpft zu sein.[51] Radikalisierung aber steigert dieses menschliche Bedürfnis ins Extrem.

Kruglanski hat drei mögliche Auslöser für Radikalisierungsprozesse identifiziert, die in Gewalt münden: Erstens Stigmatisierung oder Angriffe auf uns selbst oder eine Gruppe, der wir uns zugehörig fühlen: Erfahrungen, die uns mit dem Gefühl zurücklassen, Menschen ohne Bedeutung und ohne Wert zu sein. Zweitens die Angst davor, persönliche Bedeutung in naher

Zukunft einzubüßen; Kruglanski zieht zur Erklärung das Beispiel japanischer Kamikazepiloten im Zweiten Weltkrieg heran: Aus ihren Briefen an Angehörige geht hervor, dass viele Piloten weder sterben wollten noch glaubten, dass sie für ihren Einsatz im Jenseits belohnt werden würden. Den Einsatz zu verweigern, hätte jedoch einen Verrat an ihrem Begriff von Ehre und Solidarität bedeutet und ihren Familien ein Leben in Schande einbringen können. Drittens die Aussicht auf Bedeutungsgewinn: Terroristen wie Osama bin Laden oder Muhammad Atta, Akademiker, die wohlhabenden Familien entstammten, waren davon getrieben, in die Geschichte einzugehen.

Natürlich führen weder erlebtes Unrecht noch die Angst vor einem möglichen Bedeutungsverlust «automatisch» zu einer Radikalisierung. Studien zeigen aber: Sobald wir uns bedeutungslos fühlen, neigen wir eher dazu, uns mit radikalen Gruppen und Ideologien zu identifizieren, und sind auch eher bereit, Schmerz und Entbehrungen im Dienste einer «guten Sache» auf uns zu nehmen. Der Drang nach persönlicher Bedeutsamkeit wird also so stark, dass er andere Bedürfnisse unterdrückt.[52]

Der Politikwissenschaftler Robert Pape hat alle Selbstmordanschläge analysiert, die weltweit zwischen 1980 und 2003 verübt wurden. 95 Prozent der insgesamt 315 Attentate waren nicht religiös oder fundamentalistisch motiviert, sondern Antworten auf militärische Interventionen, in vielen Fällen ausländische Besatzungen. Antiamerikanismus unter Muslimen hat Papes Überzeugung nach nichts mit dem Islam zu tun, sondern mit amerikanischer Außenpolitik. Religion sieht er eher als «Werkzeug» zur Mitgliederakquise und weniger als tatsächliche Motivation terroristischer Gruppen und Attentäter.[53] Die Extremismusforscherin Lydia Wilson, die inhaftierte IS-Kämpfer in Kirkuk interviewt hat, glaubt, dass sich Islamisten zwar durchaus dem Dschihad, also dem Heiligen Krieg, verpflichtet fühlen; es gehe hier allerdings um eine «eigene Vorstellung vom Dschihad und nicht um eine, die auf theologischen Argumenten oder sogar Belegen aus dem Koran beruht». Sie berichtet, dass die meisten ihrer Interviewpartner kaum etwas über den Islam wussten; ein britischer IS-Kämpfer hatte sich auf seinem Weg ins Kalifat noch schnell «Islam for Dummies» bei Amazon bestellt.[54]

Die vermeintlich gute oder gar «heilige» Sache, für die sich Radikale aufopfern, scheint in vielen Fällen austauschbar zu sein. Es gibt zahlreiche Beispiele von Menschen, die vom Links- zum Rechtsradikalismus, vom Rechtsradikalismus zum Islamismus oder zwischen unterschiedlichen Sekten gewechselt sind. Horst Mahler etwa wurde erst als linksextremistischer RAF-Mitbegründer und später als Holocaust-Leugner und Neonazi bekannt. Robert Timm, heute einer der führenden Köpfe der rechtsextremen Identitären Bewegung, sympathisierte als Jugendlicher mit der Antifa. Die antimuslimische English Defence League (EDL) ging aus der Hooligan-Szene hervor. Der Salafist Sascha L., der Ende 2017 wegen eines geplanten Sprengstoffanschlags verurteilt wurde, hatte wenige Jahre zuvor noch der rechtsextremen Szene angehört. «Der Anarchist des späten neunzehnten Jahrhunderts hätte», so Politikwissenschaftler Julian Richards, «genauso gut ein revolutionärer Marxist, arabischer Nationalist oder Islamist sein können, wenn er oder sie zu anderen Zeiten oder an anderen Orten der Geschichte geboren worden wäre.»[55]

Was radikale Menschenfeindlichkeit antreibt und befeuert, sind, um es in den Worten des Psychologen und Terrorismusexperten John Horgan zu sagen, «aus vorzeitlichen Heldenerzählungen geschmiedete romantische Ideale»[56]; Ideologien sind dabei ein ebenso wirksames wie beliebiges Mittel zum Zweck. Ein Held aber wird nicht als Held geboren: Zu jeder Heldengeschichte gehört das Erlebnis, von Gott oder einer anderen Autorität auserwählt und auf eine Mission geschickt zu werden, um sich – vor Publikum, natürlich – zum Helden zu wandeln.

Radikalisierung – der Beginn einer toxischen Beziehung

Anführer gefährlicher radikaler Gruppen werden in der medialen Debatte oft als Charismatiker bezeichnet, die andere Menschen mit einer Art Hypnose gefügig machen, von grotesken Ideologien überzeugen und zu Gewalttaten verleiten. Das Wort Charisma dient hier als Lückenfüller, als mystisch klingende Behelfserklärung für das, was unbegreiflich erscheint. Ursprünglich entstammt es dem Griechischen und bedeutet so viel wie «Gnadengeschenk»; Christen galt es zeitweise als göttliche Gabe an auserwählte Gläubige. Im Alltag meinen wir meist eine besondere Ausstrahlung oder ausgeprägte Überzeugungskraft, wenn wir von Charisma sprechen. Wie genau aber diese Überzeugungskraft zustande kommt, können wir meist weder uns selbst noch anderen erklären.

Der Psychologe Ronald E. Riggio sieht Charisma als Kombinationsleistung: ein erfolgreiches Zusammenspiel der Kompetenzen Expressivität, Kontrolle und Sensitivität. Expressivität steht für ein ausgeprägtes Selbstbewusstsein und die Fähigkeit, emotionale Geschichten zu erzählen; Kontrolle bedeutet, seine Gefühle und Körpersprache jederzeit im Griff zu haben; mit

Sensitivität ist die Fähigkeit gemeint, die Stimmung anderer schnell einschätzen und sie spiegeln zu können. Ein Charismatiker passt sich im Gespräch seinem Gegenüber an, imitiert subtil dessen Gesichtsausdruck, Gesten und Stimmlage, sucht intensiven Augenkontakt und vermittelt seinem Gegenüber so den Eindruck, der bedeutsamste Mensch im ganzen Raum zu sein: ein berauschendes Gefühl. Frisch Verliebte verhalten sich so – und wer andere an sich binden und sie manipulieren will.[57]

Für den Soziologen Lorne L. Dawson ist Charisma vor allem eine Projektion begeisterter Anhänger oder Untergebener. Die Zuschreibung sorge dafür, dass jede Äußerung und jede Handlung einer Führungsperson bedeutungsschwanger und weise erscheine.[58] «Sobald man jemanden für charismatisch hält», erklärt Soziologin Janja Lalich, «handelt es sich um eine Machtbeziehung.»[59]

Der Psychoanalytiker Sigmund Freud ging, ebenso wie viele seiner späteren Schüler, davon aus, dass Anhänger ihre Anführer benutzen, um unbewusste Konflikte aufzulösen: Weil sie darunter leiden, im Alltag ihrem Ich-Ideal nicht gerecht zu werden und sich entsprechend klein und bedeutungslos fühlen, projizieren sie dieses Ideal, aber auch die damit einhergehenden Verpflichtungen, auf jemand anderen.[60] Der Anführer wird zu ihrem Atlas, dem Titanen, der in der griechischen Mythologie die Last der Welt auf seinen Schultern trägt. Davon profitieren Anhänger gleich doppelt: Ihr als defizitär empfundenes Ich wird durch den Anführer geheilt, während dessen übermenschliche Gaben auch auf sie selbst zurückstrahlen. Dass andere davon nichts mitbekommen, tut der Begeisterung keinen Abbruch: Natürlich können nur wahre Auserwählte die Großartigkeit ihres Anführers erkennen, und natürlich werden nur Auserwählte für ihren Glauben reich belohnt – wenn nicht auf Erden, dann doch sicherlich im Jenseits!

Für die Erlösung aber müssen Opfer gebracht werden. Vielleicht gibt der Anhänger seine Arbeit auf oder überlässt dem Anführer sein Erspartes. Vielleicht löst er seine Partnerschaft oder bricht mit seiner Familie. In jedem Fall wird er sich im Laufe des Radikalisierungsprozesses, der «Ent-Pluralisierung» seiner Welt, immer weiter auf den Anführer fixieren – nicht zuletzt deswegen, weil alles andere nicht geduldet wird. Radikale Führungspersönlichkeiten verhalten sich wie Missbrauchstäter in einer toxischen Beziehung: Sie erheben einen totalen Besitzanspruch auf ihre Opfer. Sie schüren Angst vor einer angeblich feindlichen Außenwelt, kontrollieren und sanktionieren soziale Kontakte, isolieren ihre Opfer systematisch von Freunden und Angehörigen, damit es keine Zufluchtsorte mehr gibt. Sie nutzen Gewalt, um sich dauerhaft Macht und Kontrolle zu sichern, und sie suggerieren, genau wie in einer toxischen Beziehung, dass ihr Opfer «provoziert» oder «gesündigt» hätte und deswegen schuld an der Gewalt sei. Sogar Folter und Mord werden so gerechtfertigt. Paul Schäfer, Anführer der Colonia Dignidad, verbot seinen Anhängern Sex, Freundschaften und familiäre Bindungen und deklarierte Gewalt und Folter als gerechte Maßnahmen, um angebliche falsche Gedanken in den Köpfen seiner Anhänger auszumerzen.[61] Sylvia D., die mutmaßliche Anführerin einer namenlosen Hanauer Wohnzimmersekte, ermordete laut Urteil des Hanauer Landgerichts einen Vierjährigen, den sie für eine «Reinkarnation Hitlers» hielt. Die Eltern des Kindes traten vor Gericht nicht als Nebenkläger auf, sondern wollten Sylvia D. entlasten. Die Mutter sagte, D. treffe keine Schuld, sie sei wie eine zweite Mutter für ihr Kind gewesen; der Vater gab zu Protokoll, dass er daran glaube, was in den – in seinen Augen – göttlichen Schreiben stand, die nach dem Tod seines Sohnes auftauchten: Der Vierjährige sei «ein gemeiner Machtsadist» gewesen und habe für eine angeblich sowohl in diesem als auch in früheren Leben angehäufte «Schuld» büßen müssen.[62]

Wenn wir eine Kaufentscheidung treffen, etwa für einen neuen Computer oder ein neues Auto, würden wir niemals blind dem Verkäufer im Laden trauen. Wir würden Tests und Bewertungen lesen, wir würden uns das Produkt vor Ort anschauen, würden die Tastatur ausprobieren oder eine Testfahrt machen, dann wieder nach Hause gehen und erst in Ruhe online Preise vergleichen, bevor wir ein Commitment eingehen. Liebe aber ist keine Kaufentscheidung. Wer sich verliebt, betrachtet sein Gegenüber durch die berühmte rosarote Brille. Er kann sich nicht vorstellen, dass der geliebte Mensch etwas anderes als perfekt sein könnte. Mit anderen Worten: Liebe sorgt dafür, dass wir nicht mehr wachsam sind. Und so wie ein toxischer Partner vielleicht erst dann zuschlägt, sobald die gemeinsame Wohnung bezogen ist oder das Opfer sich in finanzielle Abhängigkeit begeben hat, so zeigt sich die grausame Seite eines radikalen Anführers oft erst dann, wenn sein Anhänger schon zu viel aufgegeben und zu viele soziale Brücken abgerissen hat, um ohne Weiteres den Ausstieg schaffen zu können.

Radikale Anführer stehen nur selten in der Fußgängerzone oder klingeln an Türen, um ihre Wundertaten anzupreisen. Menschen entscheiden sich bewusst dafür, Propagandavideos anzusehen, Vorträge oder Kundgebungen zu besuchen und sich im nächsten oder übernächsten Schritt für eine radikale Gruppe anwerben zu lassen. Mittlerweile hat sich in der internationalen Forschung die Erkenntnis durchgesetzt, dass die meisten Menschen, die sich radikalisieren, weder abgehängt sind noch psychische Probleme haben, sondern sich von der Mehrheitsgesellschaft nicht unterscheiden. Was also hat sie für die Parolen radikaler Anführer anfällig werden lassen? Haben emotionale Verlusterfahrungen wie eine Kündigung oder eine Trennung dafür gesorgt, dass ihr «psychisches Immunsystem» kurzzeitig geschwächt war und sie nicht mehr erkennen konnten, dass sie manipuliert wurden? Der Soziologe Diego Gambetta hat eine nüchterne Antwort: Die Wahrscheinlichkeit für Radikalisierung scheint erhöht zu sein, sobald die Wirtschaft ins Stocken gerät.[63] Lorne L. Dawson glaubt, dass soziale Krisen – oder Zeiten, die als solche wahrgenommen werden – Menschen «charismahungrig» machen.[64] Psychiater und Terrorismusforscher Marc Sageman hingegen hält freundschaftliche oder familiäre Beziehungen zu Radikalen für entscheidend.[65] So unterschiedlich diese drei Erklärungsansätze sind – sie haben einen gemeinsamen Nenner: Um die jeweilige Ideologie geht es nicht, sondern um die Projektionen, die ihr Anführer bedient.

Eine toxische Partnerschaftsbeziehung unterscheidet sich von der Beziehung zu einem radikalen Anführer vor allem in einer Hinsicht: Gewalttätige Partner täuschen immer wieder Hilfsbedürftigkeit und Unterwürfigkeit vor. Sobald ihr Opfer fast genug Kraft gesammelt hat, um sich endlich zu trennen, vergießen sie Krokodilstränen, beschwören ihre schwere Kindheit herauf, geloben Besserung und beteuern, dass ihr Leben ohne das Opfer keinen Sinn hätte. Ein radikaler Anführer aber würde niemals Schwäche zeigen. Je größer die Gruppe ist, desto mehr Möglichkeiten hat der Anführer zudem, sich zurückzuziehen und zur perfekten Projektionsfläche zu werden, zum ultimativen, liebenden Erlöser, während im Alltag sowohl emotionale Bestätigung als auch Gewalt und Unterdrückung, also Zuckerbrot und Peitsche, an niedere Vollstrecker ausgelagert werden. Radikalisierung bedeutet eine Liebesbeziehung zu einem Phantom; überlebensfähig wird sie erst durch das Leben in einer Gemeinschaft Gleichgesinnter.

Der Feind als Zielgruppe – das gespaltene Verhältnis zur Gesellschaft

Radikale Gruppen stehen seit jeher vor einem Dilemma: Sie brauchen die Gesellschaft, von der sie sich so vehement abgrenzen, um Nachwuchs zu rekrutieren und ihr Überleben zu sichern. Anders gesagt: Die «Erweckten» brauchen die «Schlafschafe», nicht umgekehrt. Eine unangenehme Erkenntnis, die radikale Akteure gern vermeiden. Deshalb unterscheiden sie zwischen Menschen, die noch zu retten sind, und (in ihren Augen) lebensunwerten Feinden. Für eine demokratiefeindliche Sekte beispielsweise würden Politiker und Journalisten automatisch in die Feindeskategorie fallen – entkommen könnten sie dieser Schublade nur, indem sie sich der Sekte anschließen und öffentlich dem «System» abschwören.

Was erfolgreiche, also schnell wachsende radikale Organisationen von weniger erfolgreichen Gruppen unterscheidet, ist oft die Infrastruktur: Klare Aufgabenverteilungen und ein solides Gerüst aus Werten und Normen gestalten den Gruppenalltag deutlich effizienter. Vor allem aber dient eine gute Infrastruktur laut Radikalisierungsforscher Daniel Köhler dazu, «die positive Zielgesellschaft zu spiegeln».[66] Menschen mögen nun mal, was sie kennen. Beispiele für erfolgreich etablierte Infrastrukturen sind die Nachhilfeinstitute, die Scientology in Deutschland betreibt,[67] Organisationen wie das «International Peace Forum» und die «International Peace Youth Group», die die Shinchonji-Bewegung für ihre Mitgliederakquise ins Leben gerufen hat,[68] oder Vertriebskanäle für angebliche Wundermittel. Alex Jones etwa, ehemaliger Radiomoderator und jetzt hauptberuflicher Verschwörer, behauptet in seinen Videos und Podcasts nicht nur, dass die Regierung das Wasser kontaminiere, um die Bevölkerung wahlweise homosexuell, dümmer oder krebskrank zu «machen». Nein, in seinem Webshop gibt's unter anderem Survival-Shield-X-2-Tropfen, um «nicht durchzudrehen». Mit solchen Mitteln verdiente Jones schon lange vor der Pandemie Millionen. Aber auch bestehende Infrastrukturen wie etwa freie Schulen oder Sportvereine werden von radikalen Akteuren, gerade von Rechtsextremen, gern genutzt und gezielt unterwandert.

Die zweite Kernstrategie radikaler Gruppen, um ihre Zielgruppen in der Mehrheitsgesellschaft zu erreichen, besteht darin, ihre Ideologie hinter Werten zu verbergen, die nahezu alle Menschen teilen. Wer wünscht sich nicht mehr Gerechtigkeit und Gemeinsinn? Wer möchte nicht glücklicher und gesünder sein? Radikale Akteure geben häufig vor, sich für die Abgehängten der Gesellschaft einzusetzen, und füllen damit die Lücken der staatlichen Daseinsvorsorge. Jim Jones, Gründer des Peoples Temple und verantwortlich für das Jonestown-Massaker, bei dem über 900 Menschen den Tod fanden, hatte kostenlose medizinische Untersuchungen und Kinderbetreuung für Arme angeboten. Das brachte ihm unter anderem den Vorsitz des Wohnungsamts von San Francisco und eine Mitgliedschaft in der Menschenrechtskommission von Indianapolis ein.[69] Paul Schäfer, Gründer der Colonia Dignidad, errichtete in Deutschland ein staatlich anerkanntes Kinderheim und in Chile ein scheinbares «deutsches Mustergut»: bayerische Folklore mit Landwirtschaft, Viehzucht,

Werkstätten und einem Krankenhaus, das die einheimische Bevölkerung kostenlos versorgte. Der selbst ernannte Islamische Staat zeigte in seiner Social-Media-Propaganda ansprechende Landschaften und niedliche Tiere, lachende, spielende Kinder und liebevoll umsorgte Senioren. Rechtsradikale Akteure werden häufig in ländlichen, schlecht erschlossenen Regionen aktiv, sammeln Spenden für Tierheime, bieten Bürgerberatung an oder richten Kinderfeste aus.[70]

Um anschlussfähig zu bleiben, berufen sich gerade neureligiöse Bewegungen oft auf vermeintlich wissenschaftlich fundierte «spirituelle Technologien». Die «Technologie» der Sekte NXIVM konnte angeblich das «emotionale Selbst» ihrer Anhänger «neu verdrahten» und selbst schwere Krankheiten wie Morbus Crohn heilen.[71] Scientology will die Persönlichkeit durch spezifische Trainings entwickeln und dabei fehlerhafte «Daten» der Menschen löschen.[72] Vertreter der Transzendentalen Meditation verweisen auf Studien, die die Wirksamkeit ihres Produkts beweisen sollen. Viele der Studienautoren praktizieren allerdings selbst die Transzendentale Meditation.[73] Einige von ihnen forschen direkt an der privaten Maharishi International University oder am Maharishi Vedic Research Institute, und manche verdanken schlichtweg ihr gutes Einkommen jenem Produkt, dem sie revolutionäre Gesundheitseffekte bescheinigen. So wie Esoterik-Guru Deepak Chopra, der mit zwei anderen Autoren einen Artikel im angesehenen *Journal of the American Medical Association (JAMA)* unterbrachte. Der Artikel lobte unter anderem eine angeblich bei der Krebsbehandlung hilfreiche Kräuterpaste, die der sekteneigene Versandhandel verkauft. Dass Chopra für eben jenen Versandhandel als Berater tätig war und zuvor unter anderem als Präsident, Schatzmeister und alleiniger Anteilseigner fungiert hatte, wurde beim Einreichen des Artikels verschwiegen.[74]

Der Neurologe Steven Novella setzt sich seit Jahren für evidenzbasierte Medizin und gegen Quacksalberei ein. Er nennt die Studien der Transzendentalen Meditation «Pseudowissenschaft» und «Rosinenpickerei»: Korrelationen, also ein gleichzeitiges Auftreten zweier Faktoren wie etwa weniger Kriminalität und die Existenz der Transzendentalen Meditation, würden kurzerhand zur Kausalität umgewidmet, zu einem Zusammenspiel von Ursache und Wirkung.[75] Kritische Wissenschaftler können das auf Anhieb erkennen; Laien aber lassen sich von revolutionär klingenden Forschungsergebnissen manchmal nur zu gern begeistern.

Nicht alle radikalen Akteure posaunen ideologische Propaganda in die Welt hinaus. Manche treten öffentlich bewusst gemäßigt auf, um Prominente und Politiker für sich zu gewinnen und ihre Organisation als Teil der Gesellschaft erscheinen zu lassen. Sun Myung Moon zum Beispiel, Gründer der Vereinigungskirche, ließ in seiner eigenen Tageszeitung über Richard Nixon, Ronald Reagan und George Bush senior stets positiv berichten. Das Engagement zahlte sich aus: Nixon lud zum Besuch ins Weiße Haus, Ronald Reagan erklärte die Zeitung des Sektenführers zu einer seiner Lieblingslektüren, und schließlich konnte Moon eine Einladung in den US-Senat nutzen, um sich zum «Friedenskönig» krönen zu lassen.[76] Der prominente Scientology-Aussteiger Mark Rathbun behauptet, dass Stars wie Tom Cruise oder John Travolta regen Kontakt ins Weiße Haus pflegten und dass das US-Außenministerium zu Zeiten der Clinton-Regierung die «Diskriminierung» von Scientology-Mitgliedern in Deutschland dank gelungener Scientology-Lobbyarbeit kritisiert habe.[77]

Paul Schäfer war nicht nur bei Diktator Augusto Pinochet beliebt, sondern hatte auch Kontakte in die deutsche Politik, vor allem, wie der *Tagesspiegel* berichtet, zu Politikern der CSU. Wolfgang Vogelsang beispielsweise, damals Stadtrat der CSU in München, nahm bei seinen Besuchen der von Stacheldraht, Stolperdrähten und Selbstschussanlagen abgeschirmten Colonia Dignidad offenbar nichts wahr außer bayerischem Patriotismus: «Man ist konservativ, denkt an Bayern, zeigt die Fahne mit Löwe und Raute. Hoffnung für Deutschland.»[78] Der deutsche Botschafter und spätere Träger des Großen Verdienstkreuzes Erich Strätling soll laut *FAZ* «freundschaftliche Beziehungen» zu Paul Schäfer gepflegt haben. Als Strätling nach Veröffentlichung eines Berichts der UN-Menschenrechtskommission über Augusto Pinochets Folterlager, in dem unter anderem auch die Colonia Dignidad genannt wurde, das Gelände im Auftrag des Auswärtigen Amtes besucht hatte, schwärmte er von dem «herrlichen Empfang», der ihm bereitet worden sei; er habe sich «wie im Märchen bei Schneewittchen» gefühlt. Strätling gab dem Auswärtigen Amt sein Ehrenwort, dass sämtliche Vorwürfe der Misshandlung oder Folter haltlos seien.[79]

In unserer Gesellschaft gelten vor allem die Menschen als radikal, die Gewalttaten verüben und dabei überdeutlich ihre Ideologie zur Schau stellen; sei es durch ihr Aussehen, wie etwa prügelnde Skinheads, sei es durch hinterlassene Pamphlete oder durch religiöse Ausrufe, etwa vor islamistischen Attentaten. Gerade in der rechtsextremistischen Szene sind solche Gewalttäter aber, wie Radikalisierungsforscher Daniel Köhler es formuliert, oft nur «Fußvolk»[80]; die Führungspersönlichkeiten treten öffentlich lieber angepasst und zurückhaltend auf. So bleiben die Akteure, von denen die größte Gefahr ausgeht, oft lange unerkannt.

Der gesellschaftliche Nährboden für Menschenfeindlichkeit

Die Querdenken-Demonstrationen lösten im Jahr 2020 nicht nur einen kollektiven Schock aus, sondern auch kollektive Erleichterung: So rechts, so rücksichtslos sind wir zum Glück nicht! Aber stimmt das wirklich? Knapp 50 Prozent der Deutschen waren im Jahr 2014, also wenige Jahre nach der Selbstenttarnung des NSU, der Meinung, Rechtsextremismus würde in den Medien nur hochgekocht und es sei am besten, Rechtsextreme einfach nicht zu beachten.[81] 2016 glaubten 40 Prozent, die deutsche Gesellschaft würde durch den Islam unterwandert; rund die Hälfte äußerte sich abfällig über Asyl suchende Menschen.[82] 2018 zeigten sich fast 36 Prozent überzeugt, dass die Bundesrepublik «durch die vielen Ausländer in einem gefährlichen Maß überfremdet» sei.[83] Mehr als ein Drittel der Deutschen war in den Jahren 2018 und 2019 der Meinung, dass nicht alle Menschen die gleichen Rechte haben sollten.[84] Fast 60 Prozent misstrauten der Demokratie. Fast ein Viertel glaubte, dass Politik und Journalismus unter einer Decke stecken würden. Mehr als die Hälfte setzte statt auf Expertenmeinung lieber aufs eigene Bauchgefühl.[85] Dazu passt eine YouGov-Umfrage aus dem Jahr 2015: 57 Prozent der Deutschen glaubten, dass es einen klaren Zusammenhang zwischen Sternzeichen und Persönlichkeit gebe; 15 Prozent waren sogar davon überzeugt, dass die Sterne Botschaften über ihre ganz persönliche Zukunft bereithielten.[86] Kein Wunder, dass die Esoterikbranche an den Deutschen so gut verdient – ihr jährlicher Umsatz wird auf 20 bis 25 Milliarden Euro geschätzt.[87] Anrufe bei der Wahrsagerhotline oder kosmische Chakrenratgeber zur Beziehungsführung auf dem Nachttisch mögen harmlos erscheinen, können aber eine Einstiegsdroge in eine Welt sein, in der angeblich übernatürliche Weisheiten mehr Gewicht haben als wissenschaftliche Tatsachen. Die in Esoterikkreisen weit verbreitete Ablehnung der «Schulmedizin» kann Menschenleben fordern – und Umfragen zeigen immer nur die Spitze des Eisbergs.

Die Neigung zu Rechtsextremismus oder Rechtspopulismus etwa wird in einer direkten Befragung von vielen lieber verschwiegen. Zwei Beispiele: Während sich in Umfragen «nur» sechs Prozent für die rechtsextreme Partei DVU ausgesprochen hatten, stimmten bei der Landtagswahl in Sachsen-Anhalt im Jahr 1998 satte 12,9 Prozent der Bevölkerung dafür, und die Abweichungen zwischen AfD-Umfragewerten und tatsächlichen Wahlergebnissen lagen bei Landtags- und Bundestagswahlen der letzten Jahre bei bis zu 50 Prozent.[88] Die Soziologie nennt das «soziale Erwünschtheit» oder auch «Ja-Sager-Effekt»: Die meisten Menschen wissen sehr genau, welche ihrer Meinungen oder Verhaltensweisen nicht mit sozialen Normen vereinbar sind. Wer Konflikte vermeiden will, verschweigt seine Überzeugungen oder lügt. Wenn beispielsweise Antisemitismen in den Befragungen vergangener Jahre seltener geäußert wurden, hatte das nicht unbedingt mit der tatsächlichen Einstellung der Befragten zu tun, sondern im Zweifelsfall nur mit ihrer Angst vor Ausgrenzung.[89]

Die Umfragewerte des Jahres 2020 lassen sich deswegen auch ganz anders deuten: Die Pandemie mit all ihren Begleitumständen hat nicht zu einer «plötzlichen» Massenradikalisierung geführt, sondern die Entstigmatisierung längst vorhandener Einstellungen befördert.

Trotz aller pandemiebedingten Beschränkungen und Lockdowns gab es 2020 mehr Aufmärsche von Neonazis als im Jahr zuvor.[90] Querdenken-Demonstranten nähten sich «Ungeimpft»-

Sterne auf die Kleidung, forderten Haft oder gleich den Tod für Regierungsmitglieder und Virologen, erhängten symbolisch eine Schaufensterpuppe, um deren Hals ein Schild mit der Aufschrift «Presse» baumelte, und versuchten, den Reichstag zu stürmen. Auf das RKI wurde ein Brandanschlag verübt. Winterausflügler rodelten gut gelaunt zwischen den Massengräbern auf dem Gelände des ehemaligen Konzentrationslagers Buchenwald. Es wurden 2351 antisemitische Straftaten verübt – mehr als in jedem anderen Jahr seit Beginn der systematischen Erfassung politisch motivierter Kriminalität.[91] Über 40 Prozent der Deutschen glaubten, dass Reparationszahlungen nur einer «Holocaust-Industrie» zugutekämen. 33 Prozent waren überzeugt, dass die Corona-Krise nur «großgeredet» würde, «damit einige wenige davon profitieren können»; knapp 48 Prozent waren sicher, dass die wahren Hintergründe der Corona-Pandemie «nie ans Licht der Öffentlichkeit kommen» würden.[92] 21 Prozent der 18- bis 34-Jährigen glaubten an einen Zusammenhang zwischen der globalen Pandemie und dem Ausbau des 5G-Netzes; ein Viertel aller Deutschen schrieb Bill Gates mehr Macht in der Bundesrepublik zu als der Regierung.[93] Über 17 Prozent erteilten demokratischer Vielfalt eine Absage: Sie wollten nur noch eine einzige Partei an der Macht.[94]

Das erste Pandemiejahr hat gezeigt, wie schnell Teile der bürgerlichen Mittelschicht dazu bereit sind, die Demokratie für gescheitert zu erklären und die Regeln des gesellschaftlichen Zusammenlebens mit Füßen zu treten. Es war nicht der Einsatz für bessere Arbeitsbedingungen im Gesundheitswesen, der bundesweit Zehntausende auf die Straße trieb. Es war nicht die Forderung nach einer Preisregulierung für FFP2-Masken und Desinfektionsmittel oder gar nach einer Erhöhung der

Renten oder von Hartz IV. Nein, es ging darum, sich im Alltag nicht einschränken zu lassen. Hier demonstrierten Bürgerinnen und Bürger, die sich vermutlich zum ersten Mal in ihrem Leben von der Politik nicht mitgedacht fühlten. Kein Wunder: Wer als gesunder, gut situierter Mensch in einer Gesellschaft lebt, in der die Rechte marginalisierter Gruppen auf Teilhabe und Unversehrtheit nach wie vor nur eine untergeordnete Rolle spielen, der wird in einer Krise wie einer globalen Pandemie natürlich nicht verstehen, warum er plötzlich Rücksicht auf andere nehmen soll und warum sich die knapp 30,6 Millionen starke Risikogruppe nicht einfach wegsperren kann, damit er in seinem persönlichen Alltag bloß keine Abstriche machen muss. Die Politik schien den empörten Bürgern Recht zu geben: Armin Laschet und Sachsens Ministerpräsident Michael Kretschmer (CDU) etwa forderten immer wieder Verständnis für Querdenker und Corona-Relativierer und suchten den Dialog mit jenen, die bewusst das Leben anderer Bürgerinnen und Bürger aufs Spiel setzten. FDP-Bundestagsvizepräsident Wolfgang Kubicki sprach Querdenken-Demonstranten öffentlich sein Verständnis aus; Thomas Kemmerich, damals noch Vorsitzender der Thüringer FDP-Fraktion, trat sogar als Redner bei einer Corona-Demo auf. Als sich CSU-Chef Markus Söder in Bezug auf gewaltbereite Querdenker äußerte, warnte er allen Ernstes vor der Gefahr einer «Corona-RAF».

Aber nicht nur die Politik tat sich schwer, den hohen Anteil rechtspopulistischer und rechtsextremistischer Akteure bei Querdenker-Demonstrationen einzugestehen. Bei der Relativierung der Gewalttaten von Corona-Leugnern kam die Hufeisentheorie wie gerufen, die linke und rechte Gewalt einander direkt gegenüberstellt und in Deutschland von den Extremismusforschern Eckhard Jesse und Uwe Backes bekannt gemacht wurde.[95] Die beiden werden von der Politik – und auch von manchen Medien – seit Jahren herangezogen, wenn es Extremismus zu erklären gilt, und das, obwohl sie schon mehrfach grandios falsch lagen: Bis zur Selbstenttarnung der rechtsextremen Terrorgruppe «Nationalsozialistischer Untergrund» (NSU) etwa predigten sie unermüdlich, in Deutschland gebe es keine gefestigten rechtsterroristischen Strukturen.[96] Nach der Enttarnung wiederum behaupteten sie, Menschen «mit rechtsextremen Einstellungen» seien «in ihrer großen Mehrheit» gar nicht gewalttätig; ein Großteil der als rechts eingeordneten Gewalttaten würde von Jugendlichen begangen, deren politische Orientierung meist «dünn» und «ungefestigt» sei. Rechte Gewalt entsteht oft also gar nicht aus einer gefestigten rechten Haltung, sondern wird «nur» von Jugendlichen verübt, die rechtsextremistisches Gedankengut einfach gerade spannend finden? Wie beruhigend!

Eckhard Jesse vertrat zudem die Ansicht, Rechtsextremismus und Antisemitismus seien in Deutschland «mehr Phantom als Realität» und jüdische Organisationen bräuchten «Antisemitismus in einer gewissen Größenordnung, um für ihre Anliegen Gehör zu finden».[97] Solche Einschätzungen gelten offenbar als Expertise, um als Sachverständiger gebucht zu werden, zum Beispiel im (gescheiterten) NPD-Verbotsverfahren. Jesse präsentierte die NPD damals als längst isolierte und geächtete Vereinigung: «Wir müssen das Problem einfach niedriger hängen», so der Extremismusforscher, «wir haben andere Probleme der Gesellschaft.»[98] Nach den gewalttätigen Ausschreitungen in Chemnitz 2018, bei denen Rechtsradikale unter anderem Menschen mit Migrationshintergrund, Polizisten, Journalisten und ein jüdisches Restaurant angegriffen hatten, war es Eckhard Jesse wichtig, in einem ausführlichen Artikel an linke Gewalt zu erinnern: Immerhin waren im Hambacher Forst Ordnungskräfte mit Fäkalien beworfen worden![99] Hier wird ein weiteres Mal deutlich, dass in manchen Kreisen ausschließlich Linke oder Menschen mit Migrationshintergrund als mögliche Demokratiefeinde gehandelt werden, während «besorgte Bürger» sicher alles gar nicht so gemeint haben.

Anfang 2021 wurde bekannt, dass das deutsche Innenministerium der angeblich unabhängigen Bundeszentrale für politische Bildung vorgeschrieben hat, wie sie sich über Linksextremismus äußern darf: Die ursprüngliche politikwissenschaftliche Definition wurde gekippt und durch einen Text ersetzt, der der Definition des Verfassungsschutzes entspricht.[100] Aus Sorge, dass im Kampf gegen Extremismus «zu linke» Organisationen gefördert werden könnten, bremsten Unionsabgeordnete zudem im Frühjahr 2021 das Demokratiefördergesetz aus.[101]

Zu den tragischsten Beispielen für ein Extremismusverständnis, das nur unter Linken oder unter Menschen mit Migrationshintergrund nach Schuldigen sucht, gehören die Ermittlungen und die mediale Berichterstattung zum NSU, der zwischen 2000 und 2006 zehn Morde verübte, neun davon an Menschen mit Migrationsgeschichte. Die Täter wurden ausschließlich im Umfeld der Opfer vermutet; die zuständige Mordkommission trug den Namen «Bosporus»; deutsche Leitmedien berichteten über «Dönermorde». Zwar sprach der damalige bayerische Innenminister Günther Beckstein schon nach dem ersten NSU-Mord intern die Möglichkeit eines rassistischen Motivs an, und nach dem neunten Mord erarbeiteten Analytiker der bayerischen Polizei ein Fallprofil, das auf den NSU gepasst hätte, doch beides blieb folgenlos: Das BKA schmetterte die Hypothese der bayerischen Analytiker mit einem Gegengutachten ab[102] und beharrte, genau wie der Verfassungsschutz und die Extremismusforscher Eckhard Jesse und Uwe Backes, darauf, dass es in Deutschland keine gefestigten rechtsterroristischen Organisationsstrukturen gebe.

Der NSU lieferte schließlich selbst die Beweise: Am 5. November 2011 versandte Beate Zschäpe das Bekennervideo an Zeitungen, muslimische Vereine, Parteien und einen rechten Verlag; tags zuvor hatte sie die gemeinsame Wohnung in Brand gesetzt, und auch der Wohnwagen von Uwe Mundlos und Uwe Böhnhardt war in Flammen aufgegangen. Zur Polizeiarbeit gehört eine Spurensicherung vor Ort. Der Einsatzleiter der Polizei aber ließ den Wohnwagen direkt abtransportieren; Fotos vom Tatort wurden erst Stunden später angefertigt. Was genau in diesem Wohnmobil passierte, werden wir daher nie erfahren. Und dann sind da noch vier Zeugen, die während des NSU-Prozesses starben: durch einen Zuckerschock, eine Embolie und gleich zweimal durch Suizid, einer davon durch Verbrennen im eigenen Auto. Ein weiterer potenzieller Zeuge starb schon 2009; auch er verbrannte im eigenen Auto.[103] Verfassungsschutz und Staatsanwaltschaften haben im Zuge der Ermittlungen und der versuchten Aufarbeitung Informationen zurückgehalten, falsche Aussagen gemacht sowie Akten und Beweise vernichtet.[104] Nennenswerte Folgen hatte das alles nicht: Es waren Irrtümer, Versehen und Missverständnisse gewesen – Einzelfälle eben.

Das Einzelfall-Narrativ wird in Deutschland auch dann beharrlich aufrechterhalten, wenn es um Rassismus oder Extremismus in Sicherheitsbehörden geht. Die nächsten hundert Extremismus-Verdachtsfälle bei Bundeswehr und Polizei. Die nächsten illegalen Datenabfragen in Polizeicomputern. Das nächste Netzwerk aus Polizisten, SEK-Beamten, KSK-Soldaten und Verfassungsschützern, die Feindes- und Todeslisten erstellen und Waffen, Munition und Leichensäcke horten. Die nächsten 55 000 Schuss Munition, die aus Beständen deutscher Sicherheitsbehörden verschwinden und zu einem Polizisten gelangen, der eine rechtsextreme Prepper-Gruppe administriert. Ein Innenminister, der sich von einem Exmitglied ebendieser Prepper-Gruppe im Schießen trainieren lässt und die Menschen, deren Namen auf der Feindesliste der Prepper-Gruppe stehen, über Jahre nicht informiert. Die nächste Staatsanwaltschaft, die kein «eindeutig rechtsextremes» Motiv erkennen möchte, wenn Polizisten Spinde und Büros mit Wehrmachtzitaten, Hakenkreuzen, Hitlerbildern und SS-Runen bekleben. Die nächsten Polizisten, die gemobbt oder entlassen werden, nachdem sie Straftaten ihrer Kollegen gemeldet haben, während die Täter unbehelligt bleiben.

Werden nach islamistischen Attentaten sämtliche Muslime in die Bringschuld gebracht, sich öffentlich und am besten gleich mehrfach zu distanzieren, wartet man auf eine öffentliche Positionierung der Polizei gegen rechts vergeblich. Unabhängige Studien zu Rassismus und Rechtsextremismus in deutschen Sicherheitsbehörden werden von der Politik blockiert, denn, so das Argument von Horst Seehofer (CSU): Es könne bei der Polizei keinen Rassismus geben, weil der ja nicht erlaubt sei. Der Vollständigkeit halber sei erwähnt: Bei der Polizei werden Dienstpflichtverletzungen nach Kennziffern aufgeschlüsselt. Allein für Verfehlungen unter Alkoholeinfluss gibt es in der Disziplinarstatistik acht verschiedene Kennziffern. Für rassistisches, antisemitisches oder rechtsextremes Verhalten hingegen keine einzige. Das fällt dann wohl unter «Sonstiges»? Oder in Seehofer-Logik: Bei der Polizei kann es keinen Rassismus geben, weil die Kennziffer dafür fehlt.

Stochastischer Terrorismus

Aus einem Einzelfall erwachsen weder politische Verantwortung noch Handlungsbedarf. Aber, um es mit Polizeiforscher und Polizeiausbilder Rafael Behr zu sagen: «Der Einzelne ist immer auch das, was die Umgebung zulässt.»[105] Wir werden dem Phänomen Radikalisierung nicht gerecht, wenn wir Gewalttäter als «einsame Wölfe» deklarieren und ihnen im Zweifelsfall einfach eine Internetsucht andichten: «Der isolierte Einzeltäter verbrachte seine ganze Zeit vor dem Rechner und erlag irgendwann dem Bösen!» Das Internet, so korrumpiert seine Algorithmen auch sein mögen, ist keine dunkle Macht; sonst gäbe es schließlich keine Journalisten, Pädagogen oder Politiker mehr, die mit erhobenem Zeigefinger über die Gefahren des World Wide Web aufklären könnten. Die Hetze, die das Internet durchschwirrt, kann nur die erreichen, die ähnliche Ansichten hegen. Der Mathematiker und Risikoanalyst Gordon Woo prägte im Jahr 2002 einen Begriff, der heute dabei helfen kann, die toxische Macht zu verstehen, die Neonazis und Verschwörungserzähler auf Social-Media- und Messenger-Plattformen entfalten: «stochastischer Terrorismus». Woo bezog sich damals, knapp ein Jahr nach den Terroranschlägen des 11. September, vor allem auf Al Qaida. Er versuchte, Terrorismusrisiken zu quantifizieren, und untersuchte die Tarnung und Spurenverwischung von Terroristen, die mithilfe konspirativer Vernetzung gemeinsam Anschläge planten, ohne sich dabei persönlich treffen zu müssen.[106] Heute wird der Begriff «stochastischer Terrorismus» eher auf Akteure angewendet, die Massenmedien dafür nutzen, um auch ohne persönlichen Kontakt viele Tausend Menschen mit ihrer Hassrede zu erreichen. Die Radikalisierungsforschung spricht hier auch von «Enablern» – Menschen, die destruktive Glaubenssätze und Verhaltensmuster bewusst befeuern. Der Kriminologe Mark Hamm und der Soziologe Ramón Spaaij unterscheiden zwischen ideologischen und praktischen Enablern: Der norwegische Attentäter Anders Breivik etwa hat sich in seinem Propaganda-«Manifest» auf islamfeindliche Akteure wie den Religionswissenschaftler Robert Spencer oder die Autorin und Verschwörungsmystikerin Gisèle Littman bezogen; konkrete terroristische Strategien aber entwickelte er durch seine exzessive Beschäftigung mit Al Qaida, IRA, ETA und Timothy McVeigh, einem der drei Oklahoma-Bomber, deren Anschlag am 19. April 1995 168 Menschen das Leben kostete. Andere Akteure vereinen beide Enabler-Rollen in einer Person, wie etwa der Imam Anwar al-Awlaki, der unter anderem mit Attentätern des 11. September, der Londoner Anschläge im Jahr 2005 und des Anschlags in Fort Dix 2007, mit dem Amoklauf in Fort Hood 2009, einer Terrorzelle in Toronto sowie dem gescheiterten «Unterhosenbomber» Umar Farouk Abdulmutallab in Verbindung gebracht wurde. Al-Awlaki galt als «bin Laden des Internets»: Er bloggte, betrieb eine Facebook-Seite und veröffentlichte Anleitungen zum Bombenbau in Mutters Küche im Al-Qaida-Magazin «Inspire»[107].

Auch manche Journalisten und Politiker lassen sich als «Enabler» lesen: Der Mörder der britischen Politikerin Jo Cox etwa soll von rechtspopulistischen Politikern wie Nigel Farage beeinflusst worden sein, die im Zuge der Einwanderungsdebatte Hetze verbreiteten. Der US-Amerikaner Byron Williams, der 2010 ein Attentat auf die Tides-Stiftung verüben wollte, die sich unter anderem für Rechte von Einwanderern und LGBTQ+ einsetzt, war vom damaligen Fox-News-Moderator Glenn Beck beeinflusst, der wiederholt antisemitische Verschwörungsmythen verbreitet hatte: Er präsentierte den jüdischen Unternehmer George Soros als Kopf einer «Schattenregierung» mit «linksradikaler Agenda», als Gefährder der amerikanischen Demokratie, dessen philanthropisches Engagement – unter anderem bei der Tides-Stiftung – angeblich schlimmste Schandtaten verdeckte.[108] Der «MAGA-Bomber», der im Oktober 2018 Briefbomben unter anderem an Joe Biden, Kamala Harris, Barack Obama und Hillary Clinton verschickte, fühlte sich von Donald Trumps verbalen Attacken inspiriert; die Stürmung des Kapitols im Januar 2021 wurde von Trumps unermüdlichen Verschwörungserzählungen über einen angeblichen Wahlbetrug, seinem Twitter-Aufruf zu einem großen «Protest» und seiner flammenden Rede über die «Feinde des Volkes» befeuert – auch wenn er selbst das natürlich anders sieht.

Stochastische Terroristen schüren gezielt Hass auf Andersdenkende und Misstrauen gegenüber der Demokratie. Weil sie aber bewusst mehrdeutig formulieren und nie konkret zu Gewalt gegen spezifische Personen aufrufen, sind sie nicht dingfest zu machen: Wenn ihre Anhänger gewalttätig werden, lässt sich das als Zufall abtun – der Begriff «Stochastik» entstammt dem Griechischen und bedeutet «Kunst des Vermutens». Solange sich keine direkte Verbindung zwischen Hetze und Gewalttaten nachweisen lässt, können stochastische Terroristen strafrechtlich nicht belangt werden. Der Verfassungsschutz orientiert sich ohnehin nur an den Schubladen Rechts-, Links- und Ausländerextremismus sowie Islamismus. Alles andere läuft unter der Rubrik «nicht zuzuordnen»: Allein 2019 fielen 1048 politisch motivierte Straftaten mit dem «Untertatmittel ‹Internet›» in diese Kategorie. Dass es «Strategien im Sinne des ‹Stochastischen Terrorismus› gibt», glauben deutsche Sicherheitsbehörden nicht; unerklärbare Einzelfälle erscheinen ihnen offenbar plausibler.[109]

Facebook & Co. als Radikalisierungsmaschinen

Das Internet war schon in den 1980er Jahren eine Spielwiese für Extremisten, zu Zeiten also, als es noch kein WWW gab, sondern sogenannte Bulletinboard-Systeme (BBS): elektronische Äquivalente zum Schwarzen Brett, die universitäre oder private Rechner miteinander vernetzten und das Hoch- und Herunterladen von Daten, das Verschicken von Nachrichten und teilweise auch direkte Chats ermöglichten. Das «Tempo» lag Anfang der 80er Jahre bei 1200 Bits pro Sekunde; heute bieten Telekommunikationsanbieter bis zu 1 Gigabit, also bis zu einer Milliarde Bits pro Sekunde.

Der deutschstämmige Antisemit und Rassist George P. Dietz ging Anfang der 1980er Jahre mit seinem Bulletinboard-System «Info. International Network» online; wenig später folgte Louis Beam, ein ehemaliger Ku-Klux-Klan-Anhänger, der nun für die Organisation Aryan Nations ein BBS startete. Hier hatten rassistische und antisemitische Hetze ebenso Platz wie Doxing: die Veröffentlichung der Adressdaten von Bürgerrechtlern und anderen angeblichen Gegnern. Beam kann außerdem als Pionier der «Gamification» des Terrors bezeichnet werden: Er entwickelte ein Punktesystem, mit dem Personen für die Ermordung scheinbarer Feinde belohnt werden sollten – je hochrangiger diese «Feinde», desto näher rückte der ersehnte Status «Aryan Warrior».[110] Monate später veröffentlichte auch der Rechtsradikale Tom Metzger sein «White Aryan Resistance»-Bulletinboard-System, und mit dem World Wide Web im Jahr 1991 kamen die ersten Hass-Websites. Einige von ihnen imitierten den Look journalistischer Nachrichtenseiten und posteten so hochfrequent «Artikel», dass sie den Google-Algorithmus korrumpieren konnten: 2004 wurde unter den ersten zehn Suchergebnissen für den Begriff «Jew» die Website der antisemitischen Gruppe «Jewwatch» angezeigt, und wer «Martin Luther King» googelte, fand direkt unter den ersten Hits die Seite martinlutherking.org, die von der rechtsextremistischen Gruppe Stormfront betrieben wurde und angebliche Betrügereien des Bürgerrechtlers «aufdeckte»[111].

Hier zeigt sich bereits das Problem, das später in den sogenannten sozialen Medien eskalieren würde: Das Internet ist kein neutraler «Marktplatz der Ideen». Wenn Sie und ich genau jetzt dasselbe Wort googeln, sagen wir, «Gerechtigkeit», dann könnten wir sehr unterschiedliche Ergebnisse erhalten, weil Google eben kein Lexikon ist, sondern anhand der Daten, die wir preisgeben – etwa frühere Suchanfragen oder unser Standort –, auswählt, was es uns zeigt. Solange wir diese Funktion nicht abschalten oder andere Suchmaschinen oder Netzwerke zur Anonymisierung von Verbindungsdaten nutzen, erhalten wir personalisierte Suchergebnisse bei Google, so wie uns auch bei Amazon «ähnliche Produkte», bei Facebook «ähnliche Gruppen» und bei Instagram «ähnliche Profile» prominent eingeblendet werden. Möglich wird das durch «Recommender Systems», also Empfehlungssysteme. Algorithmen ordnen ein, worum es in einem Beitrag geht, und spielen ihn dann «passenden» Zielgruppen aus. Wenn Sie also ein Katzenvideo bei YouTube anschauen, wird diese Information in Ihr Nutzerprofil eingespeist, und Sie werden beim nächsten Klick auf die YouTube-Startseite wahrscheinlich Empfehlungen für weitere Katzenvideos sehen.

Empfehlungssysteme sind sehr anfällig für strukturelle Verzerrungen, was fatale Folgen haben kann. In der amerikanischen Strafverfolgung etwa werden Algorithmen anhand historischer Daten trainiert, um Risikogruppen zu identifizieren.[112] Als Basis dienen vor allem historische Daten über Verhaftungen.

Das Problem hierbei: Selbst heute ist die Wahrscheinlichkeit, in den USA verhaftet zu werden, für Schwarze mehr als doppelt so hoch wie für Weiße; die Wahrscheinlichkeit, ohne triftigen Grund angehalten zu werden, ist fünfmal so hoch. In der Vergangenheit aber wurden People of Color sogar noch häufiger kontrolliert und zu höheren Strafen verurteilt als Weiße. Ein Algorithmus kann nicht zwischen Gerechtigkeit und Ungerechtigkeit unterscheiden, wenn er nicht explizit darauf programmiert wird; er lernt nur anhand der Daten, mit denen er gefüttert wird. Eine «Risikoerkennung», die auf historischen Daten beruht, wird daher zwangsläufig historische Ungleichbehandlung reproduzieren. Im Sommer 2020 wurde bekannt, dass in US-Polizeidienststellen «Most Wanted»-Listen mit Personen zirkulierten, die Algorithmen für gefährlich befunden hatten, und dass in Michigan ein Mann aufgrund eines fehlerhaften Gesichtserkennungsalgorithmus für ein Verbrechen verhaftet worden war, das er nicht begangen hatte.[113]

«Künstliche Intelligenz steuert zu einem großen Teil die Art und Weise, wie wir heute Informationen konsumieren», schreibt der Software-Ingenieur Guillaume Chaslot, der die YouTube-Algorithmen für Google mitentwickelt hat.[114] Recommender Systems sorgten unter anderem dafür, dass Google Frauen deutlich seltener Anzeigen für hochbezahlte Jobs anzeigte als Männern,[115] dass bei Amazon Bücher von Verschwörungsideologen empfohlen wurden[116] und dass Pädophile einander leichter bei YouTube finden und kinderpornografisches Material austauschen konnten. Letzteres nahm erst ein Ende, als ein Nutzer öffentlich machte, dass YouTube solche Videos Tausenden von Menschen empfahl – und sie monetarisierte. Es war nicht der einzige Skandal, der die Plattform erschütterte. Chaslot berichtet, dass die Recommender Systems von YouTube in den vergangenen Jahren auch im großen Stil Verschwörungsmythen, Hasspropaganda und terroristische Inhalte verbreitet haben. Radikale sind für soziale Medien ein Jackpot: Sie verbringen nicht nur sehr viel Zeit auf den Plattformen, sondern motivieren auch andere dazu, indem sie Inhalte exzessiv kommentieren und teilen. Das macht sie zu beliebten Kunden, und so wie alle Unternehmen legen auch Tech-Giganten Wert auf Kundenbindung: «Da KI darauf abzielt, Interaktion zu maximieren, werden besonders engagierte Benutzer als ‹zu reproduzierende Modelle› eingeordnet», erklärt Guillaume Chaslot. «Die KI-Algorithmen bevorzugen dann die Inhalte solcher Nutzer.» In den sozialen Medien werden also die Inhalte der Menschen am häufigsten weiterempfohlen, die am meisten posten, liken und teilen. Die Recommender Systems unterscheiden dabei nicht zwischen menschenfreundlichen und menschenfeindlichen Inhalten, denn darauf müssten sie erst trainiert werden, und das hatte offenbar über Jahre hinweg keine Priorität. Bei Facebook etwa ist seit 2016 bekannt, dass satte 64 Prozent aller Beitritte zu extremistischen Gruppen auf Facebooks eigene Empfehlungsalgorithmen zurückgingen.[117] Viele Aussteiger aus Rechtsextremismus und Dschihadismus haben YouTube als wichtige Quelle ihrer Radikalisierung benannt.[118] Die Betreiber der großen Social-Media-Plattformen haben ihr Geld in den vergangenen Jahren nicht zuletzt damit verdient, das Gemäßigte und Ausgewogene in die Unsichtbarkeit rutschen zu lassen und stattdessen polarisierende und radikale Inhalte zu befeuern. Hilferufe von Nutzern verhallten oft ungehört. Eine Studie von jugendschutz.net aus dem Jahr 2015 zeigte, dass Facebook nur 39 Prozent der strafbaren Inhalte löschte, die von deutschen Nutzern gemeldet wurden; Twitter löschte sogar nur ein Prozent.[119] Das änderte sich erst durch sehr viel öffentliche Empörung und das Netzwerkdurchsetzungsgesetz (NetzDG), das im Oktober 2017 in Kraft trat und Betreibern Sozialer Netzwerke mit mehr als zwei Millionen registrierten Nutzern in Deutschland saftige Geldstrafen in Aussicht stellte, wenn sie Rechtswidriges nicht zeitnah löschten.

Das NetzDG hatte viele und teils hochgefährliche Schwachstellen im Gepäck. Unter anderem räumte es Privatpersonen pauschale Auskunftsrechte ein: Ob rechter Troll oder Stalker, jeder konnte die persönlichen Daten seiner Opfer einfach unter dem Vorwand einer Persönlichkeitsrechtsverletzung bei den Diensteanbietern anfragen. Die auf 24 Stunden angesetzte Löschfrist für rechtswidrige Inhalte lud zum «Overblocking» ein, zum vorauseilenden Löschen ohne genaue Prüfung; ein Vorgang, der von juristisch nicht ausgebildeten Sachbearbeitern ohnehin nicht zu leisten ist. Die Regelung lieferte all jenen ein willkommenes Instrument, die andere aus dem öffentlichen Diskurs ausschließen wollten: Schon im Januar 2018, also knapp drei Monate nach Inkrafttreten des NetzDG, wurde berichtet, wie sich rechte Trolle online verabredeten, um ihre angeblichen Feinde – «natürlich» vor allem Frauen – massenhaft zu melden, damit deren Accounts gesperrt wurden.[120]

Die Androhung von Bußgeldern für Soziale Netzwerke wirkte in der Praxis übrigens eher wie ein sanftes Kopftätscheln: Trotz über 1300 Beschwerden, die beim Bundesamt für Justiz wegen nicht gelöschter Posts eingingen – ein bürokratischer Weg, den wahrscheinlich nur die Verzweifeltsten gehen –, konnte oder wollte das Bundesamt kein systemisches Versagen erkennen. Auch die Tatsache, dass es erst die internationale Rechtshilfe bemühen musste, um Briefe an die Sozialen Netzwerke überbringen zu können, die sich von der im NetzDG verankerten Pflicht zur Benennung von Zustellungsbevollmächtigten nicht angesprochen gefühlt hatten, fand das Bundesamt offenbar nicht problematisch. Im Juli 2019 verhängte es dann gegen Facebook einen Bußgeldbescheid über zwei Millionen Euro; das Unternehmen ließ freundlich verkünden, dass man den Bußgeldbescheid «sorgfältig prüfen» würde, legte Widerspruch ein – und musste nichts zahlen.

Das im April 2021 in Kraft getretene Gesetz gegen Rechtsextremismus und Hasskriminalität kittet manche Schwachstellen der bisherigen Rechtsprechung; beispielsweise gilt Antisemitismus endlich als «strafschärfendes» Motiv, Menschen, die bedroht werden, können sich leichter durch Auskunftssperren im Melderegister schützen, und die Strafen für Hetze, Drohungen und Beleidigungen im Netz werden härter. Erkauft wurde dieser verstärkte Opferschutz mit neuen Problemen: Soziale Netzwerke sollen schwerwiegende Rechtsverletzungen direkt dem BKA melden, das dafür eigens eine neue Zentralstelle einrichten wird. Ursprünglich sollten nicht nur IP-Adresse und Portnummer mitgeschickt werden, eine zusätzliche Identifikationsmöglichkeit von Internetnutzern, sondern auf BKA-Forderung hin auch Passwörter. Sachbearbeiter Sozialer Netzwerke aber sind keine Juristen und können nicht zuverlässig einschätzen, wo Rechtsverletzungen anfangen – in der Rechtsprechung ist häufig der Kontext entscheidend – und welche von ihnen schwerwiegend sind. Ob tatsächlich ein Verdacht auf eine gravierende Straftat vorliegt oder ob beim BKA eine polizeiliche Verdachtsdatenbank entstehen könnte, wäre für die Sachbearbeiter der Sozialen Netzwerke ebenso wenig ersichtlich. Ob oder wann die persönlichen Daten der gemeldeten Nutzer gelöscht werden sollen, war im Gesetz auch nicht festgelegt. Nachdem das Bundesverfassungsgericht die pauschale Herausgabe personenbezogener Daten für verfassungswidrig erklärt hatte, wurde nachgebessert: Die Herausgabe von Passwörtern ist jetzt nur für Verfolgungen besonders gravierender Straftaten erlaubt – und nur an Polizei und Strafverfolgung, nicht an die Nachrichtendienste.[121]

Seit Ende September 2021 gibt es außerdem den neuen Straftatbestand «verhetzende Beleidigung», um auch direkte Hassnachrichten, die bislang mangels Öffentlichkeit nicht als Volksverhetzung galten, strafrechtlich verfolgen zu können. Auch Feindeslisten wurden unter Strafe gestellt. Ob es mit der neuen Gesetzeslage auch zu mehr Ermittlungen und Strafverfahren kommen wird, bleibt abzuwarten – viele Staatsanwaltschaften sind schon seit Jahren überlastet.

Ohnehin kann jeder, der sich bei Facebook oder Twitter zensiert fühlt, einfach auf andere Plattformen ausweichen. Wer ungestört hetzen möchte, nutzt das Sprach- und Videochatprogramm Discord, das Videoportal BitChute, das Facebookähnliche, von Russland aus betriebene Netzwerk vk, den Messenger-Dienst Telegram, wo nach *Spiegel*-Recherchen rechtsterroristische Inhalte wie die Livestreams der Attentäter von Christchurch und Halle nach wie vor frei zugänglich sind,[122] oder Steam, eine Videospielplattform, in deren Communitybereich manche Nutzer gern Attentate feiern und Todesopfer in Highscores (Höchstpunktzahlen) aufrechnen. Diese Plattformen bieten all jenen ein virtuelles Zuhause, die keinen Wert auf Moderation oder Zurückhaltung legen und die sich vorher im Zweifelsfall über Jahre bei Facebook, Twitter und YouTube radikalisiert haben – nicht zuletzt dank Recommender Systems.

Zwischen Januar und März 2020 hat Facebook nach eigenen Angaben 9,6 Millionen Hasspostings gelöscht. Eine stattlich klingende Zahl, die möglicherweise aber nur die Spitze des Eisbergs ist. Eine Investigativrecherche von BR, NDR und WDR ergab im Sommer 2020, dass Rechte in Facebook-Gruppen seit Jahren unbehelligt Hasspropaganda verbreiten, von Holocaust-Leugnung bis hin zu Mordaufrufen.[123] Das Recherchezentrum Correctiv berichtete im Herbst 2020, dass rechtsextreme Akteure bei Instagram, das zu Facebook gehört, leichtes Spiel zu haben scheinen: Wer Hakenkreuze und andere rechtsextreme Symbole oder potenziell volksverhetzende Botschaften in Bildern teilweise verpixelt, kann offenbar den Algorithmen erfolgreich entkommen.[124] Zudem funktionieren Facebooks KI-Algorithmen nicht weltweit. Programmiert sind sie vor allem für die Staaten des globalen Nordens und weit verbreitete Sprachen wie Englisch oder Mandarin. Der Rest der Welt hat, was den Schutz vor Online-Hass angeht, das Nachsehen. Das *Time*-Magazin berichtete Ende 2019 von einer Hetzkampagne gegen Minderheiten in Assam, einem Staat im Nordosten Indiens: Über fünf Millionen Mal geklickte Facebook-Posts bezeichneten bengalische Muslime als «Parasiten» und «Ratten» und riefen dazu auf, hinduistische Mädchen zu vergiften, damit sie nicht von Muslimen vergewaltigt werden könnten. Facebook aber hat – genauer gesagt: Facebook bezahlt – nur Algorithmen in vier der 22 offiziellen indischen Sprachen; Assamesisch, die Hauptsprache in Assam, gehört nicht dazu.[125]

Aussteiger aus der Welt der Tech-Riesen weisen seit Jahren darauf hin, dass das Problem nicht so sehr die «bösen Jungs» sind, die auf Plattformen wie Facebook und Twitter hetzen, sondern vor allem die Plattformen selbst. «Wir können nur eine bestimmte Anzahl an Fakten überprüfen», schreibt Guillaume Chaslot: «Wenn der Algorithmus 70 Prozent der Klicks bestimmt, ist es eine verlorene Schlacht.»[126] Tristan Harris, ehemaliger Design-Ethiker bei Google und heute Präsident der

Non-Profit-Organisation Center for Humane Technology, drückt es noch deutlicher aus: «Wir sind mehr wert, wenn wir süchtig, abgelenkt, aufgebracht, polarisiert und desinformiert sind.» Er plädiert dafür, die Plattformen grundlegend zu verändern, «um die unkontrollierte Viralität extremer Emotionen nicht länger zu belohnen».[127]

Die Pandemie als demokratische Erschütterung

Sozialpsychologisch gesprochen, hat die Pandemie einen dringenden «Need for Closure» ausgelöst: das Bedürfnis nach eindeutigen Antworten auf drängende Lebensfragen oder auch den Drang, für eine belastende Situation einen klaren Abschluss zu finden. Um unseren Alltag als sinnvoll und stabil zu erleben, sind wir auf verlässliche und eindeutige Regeln angewiesen: Wir wollen wissen, was wir tun dürfen und müssen, um von der Gesellschaft nicht bestraft, sondern belohnt zu werden. Sobald diese Regeln verschwimmen, wenden sich manche Menschen verstärkt ihrer Ingroup zu, jenen Personen und Institutionen, die sie gut kennen und denen sie Vertrauen entgegenbringen. So auch im ersten Pandemiefrühling: Nach der ersten kollektiven Verunsicherung folgte eine Hinwendung zu jenen Institutionen, die traditionell Verlässlichkeit und Sicherheit versprechen. Das Vertrauen in die Polizei etwa nahm 2020 stark zu, ebenso das Vertrauen in die Politik – die Union konnte sich im März 2020 über die besten Umfragewerte seit fast zwei Jahren freuen – und das Vertrauen in die Demokratie insgesamt. Das Vertrauen in den Journalismus erreichte gar ein Rekordhoch. Eine Art Nationalstolz keimte auf, der nicht zuletzt auf der Abwertung anderer beruhte: Das deutsche Gesundheitssystem, so glaubten wir, sei eben um Welten besser als das anderer Länder. Die sich stapelnden Särge, die tausend Toten am Tag, die gab's nur in Italien, die waren nur ein Horrorfilm, den wir vom Wohnzimmersessel aus beliebig ein- oder abschalten konnten. Wir gaben in den sozialen Medien unser Beileid bekannt, das natürlich niemanden erreichte außer unserer deutschen Filterblase, aber wir fühlten uns trotzdem global empathisch. Während des ersten Lockdowns – auch wenn dieser Begriff immer noch reichlich übertrieben klingt im Vergleich zu den Abriegelungen ganzer Regionen etwa in Australien oder Neuseeland – wurden Facebook- und Instagram-Profilbilder mit «Stay the fuck home»-Slogans aufgehübscht, und alle Kanäle flossen über vor lauter Ergüssen über Heldentaten: Bananenbrot backen, videotelefonieren, Serien gucken. Die Solidarität hielt knapp vier Wochen an. Dann fanden die ersten heimlichen Partys statt, die ersten Demonstrationen, die ersten öffentlichen Empörungen: Der temporäre Verlust des Menschenrechts auf Aperol Spritz im Biergarten, Feiern und Fernreisen machte Deutschland schwer zu schaffen. In den sozialen Medien verkündete gefühlt jeder Zweite, demnächst am «kollektiven Trauma» zu «zerbrechen». Und in der Tat gab es Menschen, die zu zerbrechen drohten: Mediziner und Pflegekräfte, die hilflos dabei zusehen mussten, wie ihre Patienten an einer unbekannten Krankheit zugrunde gingen. Pflegende Angehörige, die sich nach exorbitanten Preiserhöhungen keine Desinfektionsmittel mehr leisten konnten. Prekär Beschäftigte, deren Vorgesetzte alle Schutzmaßnahmen ignorierten. Senioren und Menschen mit Behinderung, die in Heimen eingesperrt wurden und nicht einmal mehr frische Luft schnappen durften. Kinder mit gewalttätigen Eltern. Frauen mit gewalttätigen Partnern. Bloß: Diese Menschen gehörten nicht zu jenen, die in Leitartikeln oder Talkshows ihre Geschichte erzählen durften. Ihr Leid war nicht wirklich von Interesse, es wurde nur missbraucht, um Forderungen nach Öffnung pseudomoralisch aufzuwerten.

Während die Reichen immer reicher wurden – die Zahl der deutschen Millionäre wuchs 2020 um fast fünf Prozent –, verschärfte sich das Armutsrisiko für Alleinerziehende, Geringqualifizierte und Menschen mit Migrationsgeschichte deutlich. Während Großunternehmen Milliardenhilfen erhielten, haperte es bei Laptops für bedürftige Schüler. Ein Corona-Aufschlag für Hartz IV wurde im Sommer 2020 abgeschmettert, vor allem seitens CDU und CSU. Spitzenpolitiker trugen ihre Masken mal falsch herum, mal gar nicht und mahnten die Bevölkerung zur Mäßigung, feierten selbst aber ausgelassene Dinner- oder Geburtstagspartys; Ministerpräsidenten waren nicht in der Lage, beschlossene Maßnahmen zur Pandemieeindämmung einzuhalten, sondern erweckten den Eindruck, als würde sich das Virus in ihren Bundesländern ganz anders, nahezu höflich benehmen; Bundestagsabgeordnete von CDU und CSU sollen für Masken-Deals Provisionszahlungen in Millionenhöhe kassiert haben. Man muss kein Corona-Leugner sein, um sich von solchen Leuten nicht gut vertreten zu fühlen.

Aber was war mit den anderen Institutionen, die Menschen in schweren Zeiten Halt oder wenigstens Orientierung anbieten könnten? Die Kirche zum Beispiel? Mehrere katholische Geistliche, darunter auch Kardinal Gerhard Ludwig Müller, verbreiteten Verschwörungsmythen, raunten von bösen Kräften und der angeblichen «Schaffung einer Weltregierung, die sich jeder Kontrolle entzieht».[128] Im September 2020 rief ein von Papst Franziskus approbiertes Schreiben die Bischöfe dazu auf, zu Gottesdiensten vor Ort zurückzukehren, «sobald diese ... wieder sicher gewährleistet werden» können, denn «liturgische Normen sind keine Angelegenheiten, über die zivile Behörden Gesetze erlassen können, sondern nur die zuständigen kirchlichen Behörden».[129]

Auf den Bühnen der Querdenken-Demonstrationen sprachen unter anderem der frühere Fernsehpfarrer Jürgen Fliege und der Pfarrer Christoph Wonneberger.

Apropos Querdenken-Demonstrationen: Irgendwie fehlte es ständig an polizeilichem Personal, um Abstandsregeln oder das Tragen des Mund-Nasen-Schutzes durchzusetzen. Im linksalternativen Berlin-Kreuzberg gab es aber genug Beamte, um Fahrradfahrer anzuhalten, die während ihrer Fahrt keine Maske trugen, während sich ein paar Kilometer weiter Tausende Corona-Leugner ohne Maske auf engem Raum zusammenscharten. Man wolle «die Bilder» nicht, hieß es. Man wollte keine Bilder zu Polizeigewalt produzieren. Stattdessen produzierte man Bilder, von denen Rechtsextreme nur träumen konnten: Angriffe auf Journalisten, Durchbrüche von Polizeiketten und im Sommer 2020, angestachelt von einer Heilpraktikerin aus dem Reichsbürgermilieu, der Sturm auf die Reichstagstreppe.

Der Journalismus beschäftigte sich zunächst vor allem damit, Propaganda und prominente Sprecher der Querdenken-Bewegung abzubilden – und ihnen damit viel kostenfreie Sendezeit zu schenken. Querdenker-Verlautbarungen wurden gefühlt im Minutentakt zitiert; Attila Hildmann und Michael Ballweg wurden zum Waldspaziergang, dem pandemischen Pendant zur Homestory, geladen. Querdenker-Demonstranten wurden vor laufender Kamera konfrontiert – angeblich mit dem Ziel, sie umzustimmen. Ausgerechnet in einer Situation, in der Menschen besonders radikale Verhaltensweisen an den Tag legen, um ihrer Peergroup – denjenigen, denen sie sich zugehörig fühlen – zu gefallen, Loyalität und Zugehörigkeit zu beweisen und mit Anerkennung belohnt zu werden, stellen sich Journalisten vor die Kamera und erklären, was richtig und was falsch ist? Wer auch nur eine Stunde Recherchezeit investiert, kann herausfinden, dass die Sinnlosigkeit inhaltlicher Gegenrede und die toxische Macht von Gruppendynamiken seit den 1950er-Jahren bewiesen sind. Das Einzige, was diese Art des Journalismus erreichte, war die Zementierung des Feindbilds der «Lügenpresse» in der radikalen Community. Und natürlich Klicks: Der Waldspaziergang mit Attila Hildmann etwa zählt zu den meistgelesenen *Spiegel+*-Artikeln des Jahres 2020. Oder denken wir an den ZDF-Beitrag vom März 2020, in dem Wolfgang Wodarg ausführlich Covid-19 relativierte: Er wurde von zwei Corona-Leugnern in der sehr sehenswerten Dokumentation «Querdenker. Wie sich Menschen aus der Mitte radikalisieren» als wichtiger Auslöser für ihre Zweifel an der Gefährlichkeit von Covid-19 und ihr Misstrauen in die Politik angegeben.[130] Wenn Journalisten Falschnachrichten und wissenschaftliche Fakten gleichberechtigt nebeneinanderstellen, als hätten beide die gleiche Aussagekraft und Berechtigung – wie sollen wir von Lesern, Zuhörern und Zuschauern erwarten, dass sie wissen, an welchen Stellen sie wirklich seriös informiert werden?

Wer eine radikale Bewegung gründet oder in ihren Rängen schnell aufsteigt, sich also sehr bewusst von der Gesellschaft entfernt, verspricht sich etwas davon. Manche sind tatsächlich getrieben vom Wunsch, die Welt zu verbessern; manche gieren schlichtweg nach Reichtum oder Macht. Politikwissenschaftler Dipak K. Gupta nennt sie «Söldner»: Menschen, die für Geld in den Kampf ziehen und nicht im Dienste eines höheren Ziels.[131] Die ständigen Schenkungsaufrufe populärer Querdenken-Akteure sprechen vermutlich für sich. Die journalistische Berichterstattung aber hörte erst im Spätsommer 2020 nicht mehr bei der Erkenntnis auf, dass während der Querdenken-Demonstrationen immer wieder die emotionalen Daumenschrauben angezogen wurden, um Schenkungen auf Privatkonten einzufordern. Die Investigativarbeit von netzpolitik.org und Correctiv warf erste Schlaglichter auf interne Netzwerkstrukturen und dubiose Geldbewegungen im In- und Ausland.[132] Im Laufe der nächsten Monate wurde das Dasein als «Widerstandskämpfer» angesichts des umstrittenen Kontakts von Michael Ballweg zur Reichsbürgergruppe «Königreich Deutschland», angesichts von Demonstrationsverboten, stärker durchgreifender Polizei und gelöschten Propagandakanälen in den sozialen Medien immer unbequemer. Zweifel wurden laut; der Ton wurde rauer, die Bewegung kleiner. Übrig blieben die Hardliner und die Gewaltbereiten. Der Schaden für unsere Demokratie war längst angerichtet.

Radikale Gruppen und Bewegungen nutzen seit jeher politische und gesellschaftliche Krisensituationen, um neue Anhänger zu rekrutieren, und sind dabei durchaus anpassungsfähig: Scientology legte in Restaurants Broschüren aus, in denen «Werkzeuge» zum Umgang mit Isolation beworben wurden; die Zeugen Jehovas verteilten Briefe mit Hilfsangeboten gegen «Pandemiemüdigkeit».[133] Rechtsextreme, die im Zuge der sogenannten Flüchtlingskrise, also den Fluchtbewegungen in den Jahren 2015 und 2016, noch das Narrativ einer angeblich drohenden Islamisierung bedient hatten, sattelten zu Pandemiezeiten auf den Verschwörungsmythos «Great Reset» um und behaupteten, dass Covid-19 ein Mittel zum Zweck sei, die globale Wirtschaft zu zerstören und im Anschluss wahlweise den globalen Sozialismus oder eine Diktatur der Konzerne zu errichten. Gerade rechtsextreme Gruppierungen haben seit Jahrzehnten erfolgreich eine Gegenöffentlichkeit und eine eigene Industrie erschaffen, vom rechten Festival über den Verschwörer-Buchverlag bis hin zum Nazi-Kinderspielzeug – eine Industrie, die das Narrativ der angeblichen Unterdrückung Weißer immer und immer wieder reproduziert. Sie waren also hervorragend auf die Chance vorbereitet, die eine globale Pandemie ihnen bot. Dank des Versagens der Politik und der Arroganz vieler Medien konnten sie im ersten Pandemiejahr annähernd ungehindert missionieren.

Verschwörungsmythen als Strategie gegen gefühlte Machtlosigkeit

Verschwörungserzählungen gab es schon in der Antike und im Mittelalter. Sie sind also weder ein neues Phänomen noch Symptom einer Überforderung mit unserer globalisierten, komplexen Welt. Radikalisierung erfüllt immer auch individuelle Bedürfnisse, aber es geht in jedem Fall darum, sich das eigene Leben als Heldengeschichte zu erzählen – und es gibt Situationen, in denen wir das besonders dringende Bedürfnis haben, uns heldenhaft zu fühlen. Psychologische Studien zeigen, dass schon starker Zeitdruck ausreicht, damit Menschen autokratische Dynamiken in einer Gruppe akzeptieren,[134] und dass selbst Personen mit eigentlich moderaten Ansichten Sympathien für radikale Gruppen und Ideologien entwickeln, nachdem sie gezielt verunsichert wurden.[135] Eine Anfälligkeit für radikale Ideologien lässt sich also, zumindest kurzzeitig, durch psychischen Druck und damit einhergehende Gefühle von Kontrollverlust erzeugen. Die globale Pandemie war ein Paradebeispiel für sowohl gefühlten als auch realen Kontrollverlust – über viele Monate hinweg. Der

Alltag war plötzlich von neuen und sich ständig ändernden Regeln bestimmt: Alles, was vorher normal gewesen war, von der Urlaubsreise bis zur Bahnfahrt ins Büro, von der Intimität mit einem neuen Partner bis hin zum flüchtigen kollegialen Händedruck, war jetzt potenziell bedrohlich. Masken galten erst als überflüssig, dann als überlebensnotwendig; Politiker gaben sich zunächst beschwichtigend, um dann den ersten Lockdown auszurufen. Kurz gesagt: Eine der tragenden Säulen emotionaler Stabilität – die Überzeugung, handlungsfähig zu sein und Kontrolle über das eigene Leben zu haben – stürzte in sich zusammen.

«Unser Verstand protestiert gegen das Chaos», schrieben die Psychologen Gordon W. Allport und Leo Postman schon in den 1940er Jahren.[136] Die meisten Menschen sind Sinnsucher. Sie wollen nicht an Zufall, sondern an eine tiefere Bedeutung glauben, vor allem, wenn sie sich in überfordernden Situationen wiederfinden. 1979 hielt der Philosoph Hans Blumenberg fest: «Auch sehr gutes Wissen über Unsichtbares – wie Strahlungen oder Atome oder Viren oder Gene – macht der Furcht kein Ende.»[137] Für Blumenberg waren Mythen kein Gegenpol zur Vernunft, sondern Strategien, um die Welt zu ordnen und ihr Sinn zu geben. Er meinte damit zwar die klassischen Mythen und Heldensagen, aber es lassen sich Parallelen zu Verschwörungsnarrativen ziehen: Auch sie handeln von Sinn und Schicksal, von Auserwählung und dem Wert tiefer Freundschaft – unter Auserwählten, versteht sich –, auch sie funktionieren nur über Dämonisierung und Dehumanisierung: Achilles und Odysseus, Siegfried von Xanten und Dietrich von Bern, König Artus und Sir Lancelot können nur deswegen leuchtende Helden sein, weil ihre Gegner als lebensunwerte Bösewichte dargestellt werden, die aus dem Hinterhalt angreifen, hilflose Frauen bedrohen und generell wider die göttliche Vorsehung handeln.

Verschwörungsmythen verleihen der Welt neuen Sinn, indem sie Helden- und Feindbilder schaffen. In gesellschaftlichen Krisensituationen nehmen sowohl übersteigerter Patriotismus als auch Feindlichkeit gegenüber marginalisierten Personen messbar zu.[138] Die scheinbar gerechte Welt, die sich die gesellschaftliche Mitte in Krisenzeiten zurückwünscht, ist eine Welt, in der Ungleichbehandlung und Diskriminierung gang und gäbe sind. Wenn in einer Krisensituation Rücksichtnahme gefordert wird, kann das für manche privilegierte Personen als Affront erscheinen: Sie nehmen nicht nur die konkrete, zeitlich begrenzte Situation als ungerecht wahr, sondern glauben, dass ihre Bedürfnisse und persönlichen Grenzen ab jetzt für immer ungesehen bleiben werden. Ein quälender Zustand, in dem sie verständlicherweise auf keinen Fall verharren wollen. Der Drang, eine «gerechte» Welt wiederherzustellen, kann so groß werden, dass sämtliche anderen Wünsche und Bedürfnisse dahinter verschwinden – und auch der kritische Geist. So wächst die Anfälligkeit für Gerüchte und Verschwörungsmythen, für Inhalte also, die nicht mit Fakten überzeugen können, sondern starke Gefühle auslösen müssen, um überlebensfähig zu sein. Experimentelle Studien zeigen, dass vor allem Falschmeldungen und Gerüchte weiterverbreitet werden, die Emotionen wie Ekel auslösen, etwa über eine Ratte in einer Limonadenflasche oder als Thunfisch etikettiertes Katzenfutter.[139] Der Zufall, der ein Virus mutieren und die Artenbarriere von Tier zu Mensch überspringen lässt, taugt nicht als Feindbild; der Glaube an eine finstere Elite, die ein Virus im Labor züchten lässt oder erfindet, um die Menschheit zu knechten, hingegen schon. Auch eine Bundesregierung, die – bei aller Fehlbarkeit – versucht, das Land bestmöglich durch eine schwere Krise zu navigieren, eignet sich nicht als Feindbild; ein NS-Regime 2.0 hingegen sehr wohl. So lässt sich die Selbstdarstellung als Widerstandskämpfer erklären, die so manche Querdenker an den Tag legten, wenn sie sich als Helden feiern lassen wollten, weil sie Lockdownregelungen ignoriert oder sich «Ungeimpft»-Sterne auf die Kleidung genäht hatten. Michael Blume, Religionswissenschaftler und Antisemitismusbeauftragter in Baden-Württemberg, spricht hier von Opferneid: «Wer sich selbst als Opfer einer Weltverschwörung sieht, erträgt es nicht, dass anderer Opfer gedacht wird.»[140]

Ein Dasein als Opfer ist identitätsstiftend, vor allem, wenn man keine reale Not erleidet und daher viel Zeit und Energie übrig hat, um nach angeblich Schuldigen zu suchen. Es ist kein Zufall, dass sich auf den Querdenken-Demonstrationen vor allem die weiße Mittelschicht versammelte und nicht prekär lebende Arbeiter, Menschen mit schweren Vorerkrankungen oder Menschen mit Migrationsgeschichte. Es ist kein Zufall, dass sich viele Verschwörungserzählungen der Täter-Opfer-Umkehr bedienen: Das Narrativ des «Finanzjudentums» stellt Juden als übermächtige Strippenzieher dar, nicht als marginalisierte Gruppe. Rechtsradikale behaupten, Geflüchtete wollten den Deutschen Arbeitsplätze und Frauen «wegnehmen». Donald Trump unterstellte Wahlbetrug vor allem in den Städten, in denen viele People of Color leben. So wird Menschen, die ohnehin schon ins gesellschaftliche Abseits gedrängt sind, auch noch die Rolle mächtiger Bösewichte aufgezwungen, damit Privilegierte ihren sinnlosen Hass zu emotionaler Notwehr umdeuten können.

Wer einmal ins Paralleluniversum der Verschwörungserzählungen geraten ist, findet nicht mehr ohne Weiteres hinaus – vor allem, wenn er sich einer radikalen Community anschließt. Einer Gruppe beizutreten, bedeutet für jeden Menschen Orientierung und Stabilität. Wer Zugehörigkeit erlebt, fühlt sich im

Alltag weniger einsam und unsicher. Bei radikalen Gruppen mit ihren strengen Hierarchien und Verhaltensregeln, ihren klaren Unterteilungen in Gut und Böse und ihrem eindeutig festgelegten «richtigen Weg» stellt sich dieser Effekt deutlich früher und stärker ein.[141] Auch die Erleichterung über die scheinbare Widerlegung jeder pandemischen Gefahr und die Freude über soziale Anerkennung spielen eine wichtige Rolle. Der hochfrequente Kontakt und die damit einhergehende wachsende emotionale Verbundenheit unter Gleichgesinnten sorgen dafür, dass Verschwörungsgläubige den Argumenten Außenstehender immer weniger Bedeutung beimessen. Mehr noch: Sie misstrauen immer mehr der Gesellschaft und fühlen sich teilweise sogar verfolgt; die Psychologie spricht hier vom «sinister attribution error»[142], grob übersetzbar als irrtümliche Zuschreibung finsterer Absichten. Je weiter der Radikalisierungsprozess voranschreitet, desto gefährlicher wird dieser paranoiaähnliche Zustand: Wenn Wissenschaft, Politik und Journalismus als korrupte, angriffslustige Betrüger erlebt werden und die Demokratie zur Diktatur umgedeutet wird, verlieren gesellschaftliche Regeln und Gesetze jede Gültigkeit. Studien zeigen, dass Verschwörungsglauben mit einer erhöhten Wahrscheinlichkeit für die Rechtfertigung oder Ausübung von Gewalt einhergeht.[143] Vor allem Rechtsterroristen – denken wir etwa an die Täter von Christchurch, Halle und Hanau – haben sich immer wieder auf Verschwörungserzählungen berufen.

Gehirnwäsche und andere Missverständnisse: Wie radikale Gruppen missionieren

> *«He who wants to persuade should put his trust not in the right argument, but in the right word.»*
> *– Joseph Conrad, Personal Record*

Wer sich einer radikalen Gruppe anschließt, so lautet die landläufige Meinung über Menschen im Radikalisierungsprozess, der muss «gehirngewaschen» oder «abnormal» sein. Selbst Wissenschaftler haben diese Haltung vertreten. In den frühen Phasen der Terrorismusforschung wurde Attentätern häufig pauschal unterstellt, psychisch krank zu sein; eine Theorie, die die Stigmatisierung psychisch Erkrankter zusätzlich befeuerte und mittlerweile widerlegt ist.[144] Später wurden radikalen Missionaren fast schon magische Kräfte unterstellt. Marc Sageman schrieb 2014 spöttisch über die «Geisterjagd», die in den USA stattfände, um der angeblichen Al-Qaida-Agenten habhaft zu werden, «die im Schatten der Moscheen lauerten» und «naive Muslime» Rekrutierern zuführten. «Nach über einem Jahrzehnt intensiver Suche», resümierte der Terrorismusforscher mokant, «ist immer noch kein Einziger entdeckt worden.»[145]

Es gibt weder ein psychologisches Profil «des» Radikalen noch «den» Einstieg in eine radikale Gruppe. Die Sozialpsychologin Alexandra Stein beschreibt in ihrem Buch *Terror, Love and Brainwashing* mögliche Wege: Manche Menschen werden hineingeboren. Andere werden entführt: Sektenführer Paul Schäfer setzte Kinder in eine Chartermaschine nach Chile, während ihre Eltern glaubten, sie seien nur auf einer kurzen Chorreise;[146] der ugandische Kriegsverbrecher Joseph Kony ließ etwa 20 000 Kinder verschleppen, um sie in seiner Lord's Resistance Army, der «Widerstandsarmee des Herrn», als Zwangsarbeiter, Soldaten und Sexsklaven auszubeuten. Wieder andere werden erpresst: Im Irak etwa ist die Geschichte einer «Um al Mu'emin», einer «Mutter der Gläubigen», bekannt geworden, die die Vergewaltigung von achtzig Mädchen organisiert haben soll, damit diese genötigt werden konnten, ihre vermeintliche «Schande» durch Selbstmordattentate zu tilgen.[147] Manche werden, wie im Fall der Sekte NXIVM, von der verheißungsvollen Fassade eines Selbstfindungsclubs für die Wirtschafts- und Medienelite angelockt. Eine Aussteigerin erinnert sich an ihre Anwerbung: Man erzählte ihr von einer «Gruppe von Frauen, die zusammenarbeiten, um eine Kraft für das Gute in der Welt zu sein ... Ich hatte das Gefühl, Menschen zu begegnen, mit denen ich die Welt verändern würde.»[148] Tatsächlich wurden bei NXIVM Frauen missbraucht, versklavt und wie Vieh gebrandmarkt; das jüngste Opfer des Sektenführers Keith Raniere war gerade einmal fünfzehn Jahre alt. Ende 2020 wurde Raniere unter anderem für Missbrauch, Sexhandel und organisierte Kriminalität zu einer Freiheitsstrafe von 120 Jahren verurteilt.[149] Die meisten Menschen aber geraten, wie Terrorismusexpertin Martha Crenshaw betont, zufällig in eine radikale Gruppe.[150] Zufällig im Sinne von: ungewollt. Denn in einem Punkt liegt das Klischee über Radikale richtig: Niemand, der bei Verstand ist, entscheidet sich freiwillig für das Leben in einer Gruppe, in der er systematisch belogen und ausgebeutet wird.

Ein Radikalisierungsprozess lässt sich mit einer Emulsion vergleichen: Es verbindet sich, was eigentlich nicht zusammenpasst. Extremismusforscher Daniel Köhler beschreibt, dass negative Emotionen wie Zorn oder Trauer mit positiven Emotionen, etwa dem Versprechen von Gerechtigkeit oder Rettung, zu einer Heldengeschichte verknüpft werden. Der Radikalisierte wird darin zum schillernden Protagonisten, der den einzigen Grund aller Probleme dieser Welt und auch die einzige mögliche Lösung kennt: eine edle Mission, für die es sich zu leben – oder auch zu sterben – lohnt. Der «Emulgator» für dieses Gemisch, so Köhler, ist Vertrauen.[151]

Deswegen eignen sich Menschen, die über viel Manipulationsgeschick verfügen, besonders gut als Anführer radikaler Gruppen, und deswegen versuchen radikale Missionare in so viele gesellschaftliche Lebensbereiche wie möglich einzudringen, um dort Menschen in Scheinfreundschaften hineinzumanipulieren. Radikale Gruppen gründen Parteien und Stiftungen, Schulen, Universitäten und Bürgerrechtsbewegungen, sie bieten Firmentrainings und Drogenrehabilitation, Gesundheitsprogramme und Amateurtheatergruppen an.[152] Sie bringen Apps für Kinder heraus[153] und verschicken Bücher mit versteckter Propaganda an Schulen und Kindergärten.[154] Ihre Missionare treten je nach Publikum als Coaches für Manager auf oder als spirituell Suchende, die dem Kapitalismus abgeschworen haben, als Liebe und Frieden predigende Weltverbesserer oder als Gewalttäter. Kurz: Sie sind bereit, so gut wie jede Rolle zu spielen, wenn es darum geht, Nachwuchs zu rekrutieren. So suggerieren sie dem potenziellen neuen Anhänger, dass nicht nur eine unverbrüchliche Gemeinschaft Gleichgesinnter ihn erwartet, sondern auch die Chance, «ein ‹neuer Mensch› zu werden», wie der Psychologe Karsten Hundeide es ausdrückt.[155]

Ist das Erstinteresse einmal geweckt, gehen radikale Missionare zum «Love bombing», zum gnadenlosen Einschmeicheln, über. Sie überschütten ihr Gegenüber mit Aufmerksamkeit, Bewunderung und sozialer Wärme, um binnen kürzester Zeit eine emotionale Verbindung herzustellen. Das hat nichts mit tatsächlich empfundener Sympathie zu tun, sondern mit Strategie: Wir mögen Menschen, die uns mögen. Wir wollen uns das angenehme Gefühl, verstanden und bestätigt zu werden, möglichst dauerhaft sichern – und gehen dabei im Zweifelsfall faule Kompromisse ein, ohne dass es uns rechtzeitig auffällt. Der Sozialpsychologe Edward E. Jones hat schon in den 1960er Jahren die Erforschung des Einschmeichelns eingeläutet: Er erkannte, dass es sich hier um eine mächtige psychologische Taktik zur Beeinflussung und Manipulation handelt.[156]

Sobald erstes Vertrauen gewachsen ist, versuchen radikale Missionare potenzielle neue Mitglieder von ihrem bisherigen Umfeld zu isolieren, denn selbst die größte Anfangsbegeisterung ist nie ungetrübt. Es gibt immer Momente des Zweifels, und radikale Akteure wollen sicherstellen, dass in jedem dieser Momente jemand da ist, der diese Zweifel zu zerstreuen weiß. Offline funktioniert das am besten: Einführungs- und Informationsveranstaltungen an abgeschiedenen Orten, Buddy-Systeme, bei denen Neueinsteigern ein «erfahrenes» Mitglied zur Seite gestellt wird, das ihn oder sie permanent begleitet und beobachtet,[157] Schlafentzug und propagandistische Dauerbeschallung seitens scheinbar wunschlos glücklicher Gruppenmitglieder, wie sie etwa der Psychologe und ehemalige Anhänger der Moonies (Vereinigungskirche) Steven Hassan beschreibt,[158] sind bestens geeignet, unser gesundes Misstrauen zu schwächen.[159] Aber auch online zeitigt diese Strategie, wie der selbst ernannte Islamische Staat bewiesen hat, erstaunliche Erfolge: Der IS hat nicht nur bis zu 90 000 Social-Media-Beiträge am Tag gepostet,[160] Lern-Apps für Kinder entwickelt[161] und ein monatliches Magazin sowie eine Google Play App für Erwachsene angeboten,[162] um Neumitglieder permanent zu beschäftigen und damit von ihrem bisherigen Umfeld fernzuhalten, sondern auch und vor allem zahlreiche Missionare darauf angesetzt, potenzielle Anwärter im virtuellen 1:1-Kontakt so lange zu bearbeiten, bis sie bereit waren, in den Irak oder nach Syrien aufzubrechen. Knapp 52 800 Menschen folgten diesem Ruf.[163]

Wenn aber selbst Unbekannte anderen in Online-Gesprächen weismachen können, dass der Einstieg in eine radikale Gruppe ein glücklicheres Leben bedeuten würde – wie viel stärker wird dieser Effekt sein, wenn Menschen den Missionar oder die Missionarin persönlich kennen? Marc Sagemans Analyse islamistischer Terroristen ergab, dass in 75 Prozent der Fälle Freunde oder Verwandte ausschlaggebend für den Radikalisierungsprozess waren.[164] Auch in Bezug auf andere radikale Gruppierungen zeigt sich, dass die Wahrscheinlichkeit einer Radikalisierung deutlich erhöht ist, sobald es im Familien- oder Freundeskreis eine radikale Person gibt.

Mit «Gehirnwäsche» hat das nichts zu tun. Der Begriff ist ohnehin fragwürdig: Der amerikanische Journalist Edward Hunter schuf ihn in den 1950er Jahren, um die Indoktrination von Kriegsgefangenen in chinesischen Lagern zu beschreiben,[165] und berief sich dabei auf chinesische Informanten, die ihm angeblich vom Begriff «hsi nao», übersetzbar als «den Geist reinigen», berichtet hätten. In chinesischen Wörterbüchern und Zeitungen aber findet sich diese Wendung nicht. Hunter war nicht nur Journalist, sondern hatte während des Zweiten Weltkriegs auch für das Office of Strategic Services gearbeitet, den Vorläufer der CIA. In der historischen Forschung wird daher diskutiert, ob Hunter seine dramatischen Texte zur «Gehirnwäsche» vielleicht im Auftrag des Geheimdienstes verfasst haben könnte, um der kommunistischen Bedrohung etwas mehr Nachdruck zu verleihen.[166]

In die internationale Debatte rund um Hunters Veröffentlichungen schaltete sich auch der niederländische Psychiater Joost Meerloo ein, dem das Wort «Gehirnwäsche» offenbar zu harmlos war und der stattdessen die Begriffe «Mentizid» und «Vergewaltigung des Verstandes» ins Spiel brachte. Der menschliche Geist, so verkündete er, könne «in den Händen skrupelloser Inquisitoren wie Spachtelmasse geknetet werden». Meerloo sah überall Mentizide: bei Nationalsozialisten und Kommunisten ebenso wie im Fernsehen. «In dieser dystopischen Welt», schreibt Historikerin Sarah Marks, ist jeder Mensch «ein potenzieller Manipulator und gleichzeitig ein unbewusstes williges Opfer»[167].

«Gehirnwäsche» ist eine quasi magische Zuschreibung, die Täter zu finsteren Zauberern macht und Opfer von jeder Verantwortung freispricht. Sie bildete eine der theoretischen Grundlagen der «Deprogrammierung», die Anfang der 1970er bis Mitte der 1990er Jahre in den USA (und, mit zeitlicher Verschiebung, auch in Japan und China) praktiziert wurde: Sektenanhänger wurden entführt, über Tage eingesperrt, teilweise sogar angekettet und so lange mit sektenkritischen Informationen bombardiert, bis sie psychisch zusammenbrachen. Die Logik dahinter: Gift sollte mit Gift bekämpft werden, «böse» Gehirnwäsche mit «guter» Gehirnwäsche. Die grausame Praxis fand in den USA erst nach mehreren Zivilklagen und Prozessen ein Ende. Nachdem «Gehirnwäsche» einige Jahre lang als wissenschaftliches Konzept und als Legitimation für Deprogrammierung akzeptiert worden war, erklärten Mitte der 1990er Jahre gleich mehrere Gerichtsurteile Deprogrammierung für illegal und machten den Weg frei für Entschädigungsforderungen. Den wohl berühmtesten Prozess führte Jason Scott, der im Alter von 18 Jahren vom «Deprogrammierer» Rick Ross entführt worden war und von Scientology finanziell unterstützt wurde, um vor

Gericht ziehen zu können. Jason Scott wurde eine Entschädigung von fünf Millionen Dollar zugesprochen; das von Rick Ross gegründete Cult Education Institute ging bankrott – und ausgerechnet Scientology sicherte sich dessen Namen, Postanschrift und Telefonnummer.[168]

So fanden die Entführungen für den vermeintlich guten Zweck in den USA ein Ende; an ihrer Stelle wurde «Exit Counseling»[169] beziehungsweise «sanfte Deprogrammierung» populär, eine Methode, die ohne Freiheitsberaubung auskommt, für radikalisierte Personen aber einen weiteren Kontrollverlust bedeutet: Auf die Manipulation und den psychischen Druck, den die Anführer «ihrer» radikalen Gruppe ausübten, folgen Manipulation und Druck seitens der «Deprogrammierer».

Der Psychologe Robert Lifton und der Sozialwissenschaftler Edgar Schein haben immer wieder darauf hingewiesen, dass Zwang und Gewalt tatsächlich die Selbstwahrnehmung und Einstellungen von Menschen manipulieren können – denken wir etwa an das Stockholm-Syndrom, bei dem Geiseln positive Gefühle von Vertrauen bis Verliebtheit für die Geiselnehmer entwickeln. Diese Manipulation aber funktioniert bei vielen entweder gar nicht oder verpufft, sobald der Zwang nachlässt und die Opfer in ihr vorheriges Leben zurückkehren dürfen.[170] Manipulation macht Menschen nicht zu Marionetten. Wir dürfen im Umgang mit radikalisierten Personen weder vergessen, wie anfällig jede und jeder von uns für psychologische Tricks ist, noch, dass wir es mit Erwachsenen zu tun haben, die für ihr Handeln verantwortlich sind.

Manipulationstechniken, die Sie kennen sollten

«You don't have to be a fool to be fooled»
– Robert Cialdini[171]

Die meisten von uns fühlen sich gut geschützt. Werbeprospekte landen ungelesen im Müll, Spendensammler in Fußgängerzonen verscheuchen wir mit finsteren Blicken und energischem Kopfschütteln, und auf die plumpe Masche der Parteien, die vor jeder Wahl Kugelschreiber und Luftballons verteilen, fallen wir erst recht nicht rein. Wir haben uns Abwehrmechanismen erarbeitet, die uns vor Manipulation bewahren sollen. Die Werbe- und Marketingindustrie aber investiert seit Jahrzehnten sehr viel Geld in psychologische Forschung, um Menschen beeinflussen zu können, ohne dass es ihnen auffällt. In vielen Fällen sind die Resultate harmlos: Der Griff zum Eis, dessen Idealversion gerade noch gut ausgeleuchtet in den Händen von Supermodels im Bikini über den Kinobildschirm flimmerte, oder die scheinbar intuitive Wahl ausgerechnet der zuckrigen Frühstücksflocken, deren lustiger Werbejingle uns noch im Ohr nachklingt, kommen höchstens unserem Neujahrsvorsatz in die Quere, uns gesünder zu ernähren. Und doch zeigen diese Beispiele, was wenige Sekunden Werbung anrichten können: Unser Gehirn verkauft uns das Ergebnis professioneller Manipulation als Bauchgefühl. Kommunikationsprofis – seien es nun Werber, Politiker oder auch Verbreiter von Fake News und radikaler Propaganda – machen sich zudem den sogenannten Sleeper-Effekt zunutze: Wenn wir uns eine Information merken, beispielsweise, weil sie sehr prägnant oder provozierend ist, vergessen wir im Laufe der Zeit oft, von wem sie stammt. Wir erinnern uns irgendwann nicht mehr daran, dass die Quelle unseriös war, sondern nur an den Inhalt, der uns nun deutlich glaubwürdiger erscheint.[172] Um es mit den Worten des Neurowissenschaftlers Jonah Lehrer zu sagen: «Das menschliche Gehirn ist wie ein Betriebssystem, das zu früh auf den Markt geworfen wurde.»[173]

Der amerikanische Psychologe Robert Cialdini hat sein Lebenswerk der Frage gewidmet, wie Manipulation funktioniert. Er glaubt, dass es sechs Trigger – oder Auslöser – gibt, deren Aktivierung uns unbewusst zur Kooperation zwingen kann. Diese Trigger werden nicht nur von Unternehmen genutzt, um Kunden zu gewinnen oder zu binden, sondern auch von Menschen, mit denen wir ungesunde private oder berufliche Beziehungen führen – und von radikalen Akteuren.

Trigger Nummer eins: Beständigkeit

Der menschliche Hang zur Beständigkeit unterscheidet nicht zwischen unseren tatsächlichen Überzeugungen und denen, die andere uns einflüstern. Das macht ihn zu einem der wichtigsten Einfallstore für Manipulatoren. Ein klassisches Beispiel: Drückeberger. Ob es um Gruppenarbeiten in der Schule oder im Studium geht, um Haus- oder Carearbeit: Irgendwie schaffen es Drückeberger immer wieder, ihre Verantwortung auf andere abzuwälzen, während diese innerlich vor Wut schäumen und sich fragen, warum sie sich schon wieder haben ausnutzen lassen. Der Grund liegt nicht (nur) in unserer Gutmütigkeit. Drückeberger wissen intuitiv, was Studien seit Jahrzehnten belegen: Die meisten Menschen wollen keinesfalls unbeständig oder unzuverlässig wirken, weil sie Angst vor sozialen Sanktionen haben.[174] Drückeberger machen sich diese unbewusste Angst zunutze. Entweder schmeicheln sie uns ausführlich, preisen unsere Schnelligkeit und Zuverlässigkeit, nur um dann zu behaupten, dass sie gerade ganz furchtbar überlastet wären. Ob wir mit unserer wunderbar schnellen Arbeitsweise, die täglich von allen Kolleginnen und Kollegen bewundert wird, aushelfen könnten …? Oder sie fragen nach, ob es uns gerade gut geht, was wir wahrscheinlich bejahen werden, und sei es aus Höflichkeit, um dann flugs eine bedrückende Geschichte zu erzählen, aufgrund derer sie leider keine Kraft hätten, um ihre Arbeit zu erledigen. Da stehen wir nun, mit einem glücklichen Leben beschenkt – und knicken ein.

Trigger Nummer zwei: Gegenseitigkeit

Bekommen wir ein unerwartetes Geschenk, löst das in uns nicht nur Freude aus, sondern auch den Drang, etwas zurückgeben zu wollen. Dieser Reflex der Reziprozität ist zutiefst menschlich. Er findet sich in allen Kulturen der Welt – und er lässt sich sehr leicht ausnutzen: Schon ein paar Schokoladentäfelchen, die im Restaurant der Rechnung beiliegen, reichen aus, damit wir deutlich mehr Trinkgeld geben als ursprünglich geplant,[175] und wer beim Betreten eines Geschäfts mit einem kleinen Geschenk und Dankesworten für den Besuch begrüßt wird, wird in diesem Geschäft deutlich mehr Geld ausgeben.[176] Je kleiner allerdings der Gefallen ist, desto kürzer ist auch die Zeitspanne, in der wir uns zum Ausgleich verpflichtet fühlen;[177] für nachhaltige Effekte muss man tiefer in die Tasche greifen. Persönliche Sympathien spielen bei alldem übrigens keine Rolle: Das Gefühl, jemandem etwas schuldig zu sein, entsteht unabhängig davon, ob wir ihn oder sie mögen oder nicht. Das erschwert uns die Abgrenzung von manipulativen Akteuren, selbst wenn unser Bauchgefühl Alarm schlägt. Cialdini erinnert hier an die Hare-Krishna-Bewegung: Die kahl geschorenen Mönche in ihren knallorangefarbenen Gewändern wirkten auf viele Menschen eher befremdlich und konnten entsprechend wenige Spenden einheimsen. Also änderten sie ihre Strategie und drängten Passanten Geschenke auf, etwa eine Blume oder ein Buch, bevor sie nach Spenden fragten. Diese Aktivierung des Reziprozitäts-Triggers sorgte für einen veritablen finanziellen Aufschwung der Bewegung – jedenfalls so lange, bis Passanten lernten, singenden Gläubigen in Flattergewändern rechtzeitig auszuweichen.[178]

Trigger Nummer drei: Soziale Beweisführung

Zugehörigkeit war die längste Zeit der Menschheitsgeschichte überlebensnotwendig und verspricht uns auch heute noch soziale Belohnung und Bestärkung. Deswegen scannen wir automatisch, wie sich andere verhalten, sobald wir mit neuen Situationen und Umgebungen konfrontiert sind, und passen uns entsprechend an – und deswegen liegen im Trinkgeldglas eines Friseurs oder Kellners immer ein paar Münzen bereit: Sie suggerieren uns, dass Geben ein übliches (und damit verpflichtendes) Verhalten wäre. Bankberater oder Versicherungsvertreter weisen gern darauf hin, dass bestimmte Produkte besonders beliebt seien; auch Fundraising funktioniert mit Konformitätsdruck besser: Eine Studie ergab, dass ein Spendensammler auf einem College-Campus mehr als doppelt so erfolgreich war, wenn er behauptete, auch an diesem College zu studieren, und so nicht nur den Sympathie-durch-Ähnlichkeit-Trigger aktivierte, sondern auch nahelegte, dass es an dieser Universität üblich sei, sich sozial zu engagieren.[179]

Das weltberühmte Konformitätsexperiment des Psychologen Solomon Asch zeigte schon in den 1950er Jahren, welche Blüten

Gruppendruck treiben kann: Die Versuchspersonen wurden einzeln in einen Raum gebeten, in dem bereits eine Gruppe an einem großen Konferenztisch saß, scheinbar andere Studienteilnehmer. Karten mit vier Linien wurden auf den Tisch gelegt, und jeder Gruppenteilnehmer sollte angeben, wie viele der Linien gleich lang waren. Die Antwort war offensichtlich: zwei. Eine vermeintlich kinderleichte Aufgabe. Die übrigen «Studienteilnehmer» aber gaben immer wieder einstimmig ein falsches Urteil ab. Obwohl die Fehlentscheidung eindeutig war, knickten drei Viertel aller Versuchspersonen ein und schlossen sich der Mehrheit an.[180] Das Konformitätsexperiment wurde seither in vielen Variationen wiederholt und hat sich immer wieder aufs Neue bestätigt.

Wenn die meisten Menschen es nicht einmal schaffen, sich der offenkundig falschen Mehrheitsmeinung von ein paar Fremden, die sie nie wiedersehen werden, zu widersetzen – wie sollen sie den Mut zum Widerspruch finden, wenn sie von einer radikalen Gruppe isoliert und unter Druck gesetzt werden?

Soziale Beweisführung ist am wirksamsten, wenn uns die Möglichkeit eines Realitätschecks genommen wird. Das mag – neben günstigeren Mietpreisen in der Provinz – ein Grund dafür sein, dass Zusammenkünfte von Sekten oder neureligiösen Bewegungen oft an eher abgelegenen Orten stattfinden. Das potenzielle Neumitglied wird fernab seiner gewohnten Umgebung mit Reizen überflutet: endlosen Vorlesungen, Diskussionen, Gesängen, Meditationen. Kritische Fragen werden entweder niederdiskutiert oder von vornherein im Keim erstickt: Wer sich von scheinbar glücklichen und überzeugten Mitgliedern umgeben sieht, fügt sich unbewusst der Gruppendynamik. In vielen Fällen tragen zu wenig Schlaf, die permanente Beschallung mit radikalen Inhalten sowie die Suggestivkraft religiöser Gesänge dazu bei, dass die kognitiven Abwehrkräfte eines Neuankömmlings geschwächt werden. Sektenaussteiger berichten immer wieder, dass sie sich nie auf die Gruppe eingelassen hätten, wenn sie von deren Methoden und tatsächlichen Zielen gewusst hätten. Dieser Aspekt ist bedeutsamer, als er zunächst erscheinen mag: Wer unter falschen Annahmen das Treffen einer Gruppierung besucht und dort gezielt manipuliert wird, entscheidet sich nicht aus freiem Willen, Mitglied zu werden.

Robert Cialdini glaubt sogar, dass soziale Beweisführung, in Kombination mit Isolation, zum Massenselbstmord der Sekte Peoples Temple im Jahr 1978 geführt haben könnte. Sektenführer Jim Jones floh Mitte der 1970er Jahre vor negativer Publicity und getrieben von paranoider Angst vor einem Atomschlag nach Guyana. Er hatte über tausend Menschen dazu gebracht, ihr bisheriges Leben aufzugeben und ihm auf ein brandgerodetes Stück Land im Regenwald zu folgen. Wer dort ins Zweifeln kam, für den war es zu spät: Bewaffnete Wärter umstellten das Gelände und verprügelten jeden, der sich nicht an die strengen Regeln hielt.[181] Als im November 1978 der Kongressabgeordnete Leo Joseph Ryan Jr., der von besorgten Angehörigen kontaktiert worden war, gemeinsam mit Mitarbeitern und Journalisten einflog, ließ Jones ein fröhliches Fest ausrichten, um Ryan zu täuschen; einige Bewohner aber steckten den Journalisten heimlich Zettel zu und baten um Hilfe. 16 Personen wollten gemeinsam mit Ryan die Rückreise antreten; ein Bruchteil der über tausend Bewohner von «Jonestown». Enge Vertraute von Jim Jones aber eröffneten auf dem Flugfeld das Feuer und töteten fünf Menschen, darunter auch den Abgeordneten. Aus Angst, dass ihm sein privates Königreich genommen werden könnte, befahl Jim Jones einen Massensuizid. Manche versuchten zu fliehen und wurden von den Wärtern beschossen; manche dankten

Jim Jones für sein Lebenswerk, bevor sie bereitwillig die mit Zyankali versetzte Kool-Aid-Limonade tranken. Die meisten aber, so Cialdinis Hypothese, schauten sich vermutlich einfach still um, in der Hoffnung, aus der Reaktion der anderen für sich abzuleiten, was jetzt zu tun wäre – und weil so viele andere exakt das Gleiche taten, beruhigten sie sich unbewusst gegenseitig: Das Schweigen der Mehrheit überzeugte ebendiese Mehrheit, dass Schweigen und Gehorsam jetzt das angemessene Verhalten sei.[182]

Trigger Nummer vier: (Schein-)Autorität

Der Psychologe Daniel Kahneman unterscheidet in seinem berühmten Bestseller *Schnelles Denken, langsames Denken* zwei Systeme der Weltverarbeitung: System 1 steht für das assoziative, emotional geprägte «schnelle Denken», das unser Erleben intensiviert, während wir im System 2 aus der jeweiligen Situation heraustreten und Geschehnisse rational analysieren.[183] System 1 bedeutet letztlich, dass unser Gehirn eine Abkürzung nimmt. Abkürzungen sind im Alltag oft notwendig, weil wir nicht die Zeit haben, jedes einzelne Ereignis analytisch zu beleuchten. Sie bergen aber auch Gefahren: Wir neigen beim schnellen Denken dazu, Anekdoten oder persönliche Erfahrungen für allgemeingültig zu halten oder aus Zufällen Schicksal zu konstruieren. Anders gesagt: System 1 bietet uns schnelle Befriedigung. Wir glauben, eine Situation binnen kürzester Zeit voll erfasst und durchschaut zu haben, fühlen uns also selbstwirksam und kompetent. Wie viel mühsamer wäre es, uns erst ausführlich zu informieren? Studien zeigen immer wieder, dass für die Entscheidung, System 2 zu aktivieren, zwei Faktoren relevant sind: persönliche Ressourcen wie etwa Zeit, Ruhe und Kraft sowie der Wunsch, etwas wirklich und unvoreingenommen zu verstehen.[184]

Radikale Anführer versuchen, unsere Autoritäts-Trigger zu aktivieren, damit wir ihr «Produkt» unhinterfragt anerkennen. Manche werten sich selbst mit Studienabschlüssen auf, die sie nie erlangt haben; andere bedienen sich kurzerhand der Reinkarnationsbehauptung. Buddha, Gandhi, Martin Luther King, Pharaonen und Kaiser werden immer gern genommen, der Klassiker bleibt aber Jesus von Nazaret: Sektenführer aus aller Welt, darunter der US-Amerikaner Jim Jones, der Japaner Hogen Fukunaga, der Russe Sergei Anatoljewitsch Torop (alias Wissarion) und die Australierin Anne Hamilton-Byrne, haben sich als seine Reinkarnationen ausgegeben. Der Franzose Claude Vorilhon, Gründer der UFO-gläubigen Rael-Bewegung, behauptet, Jesus' Bruder zu sein; der Koreaner Sun Myung Moon, der die Vereinigungskirche (Moonies) gründete, und die Italienerin Giuseppina Norcia, Anführerin der Christlichen Universalkirche vom Neuen Jerusalem, beriefen sich auf Jesus-Erscheinungen. Das bringt uns zur nächsten gängigen Strategie: die Behauptung von Geheimwissen. Ähnlich wie Populisten, die gern von der «guten alten Zeit» schwärmen, raunen auch so manche radikale Akteure von einer scheinbar magischen Vergangenheit, die ihre Ideologien aufwerten soll. Scientology-Gründer L. Ron Hubbard etwa entwickelte eine Science-Fiction-Genesis, die vor knapp 75 Millionen Jahren beginnt; die Transzendentale Meditation beruft sich auf ihren offiziellen Websites auf eine «uralte Meditationstechnik», die «jahrhundertelang in Vergessenheit geraten» sei.[185] So können sich auch ihre Mitglieder als Autoritäten fühlen: als Eingeweihte und Träger eines überzeitlichen Wissens.

Trigger Nummer fünf: Sympathie

Wir mögen Menschen, die uns ähnlich sind. Deswegen scharen sich viele Erasmus-Studierende im Ausland zusammen, obwohl sie doch eigentlich andere Kulturen kennenlernen wollten. Deswegen stellen weiße Männer oft weiße Männer ein. Deswegen sind wir messbar hilfsbereiter, wenn unser Gegenüber ähnlich gekleidet ist wie wir.[186] Evolutionsbiologisch betrachtet, ergibt das sogar Sinn: Menschen, mit denen wir verwandt waren, die uns daher äußerlich glichen, konnten wir in der Steinzeit am ehesten trauen. Wir konnten darauf setzen, dass sie ihr Essen mit uns teilen und uns nicht hinterrücks erschlagen würden. Dieses unbewusste Vertrauen gegenüber Menschen, die uns ähnlich sind, ist uns bis heute erhalten geblieben. Deswegen bringen manche Trainingsprogramme Verkäufern bei, Körperhaltung, Stimmung und Ausdrucksweise ihres Gegenübers zu spiegeln. Auch radikale Missionare machen sich diesen «Chamäleon-Effekt»[187] zunutze: Genau wie Verkäufer sind sie gut geschult darin, uns binnen weniger Sekunden einzuschätzen und vorzutäuschen, dass sie all unsere Werte teilten und im Leben die gleichen herausfordernden Situationen hätten durchmachen müssen wie wir – bloß dass sie jetzt, dank der radikalen Gruppe natürlich, ein durch und durch glückliches und erfolgreiches Leben führten. Manche erheben sogar vorab gezielt Daten über die Menschen, die sie überzeugen wollen: Je mehr intimes Wissen verfügbar ist, desto größer die Chance, emotionale Schwachstellen ausnutzen zu können. Wer karrierebewusst ist, wird von einem Missionar vermutlich hören, dass die radikale Gruppe ausschließlich aus «Machern» bestünde, die von geheimen Strategien zur Performancesteigerung profitierten. Wer sich gerade in einer unsicheren Lebenssituation befindet, dem wird vermutlich suggeriert, dass die radikale Gruppe eine liebevolle, Halt und Sicherheit bietende Familie sei. Wer extrovertiert und sendungsbewusst ist, könnte mit einer potenziellen Karriere als durch die Welt reisender und gefeierter Missionar für «die gute Sache» angelockt werden. Die Liste ließe sich beliebig fortsetzen, die Kernbotschaft aber bleibt gleich: Radikale Missionare geben sich als Seelenverwandte aus, um ihre Behauptung, den wahren Weg zum Glück zu kennen, glaubhafter zu machen.[188]

Trigger Nummer sechs: Künstliche Verknappung

«Mach dich rar» – ein Ratschlag, den wir vor allem aus schlechten Filmen und Liebesratgebern kennen, der aber durchaus wissenschaftlich belegt ist: Menschen neigen dazu, schwer verfügbare Personen für begehrenswerter[189] und rare Produkte für hochwertiger zu halten.[190] «Limited editions», aber auch Clubs oder Apps, die nur Menschen mit persönlicher Einladung offenstehen, scheinen unseren kritischen Geist auszuschalten: Wir setzen alle Hebel in Bewegung, um in die (scheinbar) exklusiven Ränge vorgelassen zu werden. Deswegen spielen auch radikale Missionare oder Anführer oft «hard to get» und tun so, als sei ihre Gruppe auf neue Mitglieder nicht angewiesen. Sie entwerfen im ersten Schritt das Bild einer riesigen, vielleicht sogar weltweit vernetzten Gruppe aus Eingeweihten, die bereits die Autobahn zum wahren Glück entlangbrausen (soziale Beweisführung), um dann zu behaupten, dass nur eine begrenzte Zahl von Menschen in diesen elitären Club aufgenommen werden könne und dass ihr Gegenüber natürlich für sich selbst entscheiden müsse, ob es diese einmalige Chance ungenutzt verstreichen lassen wolle. Besonders gefährlich sind hier Personen, die der Politikwissenschaftler Dipak K. Gupta «politische Entrepreneure» nennt: begnadete Geschichtenerzähler und charismatische Führungsfiguren, die binnen kürzester Zeit zahlreiche Anhänger um sich scharen.[191] Letztlich waren auch Mahatma Gandhi oder Martin Luther King politische Entrepreneure: Sie kanalisierten die Wut und die Enttäuschung vieler Menschen und erschufen so eine wirkmächtige kollektive Identität. Auf der anderen Seite dieser Medaille aber finden sich Demagogen, die ihre kommunikativen Fähigkeiten für das Schüren von Feindbildern nutzen, und Missionare, die lügen und manipulieren, um möglichst viele neue Mitglieder an Bord zu holen. Sobald ihr Opfer, getrieben von der Angst, etwas zu verpassen, einwilligt, erlebt es einen kleinen Hormonrausch: Unser Gehirn schüttet Belohnungen aus, sobald wir uns für etwas entschieden haben. Studien zeigen, dass wir, sobald wir gewählt oder auf ein Rennpferd gewettet haben, den festen Glauben entwickeln, dass «unser Kandidat» siegen wird.[192] Mit der konkreten Entscheidung oder realen Erfolgschancen hat dieser Reflex nichts zu tun. Er ist Ausdruck unseres unbewussten Drangs zur Beständigkeit: Wir wollen unser Selbstbild eines Menschen erhalten, der klug entscheidet und dafür mit Anerkennung rechnen kann.

Eine radikale Karriere

Stellen Sie sich vor, dass auf Ihren Entschluss, einer Gruppe beizutreten, eine sogenannte «Höllenwoche» folgt. Dass Sie stillhalten müssen, während Sie verprügelt werden. Dass Sie so lange in einer Abstellkammer eingesperrt werden, dass Sie Ihren eigenen Urin trinken müssen, um nicht zu verdursten. Dass Sie in einer Winternacht in den Bergen ausgesetzt werden, ohne warme Kleidung, ohne Nahrung, ohne Karte. Dass Sie an einem abgeschiedenen Ort gezwungen werden, Ihr eigenes Grab auszuheben. Um welche grausame Sekte es hier geht? Um gar keine. Alle Beispiele stammen aus den Aufnahmeritualen amerikanischer Studentenverbindungen.[193] Allein zwischen 2005 und 2014 kamen dabei über 60 Menschen zu Tode, ungezählte mehr wurden Opfer schwerer Verletzungen, Angriffe und Sexualverbrechen.[194] Warum setzen sich Menschen freiwillig solchen Qualen aus?

Der Kommunikationswissenschaftler Richard Perloff verweist auf Studien, die seit Ende der 1950er Jahre immer wieder aufs Neue zeigen, dass sich Anwärter einer Gruppe umso stärker verpflichtet fühlen, je unangenehmer oder sogar traumatischer das Aufnahmeritual ausfiel.[195] Der Sozialpsychologe Robert Cialdini zieht einen Vergleich zu Stammesritualen: Eine Studie aus den 1960er Jahren ergab, dass die Volksgruppen mit den härtesten Initiationen auch die stärkste Gruppensolidarität hatten.[196] Cialdini glaubt, dass die «Höllenwochen» von Studentenverbindungen «Akte des Gruppenerhalts» sein könnten: Wer einen hohen Preis für die Aufnahme in eine Gruppe bezahle, der wolle unbedingt daran glauben, dass dieser Preis es wert war. Deswegen werde er seiner Gruppe die Treue halten – und so ihr Überleben sichern.[197]

Auch wer um die Initiationsriten von Studentenverbindungen einen großen Bogen macht, hat im Alltag schon das eine oder andere Opfer gebracht, um sich einer neuen Gruppe anschließen zu dürfen. Denken Sie etwa an Ihren ersten Tag in einem neuen Job: Brachten Sie Kuchen mit, um sympathisch zu wirken? Das habe ich einmal (und danach nie wieder) versucht. Während ich hilflos lächelnd mit meiner Kuchenplatte dastand, zischte meine neue Kollegin: «Sie brauchen nicht zu glauben, dass Sie uns manipulieren können!» Versuchten Sie an Ihrem ersten Tag, so schnell wie möglich die ungeschriebenen Gesetze innerhalb des Teams zu erkennen und einzuhalten? (Zum Beispiel: Niemals garstigen Kolleginnen die Meinung geigen!) Blieben Sie lange im Büro, um möglichst motiviert und verlässlich zu erscheinen? Gingen Sie mit zum Bowling oder würgten den überzuckerten Geburtstagskuchen eines Kollegen herunter, obwohl Sie Bowling hassen und eigentlich lieber salzig als süß essen? Um uns zugehörig zu fühlen, sind wir bereit, Kompromisse zu machen. Radikale Gruppen aber versprechen mehr als ein Unternehmen, ein Sportverein oder eine gemeinnützige Organisation. Sie versprechen ein neues Leben – und je größer der versprochene Gewinn, desto höher ist auch das Investment, mit dem wir uns «einkaufen» müssen.

Der Einstieg

Der Wirtschaftswissenschaftler Mancur Olson formulierte schon in den 1960er Jahren in seiner «Logik des kollektiven Handelns»[198] ein Problem, das heute als «soziales Dilemma» bekannt ist: Je größer eine Gruppe wird, desto weniger ist die oder der Einzelne motiviert, zum Wohle aller beizutragen: Die eigene Stimme scheint im Lärm der Gesellschaft unterzugehen; persönliches Engagement fühlt sich an wie ein Kampf gegen Windmühlen. Solange wir glauben, dass unsere Worte und Taten kein Gewicht haben, werden wir uns für nichts und niemanden einsetzen. Deswegen nutzen radikale Missionare Ideologien als «Rekrutierungswerkzeug»[199]: Ideologien sind eine mächtige, vielleicht sogar die mächtigste Waffe gegen das lähmende Gefühl der Bedeutungslosigkeit. Wer sich dafür entscheidet, an eine Ideologie zu glauben, fühlt sich – jedenfalls zu Beginn – auserwählt: Der Himmel scheint zum Greifen nah und voller Versprechungen; das eigene Leben wird zur Erzählung, um die sich die ganze Welt dreht. Dazu kommen die Glückshormone, die unser Gehirn bei einer Entscheidung automatisch ausschüttet und die uns unbewusst davon überzeugen, den richtigen Weg zu beschreiten. Diese kombinierten Wohlgefühle sorgen dafür, dass wir glauben, unserer Gruppe etwas schuldig zu sein, und uns keinen Zweifel erlauben, wenn wir uns beweisen sollen.

Wer sich einer radikalen Gruppe anschließt, muss sich zu deren Ideologie bekennen. Bei Eintritt in die Sea Organization, die Elitebruderschaft von Scientology, wird ein Vertrag mit einer Laufzeit von einer Milliarde Jahren unterzeichnet;[200] bei der Transzendentalen Meditation werden Opfergaben für eine «Heilige Tradition» dargebracht, die ein «Lehrer» in auswendig gelerntem Sanskrit vor einem Altar besingt;[201] bei der Sekte NXIVM wurden Anhängerinnen mit Brandzeichen markiert.[202] Je mehr Zeugen es gibt, desto besser: Haben wir uns einmal vor den Augen anderer verpflichtet oder ein Opfer gebracht, wollen wir weder ihnen noch uns selbst gegenüber zugeben, möglicherweise einen großen Fehler begangen zu haben. Also verteidigen wir unsere Entscheidung erbittert, wenn unser Umfeld mit Fragen und Zweifeln reagiert, und stürzen uns nur umso tiefer in die neue Welt, die die radikale Ideologie uns eröffnet.

Schönes neues Ich

Im Anfangsstadium erzeugt Radikalisierung Rauschgefühle: magisches Denken, leidenschaftliche Arroganz, totale Selbstüberhöhung. Der frisch Bekehrte wähnt sich als überlebensgroßer Held und wird darin von der Gruppe bestärkt – aber nur, wenn er sich bedingungslos linientreu verhält. Radikale Ideologien ruhen laut Religions- und Politikwissenschaftler Daniel Köhler auf drei Säulen: Problem, Lösung und Vision. Der Dschihadismus beispielsweise definiere als einziges Problem in der Welt die Unterdrückung von Muslimen. Als einzige mögliche Lösung gelte die Pflicht zum Dschihad; die über allem thronende Vision erzähle von einem globalen Kalifat. Die neonazistische Ideologie hingegen sehe als Kernproblem eine vermeintliche Bedrohung der «arischen Rasse» durch Immigration. Als einzige Lösung werde hier gezielte Gewalt gegen Immigranten und gegen alle propagiert, die Migration ermöglichen oder auch nur öffentlich gutheißen – alles im Dienste des Ziels einer scheinbar «reinen» Gesellschaft. Der radikale Blick auf die Welt erklärt sämtliche privaten, gesellschaftlichen und politischen Schieflagen als Ausdruck eines einzigen Kernproblems. Persönliche Sorgen haben hier keinen Platz mehr und individuelle Ziele müssen zugunsten der «heiligen» Vision begraben werden.[203] Das wird auch im Sprachgebrauch radikaler Gruppen deutlich: «Ein Wort kann viele und wechselnde Bedeutungen haben. Ideologien aber», so der Politikwissenschaftler Michael Freeden, «wollen die Beziehung zwischen Wort und Bedeutung einzementieren.»[204] Erinnern wir uns an «Neusprech» in George Orwells dystopischem Roman *1984*: eine Einheitssprache, die alle Ambivalenzen und damit auch alle Eigenheiten im Sprechen auslöschen soll. Die Vielfalt des eigenen Wortschatzes macht Platz für eine uniformierte Sprache, die sich um das ideologische Kernproblem dreht. So wird die Persönlichkeit Stück für Stück zurückgedrängt und überschrieben, bis selbst der kleinste Ausdruck von Individualität als Schuldbeweis gilt.

Selbstermächtigung und Unterwerfung

Radikale Gruppen sind immer pyramidal aufgebaut. Ganz oben steht ein Anführer, in seltenen Fällen eine Anführerin. Eine Hierarchiestufe tiefer befinden sich die Protegés, die vom Anführer gefördert werden, weil sie sich durch harte Arbeit oder großzügige Spenden, idealerweise natürlich beides, verdient gemacht haben. Sie tragen oft Titel, die auch die Mehrheitsgesellschaft kennt: Bei Scientology werden militärisch anmutende Titel wie «Kommandierender Offizier» vergeben;[205] Maharishi Mahesh Yogi ernannte unter anderem «Könige» und «Minister»[206]; NXIVM-Anführer Keith Raniere bezeichnete seine Stellvertreterin als «Präfektin» und «Direktorin»[207].

Die vielen Privilegien, die Protegés genießen, erinnern die breite Masse am Fuß der Pyramide immer wieder schmerzlich daran, dass sie Fußvolk ist und weiter nichts: Die euphorisierende Heldengeschichte, mit der potenzielle Neumitglieder geködert werden, wird im Alltag schnell von der ernüchternden Realität eingeholt, sich ohne Widerrede unterwerfen zu müssen. Das Fußvolk hat strikte Regeln zu befolgen; es muss dafür sorgen, dass der Laden läuft, indem es Zeit, Geld oder auch den eigenen Körper unbegrenzt zur Verfügung stellt. Auf radikale Gruppen angewendet, klingt das evolutionstheoretische Konzept «Survival of the Fittest», das Überleben der am besten Angepassten, in etwa so: Wer sich tagtäglich demütigen lässt, könnte eventuell lebenswert sein.

Gerechtfertigt werden diese Demütigungen, sowohl seitens der Täter als auch der Opfer, mit einem möglichen Aufstieg in der radikalen Hierarchie, der natürlich erst verdient werden muss. Je nach Gruppe und Ideologie sieht das «nächste Level» unterschiedlich aus: Wer beispielsweise online Anschluss bei

Rechtsradikalen sucht, lernt schnell, dass ein «wahrer» Kamerad die gemeinsame Sache nicht nur mit Webshop-Käufen von Spruch-Tassen oder «Pils Identitär» zu unterstützen hat, sondern auch offline bereitstehen muss, um bei Demonstrationen mitzulaufen oder «Aktionen» zu planen und umzusetzen. Die deutsche islamistische Szene investiert seit Jahren viel Zeit in Spendenaufrufe, etwa für inhaftierte Anhängerinnen oder angebliche Waisenkinder. Sektenführer fordern von ihren Anhängern, immer neue Seminare zu besuchen, vermeintliche Heilbehandlungen in Anspruch zu nehmen oder neue Mitglieder zu werben. Wer das nicht kann oder will, wird in Gesprächen unter Druck gesetzt oder öffentlich bloßgestellt: Die Mitglieder der Sekte NXIVM beispielsweise mussten Schärpen tragen, deren Farben ihre Missions(miss)erfolge für alle sichtbar machten.[208]

Wer in einer radikalen Gruppe bleibt, wird immer mehr Opfer bringen, in der Hoffnung, in der Hierarchie aufsteigen und endlich zu den «Mächtigen» gehören zu dürfen. Brandzeichen, Tätowierungen – von verbotenen Motiven wie Hakenkreuzen oder SS-Totenköpfen bis zu Motiven, die oft nur für Gleichgesinnte eindeutig sind, wie die «Wolfsangel», das nationalsozialistische Symbol für «Wehrhaftigkeit», oder die Schwarze Sonne, die aus drei übereinandergelegten Hakenkreuzen besteht – und andere sichtbare Glaubensbekenntnisse garantieren in radikalen Gruppen Anerkennung: Die nur schwer zu tilgende Kennzeichnung des Körpers, die Einverleibung der radikalen Ideologie, vermittelt bedingungslosen Glauben, Ewigkeitsanspruch – und eine eindeutige Absage an die Mehrheitsgesellschaft.

Der Zeitbomben-Effekt

Der Regelkatalog radikaler Gruppen sorgt dafür, dass Mitglieder permanent unter Druck stehen. Der Psychologe und Ausstiegsberater Steven Hassan fasst die vielfältigen Kontroll- und Manipulationsmechanismen unter «BITE» zusammen: «Behavior, Information, Thought, and Emotional control», Kontrolle des Verhaltens, der Informationen, der Gedanken und der Gefühle.[209] Beispielsweise könnte von Mitgliedern erwartet oder offen eingefordert werden, dass sie größere Lebensentscheidungen nur noch nach Absprache mit den Autoritäten ihrer Gruppe treffen, dass sie keine unabhängigen Medien konsumieren, keinen Kontakt zu Andersdenkenden haben und unter Gleichgesinnten nur über mögliche Wege zur Erreichung der radikalen Vision sprechen. Manche Anführer oder Protegés behaupten sogar, dass sie «sündhafte» Gedanken oder Träume ihrer Untergebenen lesen könnten, um willkürliche Gewalt zu rechtfertigen. Anders gesagt: Die Ansprüche an die «wahren» Gläubigen sind nicht darauf angelegt, dass irgendjemand ihnen gerecht werden kann. Sie dienen der Aufrechterhaltung einer ständigen Angst, zu versagen und nicht zu genügen.

Der offensichtliche Widerspruch zwischen Heldenerzählung und tagtäglicher Demütigung ist nur auszuhalten, indem Gewalt als Opfer für das große Ziel umdefiniert wird. Deswegen steht in den Augen radikaler Personen die Apokalypse immer unmittelbar bevor: Sonst hätte ihre Gruppe keine Existenzberechtigung; sonst wären ihre Regeln nicht gottgegeben, sondern sinnlos und grausam. Der Glaube an eine Apokalypse aber, die jeden Tag aufs Neue abgewendet werden muss, bedeutet Dauerstress, und Dauerstress beeinträchtigt unsere Fähigkeit, logisch zu denken. So wie bei Menschen, die in toxischen Beziehungen gefangen sind, sorgt das stetig wachsende Unglück radikaler Menschen nicht dafür, dass in ihnen Wut und Kraft für eine Flucht wachsen. Stattdessen leugnen sie die Unterdrückung und die Gewalt, die sie erfahren, oder suchen die Schuld bei sich selbst – und stürzen sich immer tiefer ins toxische Gruppengefüge. Sie suchen ausgerechnet bei den Menschen Trost, die für ihre Angst und Verzweiflung verantwortlich sind, aber sie sind nicht mehr fähig, das zu erkennen.

Der Soziologe Benjamin Zablocki erklärt, dass mit Fortschreiten des Radikalisierungsprozesses jede Wahrnehmung einer eigenständigen Meinung oder Überzeugung in einer radikalen Person Schuldgefühle auslöst. Sie beginnt sich permanent selbst zu beobachten, in der Hoffnung, individuelle Regungen rechtzeitig unterbinden zu können.[210] Einige radikale Gruppen lehren und nutzen Meditation, Gesänge, Gebete oder Beichten, um «falsche» Gedanken zu sühnen oder ihnen zuvorzukommen. So wird im Laufe der Zeit letztlich jede Erinnerung an das frühere Leben und an die eigene Persönlichkeit mit Schuld assoziiert und die Abhängigkeit von der Gruppe und ihren Autoritäten verschärft. Jeder Zweifel ist angstbesetzt und Widerspruch undenkbar. Ein emotionales Druckkammerszenario, in dem Zweifel oder Wut reflexhaft auf Sündenböcke umgeleitet werden, auf die erklärten Feindbilder der jeweiligen Gruppe, die hinterfragt, abgelehnt und gehasst werden «dürfen», ohne Sanktionen befürchten zu müssen.

Nicht zufällig ist das Vokabular radikaler Gruppen von Kriegs- und Kampfmetaphern durchsetzt:[211] Die eigene Gewalt ist immer nur Notwehr; immer haben zuerst die Feinde bespitzelt, verunglimpft, angegriffen. Feindbilder nützen radikalen Anführern in gleich doppelter Hinsicht. Sie halten Gruppenmitglieder von allen Menschen fern, die Zweifel an ihrer Lebensweise wecken könnten, und sie stärken innerhalb der Gruppe Solidarität und Zusammenhalt: Wenn das eigene Lager unter Beschuss ist, lässt man seine Kameraden nun mal nicht im Stich!

Der Hass auf Sündenböcke verdeckt und unterdrückt die wahren Gründe für die eigene emotionale Not und kann diese somit auch nicht lindern. Diese Dynamik ist umso gefährlicher, wenn die jeweilige radikale Ideologie Gewalt verherrlicht und Menschenrechte nur den Mitgliedern der eigenen Gruppe zugesteht. Extremismusforscher Daniel Köhler spricht hier vom «Zeitbomben-Effekt»: Wenn der Radikalisierungsprozess ungehindert voranschreitet, wird der empfundene Druck irgendwann so übermächtig, dass Gewalt als einziger Ausweg erscheint.[212]

(K)ein Weg zurück?

Menschen lieben Erfolgsgeschichten. Das gilt auch fürs Thema Radikalisierung. In fast jeder Beratungsanfrage, die mich erreicht, wünschen sich Hilfesuchende nicht nur Kommunikationsstrategien, sondern auch Beispiele für gelungene Ausstiege. Sie wollen Gewissheit, dass es Hoffnung gibt und ihre Mühe sich lohnen wird. Darunter stellen sie sich allerdings nur selten die erste Umarmung vor, die sich wieder ehrlich und geborgen anfühlt, das erste «Ich hab dich lieb» nach Monaten oder gar Jahren, all die scheinbar kleinen Erfolgsmomente in der gemeinsamen Arbeit an gegenseitigem Respekt und Rücksichtnahme. Nein, gewünscht sind vor allem Heldengeschichten. Ausstieg als Mischung aus Blockbuster und Schnulze: erst ein Leben als quasi Gesetzloser, dann eine rührselige Begegnung, die die dramatische Umkehr einleitet, und am Ende reitet der Aussteiger als aufrechter Bürger in den Sonnenuntergang.

Solche Geschichten mögen auch die Medien. Dabei vernachlässigen sie aber nicht nur die Stimmen der Opfer, die unter ebenjenen Menschen gelitten haben, bevor sie zu Aussteigern wurden, sondern auch die Stimmen aus der Wissenschaft, die eine nüchterne, dafür aber fundierte Expertise zu Extremismus und Möglichkeiten der Deradikalisierung anzubieten haben oder jedenfalls anbieten sollten – auch Wissenschaftler biegen manchmal auf der Suche nach schillernden Ausstiegsgeschichten etwas zu früh ab. Der Sozialwissenschaftler Tore Bjørgo etwa erzählt in seinem Artikel *Dreams and disillusionment* die Geschichte von Maajid Nawaz, einem Aussteiger aus dem Islamismus, so, dass sie ins pathetische Heldennarrativ passt, und lässt dabei bedeutsame Tatsachen aus. Höchst emotional beschreibt er, wie Nawaz in einem ägyptischen Gefängnis «verkümmerte», wie die Islamisten ihn im Stich ließen und die einzigen Helfer in der Not Mitarbeiter von Amnesty International waren, die sich für seine Freilassung einsetzten. «Als er schließlich freikam», verkündet Bjørgo feierlich, «verließ er die Dschihadisten und wurde Mitbegründer der Quilliam Foundation, eines britischen Think Tank, der sich gegen gewalttätige Radikalisierung einsetzt.»[213]

Was Bjørgo nicht erwähnt: Nach seiner Entlassung kündigte Maajid Nawaz seine Mitgliedschaft bei der terroristischen Vereinigung Hizb-ut-Tahrir, für die er inhaftiert worden war, nicht etwa auf, sondern er wurde Teil der Führungsriege.[214] Er nutzte seine neue mediale Reichweite als Rückkehrer aus einem ägyptischen Gefängnis, um sich für Hizb-ut-Tahrir einzusetzen: Er gab Interviews, hielt Vorträge, sprach auf Kundgebungen. Erst etwa ein Jahr später nahm er Abschied.[215] Der Ablösungsprozess hatte im Gefängnis begonnen, und ja, der Einsatz von Amnesty International war wichtig gewesen, denn die Erkenntnis, dass die eigenen Glaubensbrüder ihn schlichtweg abgeschrieben hatten, während eine Organisation, die er verachtete, alles daransetzte, ihn aus dem Gefängnis zu befreien, bedeutete eine Erschütterung seiner bisherigen Überzeugungen. Ebenso wichtig aber, so klingt es jedenfalls in Nawaz' Autobiografie an, waren Briefe alter Freunde aus Schulzeiten, die Liebe seiner Mutter, Gespräche mit Mitgefangenen, neue Freundschaften und der ersehnte Universitätsabschluss nach seiner Entlassung. Ausstiege taugen nicht für Hollywoodschnulzen. Ausstiege sind hochkomplexe Prozesse, und sie bedeuten nicht, dass ein Mensch danach nicht mehr anfällig für radikale Ideologien wäre.

Maajid Nawaz zum Beispiel sah sich in den vergangenen Jahren immer wieder öffentlicher Kritik ausgesetzt, weil er den Islamismus nicht vom Islam trennen wollte und die Meinung vertrat, dass der IS den Koran nicht etwa selektiv, sondern «einleuchtend» interpretieren würde.[216] Während der Pandemie verbreitete Nawaz auf Twitter Verschwörungserzählungen über den angeblichen Wahlbetrug in den USA und über Antifaschisten, die anstelle von Trump-Anhängern und Rechtsextremen das Kapitol gestürmt hätten. Außerdem gehörte er zu den Erstunterzeichnern eines offenen Briefs, der eine geheimdienstliche Untersuchung des «globalen Lockdown-Betrugs der chinesischen kommunistischen Partei» einforderte.[217]

Vielleicht lässt sich ein Ausstieg mit dem Entzug eines Alkoholikers vergleichen: Der Griff zur Flasche wird immer verlockend bleiben. Und vielleicht ist nicht jeder Aussteiger aus radikalen Gruppierungen automatisch der beste Experte für Radikalisierung. «Es sind übertragbare Fähigkeiten», sagte Nawaz einmal im Interview mit der *New York Times*. Er meinte seine unbestrittene Überzeugungskraft und Eloquenz, die er erst zwölf Jahre lang zugunsten des Islamismus und mittlerweile gegen ihn einsetzt. Diese Formulierung kann man als Plädoyer für wirksame Kommunikationsarbeit lesen, aber auch als Rechtfertigung von Manipulation, solange sie nur «der guten Sache» dient. Nawaz sei «ein bisschen wie British Petroleum, wenn es eine katastrophale Ölpest beseitigen soll», kommentierte der Reporter damals: «Seine Hauptqualifikation für diese Art von Dekontaminationsarbeit ist eben seine Erfahrung als Kontaminierer.»[218]

Wirksame Deradikalisierungs- oder Präventionsarbeit aber besteht nicht darin, die Überzeugungen anderer Menschen einfach austauschen oder sie gar täuschen zu wollen, und ein nachhaltiger Abschied von Radikalisierung bedeutet eben nicht, letztlich das Gleiche wie vorher zu tun, bloß mit neuer «Ideologie» und anderem Vokabular. Tore Bjørgo glaubt, dass sich Menschen im Radikalisierungsprozess in einem Kontinuum bewegen: Wer beispielsweise schüchtern und getrieben vom Bedürfnis nach Zugehörigkeit eingestiegen ist, kann im Laufe der Zeit zu einem selbstbewussten Anführer werden; wer sich zunächst für die Ideologie der Gruppe kaum interessiert hat, kann im Laufe der Mitgliedschaft zum Fanatiker werden und umgekehrt. Die Funktion, die eine radikale Person in der Gruppe erfüllt, kann sich also im Laufe ihrer «Karriere» fundamental verändern, und der Beweggrund für einen Gruppenbeitritt hat unter Umständen wenig oder gar nichts mit den Gründen zu tun, zu bleiben – oder zu gehen. Fest steht nur eins: Wer sich von einer radikalen Gruppe distanziert, tut das in den meisten Fällen, weil seine Bedürfnisse nicht mehr erfüllt werden.[219] Vielleicht hat er eine Familie gegründet und möchte seine Beziehung ohne willkürliche Keuschheitsvorschriften genießen oder sein Kind ohne Gewalt und Demütigung aufwachsen sehen. Vielleicht ist er in finanzieller Not und kann nicht mehr verdrängen, dass der Gruppenführer Demut und Askese predigt, selbst aber Millionen verprasst. Vielleicht ist er krank geworden und kann nicht mehr die Augen davor verschließen, dass seine Glaubensgeschwister zwar Liebe predigen, aber jeden fallen lassen, der im Alltag nicht funktioniert. Vielleicht hat er auch einfach einen Burnout. Sie haben richtig gelesen: Auch Radikale haben Burn-outs, vor allem dann, wenn sie in offener Gegnerschaft zur Mehrheitsgesellschaft leben und entsprechend stigmatisiert und verfolgt werden.[220] So wie die Mehrheitsgesellschaft ihren Reiz verliert, wenn sich jemand nicht mehr dafür «belohnt» fühlt, dass er das Richtige tut – oder das, was er dafür hält –, so verliert auch eine radikale Gruppe ihren Reiz, sobald sich ein Mitglied ungesehen fühlt und glaubt, dass sich seine Loyalität nicht auszahlt.

Deradikalisierung funktioniert sowohl über «Push-Faktoren», wie Extremismusforscher Daniel Köhler sie nennt – negative Erlebnisse und Erkenntnisse, die Radikale von ihrer Gruppe abstoßen –, als auch und meist nachhaltiger über «Pull-Faktoren»: positive Aspekte, die Radikale in ein neues, als sinnvoller wahrgenommenes Leben ziehen. Dazu gehören vor allem Elternschaft und neue Liebesbeziehungen oder Freundschaften, aber auch ganz schlicht neue berufliche Perspektiven. Nichtsdestoweniger ist ein Ausstieg, psychologisch betrachtet, ein heikler und komplexer Prozess. Wird er von ineffektiven Interventionsversuchen gestört, kann er scheitern.[221] Wer eine radikale Parallelgesellschaft verlässt, nimmt Abschied von einer ganzen Welt. Er muss vor sich selbst und auch vor anderen eingestehen, dass seine tiefsten Überzeugungen eine Lüge waren. Er verliert große und kleine Alltagsrituale und Selbstverständlichkeiten. Er verliert eine eigene Sprache und den Zugang zu Freunden und

Angehörigen. Im schlimmsten Fall muss er, gerade im islamistischen und rechtsextremistischen Milieu, mit Verfolgung und Mordversuchen rechnen.

Je länger jemand Teil einer Parallelgesellschaft ist, desto schwieriger wird es, sich daraus zu lösen. Mit steigendem Alter sinkt die Wahrscheinlichkeit, versäumte Ausbildungen nachzuholen, neue Arbeit zu finden und Schulden abzubauen. Es wird schwieriger, eine Familie zu gründen oder sich einen neuen, verlässlichen Freundeskreis aufzubauen. Wer einer verbotenen Organisation angehörte oder sich anderweitig strafbar gemacht hat, muss Misstrauen oder Ablehnung seitens der Mehrheitsgesellschaft befürchten. Wer körperlichen Schaden genommen hat, bringt vielleicht die Kraft nicht mehr auf, sich vom vertrauten Umfeld zu lösen. Das bedeutet nicht, dass es aussichtslos wäre. Es bedeutet einfach nur, dass wir als Gesellschaft Ausstiegswilligen Unterstützung anbieten müssen, die zu ihrer konkreten Situation passt und die nach dem Ausstieg nicht sofort aufhört, sondern den Wiedereinstieg in die demokratische Gesellschaft längerfristig begleitet. Daniel Köhler glaubt, dass ein Ausstieg dreimal so viel Zeit braucht wie die Radikalisierung.[222] Höchste Zeit, loszulegen.

III

Radikalisierung begegnen

Eine der häufigsten Fragen, die mir während einer Kommunikationsberatung gestellt werden, lautet: «Soll ich den Kontakt abbrechen?» Kein Wunder: Die meisten Menschen, die sich an mich wenden, sind am Ende ihrer Kräfte. Sie haben über Monate, teils auch über Jahre hinweg ihre persönlichen Grenzen ignoriert. Sie haben immer wieder das Gespräch mit ihrem Gegenüber gesucht, haben sich mit Verschwörungsmythen und esoterischen Heilslehren, mit Rassismus und Antisemitismus auseinandergesetzt, haben Fakten und Argumente recherchiert – und dafür nur Spott, Verachtung oder offene Aggression geerntet. Sie fühlen sich erschöpft und hilflos. Sie wünschen sich eine Perspektive, und sei es nur die Aussicht auf einen klar identifizierbaren Zeitpunkt, an dem alles versucht worden ist und aufgegeben werden «darf», um endlich durchatmen und zur Ruhe kommen zu können.

Wenn die Belastung so groß und übermächtig ist, kann die Arbeit mit inneren Bildern hilfreich sein. Eine Berliner Ausstiegsberaterin hat mir im Gespräch empfohlen, sich ein paar Minuten lang Radikalisierte als Demenzpatienten vorzustellen. Selbstverständlich ist Radikalisierung keine Krankheit, aber der Vergleich trifft einen wichtigen Punkt: Ebenso wie ein Demenzkranker «funktioniert» auch eine radikale Person nicht mehr so, wie wir das gern hätten. Ebenso wie ein Demenzkranker kann auch eine radikale Person nicht «einfach mal» einsichtig sein. Ebenso wie im Umgang mit einem Demenzkranken braucht es vor allem eins: Geduld. Mit unserem Gegenüber und mit uns selbst. Ebenso wie bei einem Demenzkranken müssen wir uns immer wieder daran erinnern, dass der Mensch, den wir lieben, immer noch in unserem Gegenüber steckt. Im Gegensatz zur Kommunikation mit einem Demenzkranken aber haben wir die Chance, langfristig wieder Vertrauen und gegenseitigen Respekt aufzubauen, ohne bei jeder Begegnung neu anfangen zu müssen. Mehr noch: Wir haben die Chance, dass der Mensch, den wir einmal kannten, zu uns zurückkehren wird.

Kommunikation mit Radikalen ist Krisenkommunikation. Es geht nicht darum, unsere Meinung durchzusetzen, sondern darum, zu deeskalieren und Brücken zu bauen. Es geht nicht um Fakten, sondern um Beziehung. Es geht darum, uns emotional so zu rüsten, dass wir nicht aus der Fassung geraten, wenn unser Gegenüber (noch) nicht in der Lage ist, uns respektvoll zu begegnen, geschweige denn uns für unsere Mühe zu danken. Je stärker wir nämlich unter Stress stehen, desto weniger können wir unsere Situation realistisch einschätzen und desto anfälliger sind wir für Kurzschlussreaktionen: Wir lassen uns in sinnlose Diskussionen oder Streitgespräche verwickeln, bis die emotionalen Wogen so hochschlagen, dass wir nur noch flüchten wollen. Es gibt Momente, in denen ein Kontaktabbruch alternativlos ist. In vielen Fällen aber reicht ein einfacher Strategiewechsel aus, um den Druck aus der Situation zu nehmen. Wir können sowohl unsere Grenzen achten als auch die Beziehung zu unserem Gegenüber erhalten – wenn wir das wollen. Es gibt keinen allgemeingültigen Point of no Return, auf den ein Kontaktabbruch folgen muss. Niemand kann uns die Entscheidung abnehmen, ob unser Gegenüber uns wichtig genug ist, um zu bleiben, auch wenn Gehen leichter wäre.

Sechs Irrtümer über (De-)Radikalisierung

Die vielleicht einzige positive Nebenwirkung der Pandemie ist die Enttabuisierung des Themas Radikalisierung. Immer mehr Menschen wagen es, zuzugeben, dass ihre Angehörigen schon seit Jahren gegen Menschen mit Migrationsgeschichte hetzen oder dass alte Schulfreunde den Bundestag für einen Reptiloiden-Stammtisch halten. Trotz dieser Öffnung der gesellschaftlichen Debatte kursieren noch immer viele Vorurteile darüber, wie Radikalisierung funktioniert und wie sie bekämpft werden kann. Aber auch die Angst, sich einzugestehen, dass die eigene Kommunikationsstrategie nur Zeit und Kraft vergeudet und das Problem vielleicht sogar verschärft hat, spielt eine Rolle – und die Zurückhaltung, neue Strategien auszuprobieren. Um zu klären, ob wir den Kontakt mit einer radikalen Person wirklich weiterführen wollen und welche kommunikativen Möglichkeiten wir dabei nutzen können, ist es wichtig, einen Schritt zurückzutreten und unsere eigenen Überzeugungen und Vorurteile in den Blick zu nehmen.

1. Ich habe ja alles versucht, aber die Person will sich nicht helfen lassen!

Wenn Sie an Ihr Gegenüber denken, erinnern Sie sich an die zahllosen gescheiterten Diskussionsversuche der letzten Monate. Sie erinnern sich an Spott, Provokation, vielleicht sogar an Beschimpfungen. Sie fühlen sich erschöpft, ausgebrannt und zornig. Anders gesagt: Sie sehen Ihr Gegenüber nur noch als Problem, nicht mehr als Person. Sie halten die Lage für ausweglos und sich selbst für hilflos. Es ist wichtig, diese Gefühle ernst zu nehmen – und anzuerkennen, dass Gefühle uns nicht die ganze Wahrheit über eine Situation und unsere Handlungsmöglichkeiten erzählen. Das gilt vor allem dann, wenn sie zu lange ignoriert wurden und sich aufgestaut haben. Rufen Sie sich in Erinnerung, dass nicht nur Ihre bislang erprobten Kommunikationsstrategien existieren, sondern auch viele andere. Wenn Sie nicht zufällig Radikalisierungsforscherin oder Psychologe mit entsprechender Spezialisierung sind, garantiere ich Ihnen: Sie haben noch nicht alles versucht.

2. Mit solchen Leuten redet man nicht!

In den vergangenen Jahren ist die gesellschaftliche Debatte immer weiter zurückgetreten und hat Platz für Stellungskriege gemacht. Politische Diskussionen avancieren zum erbitterten Kampf um mehr Redezeit für immer gleich klingende Statements; in Talkshows wird nur noch zugehört, um bloß nicht den besten Zeitpunkt dafür zu verpassen, dem anderen ins Wort zu fallen. Verwandte und Freunde, die andere Werte haben als wir, gelten als Ignoranten oder gleich als Gegner, die wir verbal besiegen und im Anschluss aus unserem Alltag verbannen wollen. Online verschanzen wir uns in Echokammern, umgeben uns mit Gleichgesinnten und gehen gemeinsam auf die Menschen los, von denen wir uns provoziert fühlen. Eine fruchtlose und ermüdende Angelegenheit, die erst dann erledigt scheint, wenn alle angeblichen Gegner mundtot gemacht sind und wir uns einreden, im Zuge unserer erbitterten Kämpfe wenigstens ein paar «stille Mitlesende» überzeugt zu haben. Überzeugung aber funktioniert nur über Beziehung. Bei Fremden im Internet, bei Kollegen, Nachbarn und anderen Personen, die uns nicht nahestehen und für die unsere Meinung letztlich irrelevant ist, können wir uns die Mühe intensiver Kommunikationsarbeit sparen. Bei Angehörigen und Freunden aber haben wir – wenn wir uns gut vorbereiten – realistische Chancen, gehört zu werden.

3. Mein Bauchgefühl sagt, dass ich meinem Gegenüber Faktenchecks schicken sollte!

Unser Bauchgefühl macht oft bequeme Vorschläge. Es wirbt für langes Wachbleiben, auch wenn wir am nächsten Morgen sehr früh ein wichtiges Meeting haben; es fordert nach Feierabend Schokolade und Chips statt einer Gemüseplatte. Aufgrund ihres «Bauchgefühls» stellen manche Chefs, die weiße Männer sind, am liebsten weiße Männer ein, obwohl für den konkreten Job vielleicht eine Person of Color und/oder eine Frau besser qualifiziert wäre: Sie verwechseln das Gefühl der Vertrautheit mit einer Intuition für die Kompetenz ihres Gegenübers – zum Nachteil ihres Unternehmens. Auch im Kontakt mit Radikalen macht unser Bauchgefühl es sich leicht und behauptet, es handle sich um ein unkompliziertes Problem: Unser Gegenüber sei uninformiert, und es bräuchte bloß einen Link zu einem Faktencheck, um zurück «auf den richtigen Weg» zu gelangen.

Um diese Illusion zu entkräften, erinnere ich gern an passionierte Raucher. Wenn Sie einem Raucher mitteilen, dass Rauchen schlecht für seine Gesundheit ist, wird er dann in Dankestränen ausbrechen und seine Zigaretten auf der Stelle entsorgen? Ein Raucher ist nicht darauf angewiesen, dass Sie für ihn etwas bei Wikipedia nachlesen. Er entscheidet sich bewusst dafür, Fakten zu ignorieren oder zu relativieren, weil das Rauchen für ihn eine Funktion hat, die wichtiger ist als die Langzeitfolgen von Nikotinkonsum. Die emotionale Funktion von Radikalisierung aber ist um ein Vielfaches existenzieller als die Funktion einer Zigarette.

Wenn wir uns auf unser Bauchgefühl wirklich verlassen wollen, müssen wir es trainieren. Die Intuition von erfahrenen Feuerwehrleuten oder Ärzten beispielsweise ist keine magische Gabe. Ihre teils in Bruchteilen von Sekunden getroffenen Entscheidungen sind das Ergebnis vieler und bewusst reflektierter Lernerfahrungen.[223] Auch beim Thema Radikalisierung wird unser Bauchgefühl uns erst dann von Nutzen sein, wenn wir unsere bisherige Gesprächsstrategie ehrlich evaluieren: Wie oft habe ich schon versucht, mein Gegenüber mit Fakten zu erreichen, und wie oft war ich dabei wirklich erfolgreich? Habe ich mir je die Mühe gemacht, zu recherchieren, wie wirksame Überzeugungsarbeit aussieht?

4. Ich habe weder Zeit noch Energie, mich in Themen einzuarbeiten, die mich überhaupt nicht interessieren, nur um mit einer radikalen Person diskutieren zu können!

Die gute Nachricht lautet: Sie können sofort damit aufhören. Sie müssen keine Argumente recherchieren und sich auch nicht in sinnloses Faktenbingo mit Ihrem Gegenüber verwickeln lassen. Ideologien sind für die meisten radikalen Personen letztlich austauschbare Vehikel, die dazu dienen, sich das eigene Leben als Heldengeschichte zu erzählen. Die schlechte Nachricht: Ohne etwas Zeitaufwand werden Sie nicht verstehen, welche Bedürfnisse die Radikalisierung für Ihr Gegenüber erfüllt, und können es nicht dabei unterstützen, eine neue Heldengeschichte zu entwerfen, die in der Realität Platz finden kann statt nur in der Fantasie.

5. Allein kriege ich das nicht hin! Kontaktabbruch ist besser für meine psychische Gesundheit!

Selbstschutz kommt immer zuerst, sollte aber nicht als Ausrede missbraucht werden. Niemand erwartet von Ihnen, dass Sie Ihr Gegenüber im Alleingang zurück auf demokratischen Boden lotsen. Suchen Sie sich Verbündete! Bitten Sie Angehörige oder gemeinsame Freunde um Hilfe. Vereinbaren Sie ein Treffen in großer Runde und tragen Sie Informationen und Ideen zusammen: Was hat der Person vor ihrer Radikalisierung Mut und Trost gespendet, wenn es ihr nicht gut ging? Was war ihr im Leben wichtig? Welche Funktion könnte die Radikalisierung in ihrem Alltag erfüllen? Könnte es vor allem um soziale Zugehörigkeit gehen oder eher um den Wunsch, sich wichtig und bedeutsam zu fühlen? Könnte ein Partner, eine Partnerin oder jemand anderes aus dem direkten Umfeld die Person missioniert haben? Je besser Sie die Lage einordnen können, desto wirksamere Hilfestellungen können Sie anbieten, und je mehr Menschen sich einbringen, desto weniger Last muss der oder die Einzelne tragen. Auch kostenlose Beratungsstellen können Sie auf Ihrem Weg begleiten.

6. Die Person wird irgendwann schon von selbst zur Vernunft kommen!

Ganz gleich, wie pessimistisch ein Mensch veranlagt sein mag: Die Hoffnung, dass sich Probleme ohne sein Zutun erledigen werden, bewahrt er sich meist bis zuletzt. Die Ernährungsumstellung, zu der unser Hausarzt geraten hat, ist wahrscheinlich gar nicht mehr nötig, wenn erst unser beruflicher Stress nachgelassen hat! Der ständige Husten hat nur mit der trockenen

Heizungsluft im Winter zu tun und nicht mit der Schachtel Zigaretten am Tag! Nachhaltiges Leben lohnt sich ohnehin erst, wenn alle großen Unternehmen weltweit mit gutem Beispiel vorangegangen sind! Auch wenn es sich entlastend anfühlt, nichts zu tun: Große Probleme lösen sich nie von selbst, und der Preis, den wir für unser Nichtstun zahlen werden, erhöht sich mit jedem Tag.

Neue Heldengeschichten: Ein Kommunikationsprogramm für Angehörige und Freunde

Haben Sie sich – vor der Pandemie – schon einmal mit einer schweren Erkältung zu einem Konzert oder ins Theater geschleppt, weil die Karten bereits bezahlt waren? Haben Sie sich schon einmal bei einer eBay-Auktion in einen Bieterwettbewerb verwickeln lassen und dabei deutlich mehr für ein Produkt ausgegeben, als Sie ursprünglich vorhatten? Haben Sie bei einem All-you-can-eat-Buffet schon einmal so viel gegessen, dass Ihr Magen Ihnen noch Tage später grollte? All das sind Beispiele für den «sunk cost effect», die Wirkung versunkener Kosten: Wenn wir schon Geld ausgegeben haben, dann wollen wir auch profitieren. Dass wir mit der Erkältung im Bett besser aufgehoben wären, dass der abgetragene Pullover bei eBay nicht mal im Neuzustand 80 Euro wert war oder dass ein verdorbener Magen unseren Urlaub ganz sicher nicht verschönern wird, ignorieren wir. So zahlen wir beim Versuch, unsere Investition auszukosten oder vor uns selbst zu rechtfertigen, immer weiter drauf. Die Psychologie nennt diese Dynamik auch «escalation of commitment», Steigerung des Einsatzes, oder «irrationale Beharrlichkeit».

Es ist irrationale Beharrlichkeit, die uns antreibt, wenn wir eine radikale Person mit Fakten erreichen wollen. Wenn wir schon sämtliche Widersprüche der QAnon-Verschwörungserzählung recherchiert und schlagfertige Argumente vorbereitet haben, dann soll sich die investierte Zeit gefälligst auszahlen! Wenn wir mit unseren Fakten und Argumenten nicht weiterkommen, wechseln wir daher nicht die Strategie, sondern diskutieren immer erbitterter und erhöhen damit sowohl den Druck auf unser Gegenüber als auch die Wahrscheinlichkeit einer Eskalation.

Je mehr wir uns aber solcher Reflexe bewusst werden, desto weniger Macht haben sie über uns. Deswegen lade ich Sie ein, Ihre Kommunikation mit einer radikalen Person als Forschungsprojekt zu betrachten: Bildung eines Teams. Gezielte Recherche. Entwicklung einer Strategie und Anwendung über einen vorab festgelegten Zeitraum. Danach eine ehrliche Evaluation und, falls notwendig, eine Veränderung oder Anpassung der Strategie. Ein fester Rahmen bietet Ihnen Stabilität. Er erinnert Sie daran, dass Sie nicht einfach blind loslaufen, sondern dass Sie einen Weg verfolgen. Dass Sie sich nicht ausgeliefert fühlen müssen, weil Sie wissen, wie Sie für sich einstehen können. Dass Sie sich nicht überfordern werden, weil Sie nicht allein sind – und weil Sie gelernt haben, Ihre Belastungsgrenzen rechtzeitig zu erkennen und sich präventiv Gutes zu tun.

Projektteil 1: Allianzen und Analyse

Angehörige, Freunde und Partner sind die mächtigste Allianz im Kampf gegen Radikalisierung. Trommeln Sie als ersten Schritt den gemeinsamen Freundes-, Bekannten- oder Familienkreis zusammen. Erklären Sie, was Sie vorhaben, und bitten Sie um Unterstützung. Gemeinsam können Sie schneller und klarer einordnen, welche emotionale Funktion die Radikalisierung für Ihr Gegenüber erfüllt und welche Faktoren bislang einen Ausstieg verhindert haben könnten. Gemeinsam lassen sich auch die besten Kommunikations- und Verhaltensstrategien erarbeiten. Radikale Gruppen halten ihre Mitglieder permanent beschäftigt.

Das sieht je nach Ideologie unterschiedlich aus – vielleicht wird Ihr Gegenüber permanent mit Nachrichten, Videos und Anrufen bombardiert; vielleicht wendet es seine ganze Freizeit dafür auf, Gelder für die Gruppe zu generieren; vielleicht befolgt es strenge Regularien, in denen von der «richtigen» Zeit zum Aufstehen über die Farbe und Länge der Kleidung bis hin zu erlaubten Lebensmitteln, Gesprächsthemen und Gedankengängen alles vorgegeben ist. Wenn wir uns wünschen, dass unser Gegenüber weniger Zeit mit seiner Gruppe verbringt, sollten wir Alternativangebote parat haben. Was können Sie gemeinsam auf die Beine stellen? Einen monatlichen Brunch in großer Runde? Einen gemeinsamen Spaziergang alle zwei Wochen? Ein kurzes sonntägliches Telefonat? Je mehr Personen sich beteiligen, desto weniger überfordert fühlt sich der Einzelne.

Behalten Sie bei der Aufgabenverteilung nicht nur Ihre Bedürfnisse im Blick, sondern reflektieren Sie auch die Ihnen eigene Art der Kommunikation. Der Kommunikationspsychologe Friedemann Schulz von Thun unterscheidet acht Formen der Kommunikation und Interaktion:[224] Wer eher ein Helfertyp ist oder sich beweisen möchte, neigt dazu, viele oder gleich alle Pflichten an sich zu reißen und sich selbst damit zu überfordern. Wer eher mitteilungsfreudig ist und zum Dramatisieren neigt, verliert manchmal das große Ganze aus dem Blick. Wer «bedürftig-abhängig» kommuniziert, zeigt selten Eigeninitiative, weil er sich selbst nichts zutraut. Dominante, kontrollierende Persönlichkeiten stehen neuen Wegen meist misstrauisch gegenüber und neigen dazu, exzessiv zu kritisieren; sie meinen es gut, können aber mit ihrem Verhalten die Motivation anderer dämpfen. Je besser Sie sich selbst kennen, desto besser können Sie auch andere einschätzen und mit ihnen Lösungen entwickeln. Überlegen Sie gemeinsam, wann und wie Sie Ihre Strategien evaluieren wollen. Verabreden Sie sich nach zwei Wochen oder einem Monat, um zu besprechen, was funktioniert hat und was nicht – und wer Unterstützung oder eine Auszeit braucht. Auch hier lohnt es sich, wenn sich mehrere Menschen einbringen: Wer eine Pause braucht, kann sie sich jederzeit nehmen und muss nicht befürchten, dass ohne ihn oder sie gleich das ganze Projekt zusammenbricht.

Selbstsorge planen

Wissen Sie, was Ihnen dabei hilft, zur Ruhe zu kommen, und haben Sie diese Ressourcen fest in Ihren Alltag integriert? Stress schadet uns nämlich am meisten, wenn wir uns hilflos fühlen, und nicht, wenn wir (zu) viel um die Ohren haben.[225] Im Kontakt mit radikalen Personen überfällt uns das Gefühl der Hilflosigkeit besonders oft, wenn wir im Miteinander noch keine klaren Regeln und Grenzen etabliert haben – und je überforderter und hilfloser wir uns fühlen, desto mehr fixieren wir uns auf Worst-Case-Szenarien, egal, ob sie wahrscheinlich sind oder nicht.[226] Der Neustart unserer Kommunikation mit einer radikalen Person birgt daher die meisten Fallstricke. Psychische Widerstandskraft hilft uns dabei, auch sehr herausfordernde Begegnungen unbeschadet zu überstehen. Resilienz ist kein angeborenes Reaktionsmuster, sondern eine Fähigkeit, die wir im Laufe unseres Lebens erlernen und die wir auch als Erwachsene noch trainieren können.[227] Ob es nun Achtsamkeitsübungen sind oder Unterwasser-Rugby, bewusste Offline-Zeiten oder ausgiebige Zoom-Treffen mit Freunden aus aller Welt, putzige Tiervideos oder eine Runde Kickboxen: Je mehr Strategien wir parat haben, um unsere individuelle psychische Widerstandskraft zu stärken und aufrechtzuerhalten, desto besser können wir (nicht nur) im Kontakt mit Radikalen für uns sorgen. Auch klassische Entspannungsverfahren wie das sogenannte Ruhebild können im Alltag eine wertvolle Ressource sein. Erinnern Sie sich an einen besonders glücklichen und entspannten Lebensmoment, und rufen Sie alles wach, was Sie mit ihm verbinden. Wenn Ihr Ruhebild beispielsweise die Erinnerung an einen Strandurlaub ist, versuchen Sie, das Rauschen des Meeres oder das Kreischen der Möwen zu hören, die salzige Luft zu schmecken, den Sand unter Ihren Füßen zu spüren. Üben Sie diese Technik nicht erst in der Akutsituation, sondern auch im Alltag. Je vertrauter sie Ihnen ist, desto tiefer wird die Entspannung. Falls Ihnen spontan nichts einfällt, was Ihnen guttun könnte, liefern vielleicht Gespräche mit Freunden, die Sie schon lange kennen, Stimmungstagebücher oder auch kostenfreie Online-Programme wertvolle Impulse.

Planen Sie in jeder Woche mindestens eine Aktivität ein, die Ihnen dabei hilft, Ihre emotionalen Akkus wieder aufzuladen – auch dann, wenn Sie glauben, diesen Puffer gar nicht zu brauchen. Zum einen ist es besser, ihn zu haben, als sich in einer Akutsituation trotz vollen Terminkalenders Zeit freischaufeln zu müssen; zum anderen sollten Sie mit der Selbstsorge nicht so lange warten, bis Ihre Psyche oder Ihr Körper Alarm schlagen.

Wer ist Ihr Gegenüber?

Auch wenn eine Radikalisierung für Außenstehende wie ein totaler Bruch aussehen mag, wie ein Abschied von allem, was die jeweilige Person ausgemacht hat, ist es sehr wahrscheinlich, dass die angenommene Ideologie an Überzeugungen oder Vorurteile andockt, die die Person schon vorher kultiviert hat. Erinnern Sie sich an die Zeit, in der Ihr Gegenüber noch nicht radikal war: Was waren seine wichtigsten Werte? Wie sah eine moralisch gute Welt in seinen Augen aus, und was wäre notwendig, um diese Welt entstehen zu lassen? War Ihr Gegenüber ehrenamtlich aktiv? Politisch interessiert? Was hat ihm Freude gemacht? Was war seine bis dahin wichtigste Erkenntnis über sich selbst? Welchen Tag hätte es als den glücklichsten seines Lebens bezeichnet? Was als größten Erfolg? Was als bedeutsamsten Wendepunkt? Wer oder was hat die Person inspiriert? Wer hat sie gefördert? Was waren ihre wichtigsten Ziele, und was hat sie davon abgehalten, diese zu erreichen? Welche Bedürfnisse könnte die Radikalisierung für die Person im Alltag erfüllen? Inwiefern «passt» die Radikalisierung zu ihrer Persönlichkeit? Welche ihrer Schwächen könnten von einer radikalen Gruppe ausgenutzt und welche Stärken ausgebeutet werden? Hatte die Person beispielsweise schon immer ein großes Sendungsbewusstsein, stand bei jeder Party im Mittelpunkt und wird jetzt von einer Sekte erfolgreich als Missionarin eingesetzt? Oder hatte sie wenig Selbstbewusstsein, ist aber in der radikalen Community plötzlich aufgeblüht, weil sie gelobt und bestärkt wird? Neigte sie ohnehin zu Misstrauen und Pessimismus und fühlt sich jetzt im Kreise von Verschwörungserzählern endlich verstanden? Oder war sie schon immer idealistisch und ist jetzt an einen Scharlatan geraten, der sich als selbstloser Weltretter ausgibt?

Honeymoon oder Beziehungskrise?

Jede Radikalisierung ist die Geschichte einer Verführung. Zu einer Verführung gehört das Glück des Anfangs: der Honeymoon. Wer überzeugt ist, Freunde fürs Leben gefunden zu haben, Seelenverwandte, die ihn auf eine Art und Weise verstehen, wie niemand zuvor es vermochte; wer glaubt, erkannt zu haben, woran die Welt krankt, und dass er dazu ausersehen ist, sie zu retten, fühlt sich beschwingt und hoffnungsvoll. Alle bisherigen Probleme und Alltagssorgen spielen scheinbar keine Rolle mehr; alle beruflichen und privaten Ziele erscheinen nun bedeutungslos oder vielleicht sogar sündhaft.[228] Ein rebellischer Teenager, der zuvor ständig mit seinen Eltern aneinandergeraten ist, weil er nächtelang mit seinen Freunden unterwegs war und betrunken nach Hause kam, zieht sich plötzlich lieber still in sein Zimmer zurück und liest religiöse Schriften. Eine Frau, die eigentlich auffälligen Schmuck und Make-up liebt, geht fortan ungeschminkt durch den Tag und trägt nur noch Kleider in Beige-Variationen. Eine Ärztin verordnet auch bei schweren Erkrankungen nur noch homöopathische Mittel. Weil frisch Radikalisierte so zufrieden und ausgeglichen wirken, fallen Freunden und Angehörigen die ersten Verhaltensänderungen entweder nicht auf, oder sie wollen die positive Stimmung nicht mit kritischen Nachfragen trüben.

Natürlich müssen wir nicht jede Euphorie misstrauisch beäugen. Natürlich ist jemand nicht automatisch gefährdet, nur weil er einen Bibelkreis, eine esoterisch angehauchte Yogagruppe oder einen Life-Coach für sich entdeckt hat. Wenn er aber diese neuen Bekanntschaften zu schicksalhaften Begegnungen erklärt; wenn er behauptet, dass Bibel, Yoga oder Coach bislang unüberwindliche Probleme oder eine schwere Krankheit einfach «aufgelöst» hätten; wenn er immer wieder darauf beharrt, dass auch Sie unbedingt mitkommen und diese Heilung erleben müssen, dann ist Vorsicht geboten. Ebenso bei der Fixierung auf bestimmte Tage und Uhrzeiten: Wenn Menschen beispielsweise berufliche Fristen ausschließlich bis donnerstagmittags setzen, könnte es sich um Scientologen handeln, deren Woche donnerstags um

14 Uhr endet; danach werden ihre Leistungen ausgewertet.[229] Die tägliche Abendmeditation für Mitglieder der Transzendentalen Meditation beginnt um 18 Uhr; Anrufe oder gar Besuche um diese Zeit sind nicht erwünscht. Auch zwanghaft eingehaltene Alltagsrituale wie vor jeder Mahlzeit eingenommene Nahrungsergänzungsmittel aus dubiosen Online-Shops, Fastenkuren oder ständige Anrufe bei «Heilern» sollten uns misstrauisch machen, vor allem dann, wenn sie mit religiös anmutenden Erweckungs-, Heils- und Heldengeschichten einhergehen. Sobald unser Gegenüber ein Präparat, eine Dienstleistung, eine Gemeinde oder Führungsperson als einzig wahren Weg zum Glück preist und immer wieder versucht, uns von ebendiesem Weg zu überzeugen, sollten wir das nicht als merkwürdige Phase abtun – und uns erst recht nicht in der Hoffnung zurückziehen, dass sich diese «Phase» von selbst erledigen würde. Wenn wir uns während des «Honeymoons» von einer radikalen Person abwenden, werden wir sie noch weiter in die Arme der radikalen Akteure treiben, die nur zu gern gegen die «Ungläubigen» in Familie und Freundeskreis hetzen, und wir werden erst zu spät oder gar nicht mitbekommen, wenn sie etwa ihr Sparkonto auflöst oder ihre Arbeit oder ihren Wohnsitz aufgibt, um sich ganz dem Leben in der radikalen Community zu widmen. Die Einzigen, die sich ihren Honeymoon nicht anmerken lassen, sind übrigens Rechtsradikale: Weil sie befürchten müssen, von ihrem persönlichen Umfeld und auch von der Mehrheitsgesellschaft abgelehnt zu werden, verzichten sie meist auf offensive Missionierung Nahestehender und ziehen sich bewusst zurück.[230]

Je weiter der Radikalisierungsprozess voranschreitet, desto deutlicher werden die Warnsignale; desto schwieriger wird es aber auch, die radikale Person zu erreichen. Die drei Säulen – Problem, Lösung, Vision –, auf denen radikale Ideologien ruhen, sind Garanten für emotionale Bedrängnis: Indem sämtliche Schieflagen der Welt auf ein einziges Kernproblem zurückgeführt werden, entsteht Handlungsdruck. Die «Lösung» und die «Vision» der radikalen Gruppe aber sind überlebensgroß. Sie übersteigen die Möglichkeiten ihrer Mitglieder bei Weitem: Niemand kann auf die Schnelle den Himmel auf Erden, ein globales Kalifat oder ein Germanisches Reich errichten. Eine Heldengeschichte aber funktioniert nur, wenn ihr Protagonist auch Heldentaten vollbringt. Das tagtägliche Scheitern an der selbst gesetzten, unerfüllbaren Aufgabe erzeugt Gefühle der Schuld, der Ausweglosigkeit und irgendwann auch des Selbsthasses: Die Euphorie des Honeymoons kippt und macht Platz für die Beziehungskrise. An diesem Punkt werden die Versuche, das direkte Umfeld zu missionieren, deutlich intensiviert. Die sich radikalisierende Person ist nervös, hektisch, sie will nur noch über «ihr» Problem reden und ist nicht in der Lage, sich auf andere Themen oder Perspektiven einzulassen. Auch ihre Ausdrucksweise ändert sich; sie spricht jetzt eine neue, konfrontative Sprache: Fakten gelten als Lügen, wissenschaftliche Erkenntnisse als Fälschungen; Politiker und Journalisten als Vertreter des «Establishments», des «Mainstreams», wenn nicht sogar als (Volks-)Verräter.[231] Anekdoten und Behauptungen aus ihrer radikalen Community hingegen werden als stichhaltige Beweise aufgetischt, als tiefe Wahrheiten, die auf die ganze Welt anwendbar sind.

Die radikale Person wertet offen Menschen oder Bevölkerungsgruppen ab, die in ihrer radikalen Community als Feinde gehandelt werden; vielleicht äußert sie sogar Gewaltfantasien, erlebt sich dabei aber nie als Aggressor, sondern immer nur als Opfer im Kampf gegen eine feindliche Übermacht. Jeder Einwand sorgt für Wutausbrüche; Kritik oder ehrliche Sorge erreichen die radikale Person nicht mehr. Das im Menschen tief verankerte Bedürfnis, normgemäß zu handeln und soziale Sanktionen zu vermeiden, ist durch die fortgeschrittene Radikalisierung ausgehebelt. Die Gesellschaft gilt jetzt als falsch oder sündhaft, was nicht nur jede Empathie mit «Ungläubigen» auslöscht, sondern auch Kritik und Widerstand als Lob erscheinen lässt, als eindeutigen Beweis des eigenen Heldendaseins.

Status in der radikalen Hierarchie

Radikale Gruppen sind in den meisten Fällen pyramidal aufgebaut, haben also eine klare Hierarchie mit einer Führungspersönlichkeit an der Spitze, die nicht kritisiert oder hinterfragt werden darf. Jede hierarchische Stufe hat ihre eigenen Pflichten und Belohnungen. Auf welcher Stufe Ihr Gegenüber sich befindet, sagt sowohl etwas über seinen Radikalisierungsgrad aus als auch über das emotionale Bedürfnis, das es durch die Gruppenzugehörigkeit befriedigen möchte.

Die unterste Stufe wird laut Sozialwissenschaftler Tore Bjørgo vor allem von «Driftern» und «Followern» besetzt: Ihnen ist die jeweilige radikale Ideologie (noch) nicht wichtig, sondern sie suchen vor allem Zugehörigkeit und Anerkennung, entweder direkt von der Führungsfigur oder von anderen Gruppenmitgliedern. Das macht sie allerdings nicht weniger gefährlich: Wenn der Gruppendruck stark genug ist, werden sie Gewalttaten verüben. Das gilt besonders für Konvertiten. Tore Bjørgo nennt hier die Beispiele frisch angeworbener Dschihadisten, die erst kürzlich zum Islam konvertiert sind, oder Personen, die von klein auf mit Rassismus konfrontiert sind und sich als Erwachsene ausgerechnet Neonazis anschließen: «Da diese ungewöhnlichen Individuen etwas fehl am Platz sind, haben sie das starke

Bedürfnis, sich als ebenbürtiges und vertrauenswürdiges Mitglied der Gruppe zu beweisen.»[232] Nicht selten steigen Konvertiten im Laufe der Zeit sogar in die Führungsriege auf oder spielen zumindest eine Rolle in der Öffentlichkeit, damit die Gruppe Toleranz und Inklusion suggerieren kann; denken wir etwa an die homophobe AfD, die eine lesbische Co-Vorsitzende hat, an die Reichsbürger, die den Sänger Xavier Naidoo schon 2014 als Kundgebungsredner einluden, oder an den Podcast «Multikulti trifft Nationalismus», den der Deutsch-Ghanaer Nana Domena gemeinsam mit einem Neonazi betreibt. Wenn Drifter und Konvertiten radikale Gruppen verlassen, dann oft aus Enttäuschung darüber, dass sie nicht Freundschaft und Solidarität erleben, sondern Unehrlichkeit und Illoyalität.

Bei radikalen Gruppenmitgliedern, die der Politikwissenschaftler Dipak K. Gupta «Söldner» nennt, stehen Freundschaft oder Geborgenheit ebenso wenig im Vordergrund wie ideologische Ziele: Sie gieren danach, «zu plündern, zu vergewaltigen, Macht oder ganz einfach den Respekt ihrer Anhänger zu erlangen».[233] Söldner sind bereit, andere auszubeuten, zu hintergehen oder sogar zu foltern, solange es ihrem Vorteil dient. Deswegen haben sie beste Chancen, in der Hierarchie einer radikalen Gruppe sehr schnell aufzusteigen: Die Führungspersönlichkeiten gewalttätiger Gruppen können ihre schmutzige Arbeit auf Söldner auslagern und bieten ihnen im Gegenzug ersehnte Macht und Privilegien. Auch Söldner sind mit ideologischen Argumenten oder Gegenrede nicht zu erreichen – aber sie werden sich wahrscheinlich ohnehin nicht damit aufhalten, ihr Umfeld zu missionieren, sondern sich ganz auf ihren Aufstieg innerhalb der radikalen Gruppe fokussieren.

Mitgliedern radikaler Führungsriegen – Tore Bjørgo nennt sie «ideologische Aktivisten» – geht es, im Gegensatz zu Söldnern, Driftern und Followern, oft tatsächlich um höhere Ziele wie Gerechtigkeit oder Weltfrieden, auch wenn ihre Definition dieser Werte mit denen der Demokratie meist nicht vereinbar ist. Die Wahrscheinlichkeit einer Deradikalisierung ist hier am geringsten. Radikale Anführer glauben nicht nur ernsthaft an ihre «gute Sache», sondern haben auch am meisten zu verlieren: Von ihren Anhängern werden sie gottgleich verehrt und gelten als Weltretter; in der Realität aber haben sie nichts für die Welt erreicht. Am ehesten werden sie von der radikalen Ideologie Abschied nehmen können, wenn ihr Status innerhalb der Gruppe erschüttert wird, wenn ein Konkurrent sie angreift oder ersetzt oder wenn sie schlichtweg erschöpft sind: So wie alle anderen Führungspersönlichkeiten können auch radikale Gruppenführer einen Burn-out erleiden.[234]

Kraftfeldanalyse: Was hält Ihr Gegenüber in der radikalen Gruppe?

Die sogenannte Kraftfeldanalyse geht auf den Psychologen Kurt Lewin zurück und betrachtet alle Faktoren oder Kräfte, die Veränderungen erleichtern oder blockieren.

Der erste Schritt besteht darin, die gewünschte Veränderung zu definieren. Am besten fangen Sie mit kleinen, konkreten Zielen an, die Sie in einem überschaubaren Zeitraum für realisierbar halten. Das erste Ziel sollte also nicht heißen: «Mein Gegenüber soll auf der Stelle alle radikalen Ansichten verwerfen und nie wieder auch nur daran denken», sondern könnte lauten: «Ich möchte mich mit meinem Gegenüber unterhalten können, ohne dass wir streiten und das Gespräch eskaliert.»

Im zweiten Schritt listen Sie alle Faktoren auf, die eine Veränderung begünstigen könnten. Vielleicht haben Sie in den vergangenen Jahren die Erfahrung gemacht, dass Ihr Gegenüber Ihre Meinung geschätzt und ernst genommen hat. Das spricht dafür, dass Ihre Ansichten bei ihm Gewicht haben – eine wesentliche Voraussetzung für Deradikalisierung. Vielleicht hatten Sie in letzter Zeit den Eindruck, dass Ihr Gegenüber oft müde aussah. Vielleicht hat es sogar ironische Bemerkungen über seinen Glauben gemacht oder anklingen lassen, dass es sich einsam oder erschöpft fühlt. Das spricht dafür, dass die Anfangseuphorie nachgelassen hat und Ihr Gegenüber die radikale Gruppe und Ideologie vielleicht im Stillen bereits in Zweifel zieht.

Im dritten Schritt sammeln Sie Faktoren, die einen Abschied von der radikalen Gruppe erschweren könnten. Geht es um Status? Hat Ihr Gegenüber das Mittelfeld oder sogar einen der oberen Ränge in der radikalen Hierarchie erreicht und genießt entsprechenden Respekt und Privilegien? Radikale Gruppen überschütten ihre Autoritätsfiguren permanent mit Lob und Bewunderung; das fühlt sich natürlich angenehmer an, als im Büro feststellen zu müssen, dass die Kollegin das Vertriebsziel schon wieder übertroffen hat, oder vom Partner daran erinnert zu werden, endlich mal den Müll rauszubringen. Glaubt Ihr Gegenüber tatsächlich, dass die radikale Gruppe die Welt retten wird, und fühlt sich moralisch dazu verpflichtet, sein ganzes Leben der «guten Sache» zu widmen? Oder steht vor allem die emotionale Bindung an andere Gruppenmitglieder oder den Anführer im Vordergrund? Sind Freunde oder Kollegen Mitglieder der radikalen Gruppe und haben Ihr Gegenüber vielleicht sogar missioniert? Würden sie die Person meiden, wenn sie die Gruppe verließe? Besteht ein direkter Kontakt oder sogar eine Liebesbeziehung zum Anführer?

So wie bei Menschen in toxischen Beziehungen verschiebt

sich auch die Wahrnehmung von Radikalisierten: Sie verdrängen jede Gewalt, die sie erfahren, und werten verzweifelt die Lebensentwürfe aller anderen Menschen ab, damit sich ihre eigene Situation richtig und sogar besser anfühlt. Je länger sie sich selbst diese Geschichte erzählen, desto weniger können sie sich aus ihrem selbst gesponnenen Narrativ befreien und desto mehr Opfer haben sie schon gebracht. In der Wirtschaft spricht man von «too big to fail», wenn die Insolvenz eines Unternehmens negative Folgen für das ganze System hätte: Der Staat kann es sich dann nicht «leisten», dieses Unternehmen, eine Bank beispielsweise, pleitegehen zu lassen. Radikale Gruppen fordern schon während des Anwerbungsprozesses erste und immer größer werdende Zugeständnisse. Je größer das finanzielle, soziale oder emotionale «Investment» einer Person, desto schwerer wird es ihr fallen, aus der Beziehung wieder auszusteigen. Sei es, weil die Scham über das Scheitern kaum zu ertragen wäre, sei es, weil die Gruppe belastendes Material gesammelt hat, das die Person erpressbar macht. Vielleicht schüren die Anführer auch systematisch Ängste: Gerade Sektenführer und Scharlatane behaupten gern, dass Krankheit, Tod und ewige Verdammnis auf Zweifler warten würden. Im rechtsextremen und islamistischen Milieu sind die Drohungen ganz real: Aussteiger müssen Verfolgung, Bedrohung und körperliche Angriffe bis hin zum Mordversuch befürchten.[235]

Wie gefährlich ist die Gruppe, der Ihr Gegenüber angehört?

Gefährliche radikale Gruppen rücken im Laufe der Zeit immer weiter von der Mehrheitsgesellschaft ab. Die Psychologen Stephen Reicher, Alexander Haslam und Rakshi Rath haben diesen

Prozess in einem Stufenmodell abgebildet: Im ersten Stadium, der Identifikation, findet sich die Gruppe zusammen, entwickelt und stärkt eine gemeinsame Identität. Das passiert so ähnlich auch in nicht radikalen Communitys: Wer zum Beispiel Fan eines Fußballvereins ist, sich in einer Partei oder in der örtlichen Kirchengemeinde engagiert, sieht in dieser Zugehörigkeit einen wichtigen Teil der eigenen Identität. Sie gerät aber im Allgemeinen nicht in Konflikt mit dem Alltag: Ein Fußballfan wird zwar regelmäßig die Spiele «seiner» Mannschaft verfolgen und andere Fans im Stadion vermutlich auf Anhieb enorm sympathisch finden, aber er wird nicht seinen Job kündigen, um mehr Zeit für sein Dasein als Fan zu haben, und er wird auch nicht alle Menschen verteufeln, die mit Fußball nichts anfangen können. Anders sieht es in Organisationen aus, die der Soziologe Lewis Coser «greedy institutions»[236], «besitzergreifende Institutionen», genannt hat. Klassische Beispiele sind Unternehmen, die von ihren Mitarbeitenden so viel Zeit und Einsatz fordern, dass Angehörige und Freunde nur noch nachrangige Bedeutung haben, aber auch Sekten, in denen der Alltag ganz auf «heilige» Pflichten ausgerichtet ist und private Wünsche und Ziele kaum noch eine Rolle spielen.

Im zweiten Stadium, der Exklusion, wandelt sich das Gefühl, auserwählt und überlegen zu sein, zu Feindseligkeit. Bestimmte Einzelpersonen oder auch ganze Bevölkerungsgruppen werden als feindlich deklariert, Begriffe wie Glück oder Loyalität umgedeutet: Glücklich ist nur noch, wer auf dem «richtigen» Weg ist; loyal nur derjenige, der die vermeintlichen Feinde konsequent abwertet und verabscheut. Von hier aus ist es nicht mehr weit bis zum dritten Stadium, in dem aktiv ein Bedrohungsszenario konstruiert wird: Die «Feinde» gelten jetzt als Gefahr für die eigene Identität. Rechtsradikale beispielsweise unterstellen Einwanderern, «von Natur aus» dumm, aggressiv oder betrügerisch zu sein. Allein ihre Anwesenheit wird von der radikalen Gruppe als Gefahr und Provokation erlebt.

Im vierten Stadium deuten die Gruppenmitglieder Gewalt zu Notwehr und sogar zur Tugend um. Reicher, Haslam und Rath erinnern hier an den Nationalsozialismus, der eine zutiefst menschenverachtende Ideologie zum Ausdruck von Heimatliebe, Selbstlosigkeit und Mut umdefinierte. Im fünften und letzten Stadium sind die Regeln des menschlichen Miteinanders endgültig ausgehebelt. Die radikalen Akteure nehmen ihre «Feinde» nicht mehr als Menschen wahr, deshalb erscheinen ihnen Folter und Mord als quasi heilige Pflicht und Ausdruck höchster Moral.[237]

Recherchieren Sie, ob die Gruppe, der sich Ihr Gegenüber angeschlossen hat, bereits durch Gewalttaten aufgefallen ist, ob Gewalt in ihrer Propaganda als legitimes Mittel genannt wird und wie ihr Anführer sich öffentlich positioniert. Sollten Sie den Namen der Gruppe nicht kennen, nehmen Sie sich etwas Zeit, um sich zu vergegenwärtigen, wie sich die radikale Person über Politik und Gesellschaft äußert: Wie reagiert sie beispielsweise, wenn Sie über Unternehmen sprechen, die im großen Stil Steuern hinterziehen? Sind das ihrer Meinung nach Beispiele für die «Verdorbenheit» der westlichen Gesellschaft, oder hat sie für Menschen, die sich an Gesetze halten, nur Spott übrig? Wie reagiert die Person, wenn Sie Kritik an Politikern äußern, etwa weil sie sich zu Zeiten der Pandemie an Maskengeschäften bereichert haben? Nimmt sie Ihre Kritik zum Anlass, gleich die ganze Demokratie zu verdammen? Wie reagiert sie, wenn von Toleranz und Inklusion die Rede ist? Zeigt sie Verachtung? Spricht sie von einem «natürlichen Gesetz», das für «Schwächere» keinen Platz in der Welt vorsieht? Nimmt sie medizinische Hilfe in Anspruch, und wie reagiert sie darauf, wenn Sie von Arztbesuchen berichten? Sind «Reinheit», Gesundheit oder Glück nur für die Mitglieder ihrer Gruppe erreichbar? Wütet sie über bestimmte Personen oder Bevölkerungsgruppen, die sie für Hindernisse auf dem Weg zum Weltfrieden hält? Glaubt sie, dass an einem bestimmten Datum eine neue Weltordnung in Kraft treten wird? Spricht sie von einer gerechten Strafe oder Rache, die angebliche Feinde erwartet?

Beziehungsanalyse: Wie stehen Sie zueinander?

Wie sieht Ihr Verhältnis zu der radikalen Person aus? Wie oft und wie ausführlich haben Sie Kontakt? Ist sie in der Lage, sich auf andere Themen einzulassen? Interessiert sie sich dafür, wie es Ihnen geht? Erleben Sie sie als wertschätzend oder haben sie vor ihrer Radikalisierung als wertschätzend erlebt? Haben Sie den Eindruck, dass Ihre Meinung von Bedeutung ist, und woran bemerken Sie das? Wie reagiert die Person auf Widerspruch, wenn es nicht um radikale Inhalte geht? Ist sie grundsätzlich kritikfähig oder war sie es vor der Radikalisierung? Welche Verhaltensweisen und welche Formulierungen sorgen – auf beiden Seiten! – dafür, dass Gespräche eskalieren? Was hat Ihnen bislang dabei geholfen, sich wieder zu versöhnen und im Kontakt zu bleiben? Wie geht die Person mit starken Gefühlen um? Kann sie Traurigkeit zulassen und zeigen? Kann oder konnte sie ausdrücken, dass Sie ihr wichtig sind? Kann sie aushalten, wenn Sie ihr sagen, dass Sie sie lieben? Was ist Ihnen an der Person besonders wichtig? Welche Eigenschaften schätzen Sie besonders? Auf welche gemeinsamen Erlebnisse schauen Sie gern zurück? Haben Sie das ehrliche Bedürfnis, dass die radikale Person ein zentraler Bestandteil Ihres Alltags ist? Falls nein: Hat sich das erst durch die Radikalisierung verändert, oder gibt es andere Gründe?

Projektteil 2: Planung und Umsetzung

Die ersten wichtigen Schritte sind geschafft: Sie haben sich Verbündete gesucht und die Situation ebenso wie Ihre konkreten Handlungsmöglichkeiten analysiert. Jetzt können Sie Ihr Forschungsprojekt aufs nächste Level heben, um aus dem Teufelskreis von Hilflosigkeit, Wut und Schmerz auszusteigen und dank neuer Kommunikationsansätze ein respektvolles und achtsames Miteinander zu etablieren.

Motivation aufbauen und aufrechterhalten: Drei Hacks für den Alltag

Ob wir mit dem Rauchen aufhören, mit Sport anfangen oder weniger frustshoppen wollen: Veränderungen nerven. Sie erfordern permanente Wachsamkeit, weil wir plötzlich von Verlockungen umzingelt sind. Das ist unbequem, macht schlechte Laune und überfordert uns im schlechtesten Fall so sehr, dass die guten Vorsätze binnen weniger Tage ad acta gelegt sind und wir am liebsten nie wieder darauf angesprochen werden wollen. Wenn Sie das Bermudadreieck für gute Vorsätze – nicht anfangen, nicht durchziehen, nicht dranbleiben – umschiffen wollen, können Ihnen folgende drei Strategien helfen.

1. Kleine Ziele, schnelle Erfolge

Sie sollten nicht von sich erwarten, den Radikalisierungsprozess Ihres Gegenübers innerhalb von ein bis zwei Gesprächen aufhalten oder gar umkehren zu können. Radikalisierung braucht Zeit; Deradikalisierung auch. Stecken Sie sich realistische Ziele. Zum einen überfordern Sie damit weder sich selbst noch Ihr Gegenüber; zum anderen werden Sie so bald Erfolge erleben, was wiederum dabei hilft, am Ball zu bleiben. Ihr erstes Ziel könnte darin bestehen, sich einmal wöchentlich bei Ihrem Gegenüber zu melden und ein kurzes Gespräch mit ihm zu führen, ohne dass es zum Streit kommt. Wählen Sie idealerweise einen Zeitpunkt aus, an dem Sie wirklich präsent sein können. Während des Gesprächs sollten Sie nicht im Hinterkopf Einkaufslisten, Arzttermine und Kinderbetreuung jonglieren. Wenn das bedeutet, dass Sie pro Woche nur zwanzig Minuten Zeit haben, dann ist das eben so – diese zwanzig Minuten sollten aber wirklich komplett Ihrem Gegenüber gewidmet sein. (Falls Sie nicht einmal zwanzig Minuten erübrigen können, stehen Sie entweder kurz vor einem Burn-out oder haben die Beziehung zu Ihrem Gegenüber innerlich längst gekündigt.)

2. Vom Horror- zum Best-Case-Szenario

Wird Ihnen mulmig zumute, wenn Sie über Ihr Kommunikationsprojekt nachdenken? Sind Sie sich alles andere als sicher, dass Sie diesen Sturkopf dazu bringen können, Ihnen zuzuhören oder gar Ihre Grenzen zu respektieren? Haben Sie Angst, dass Ihre Gespräche noch öfter eskalieren werden als bisher? Lassen Sie's raus – aber bitte nicht gegenüber der radikalen Person. Schreiben Sie Ihre zehn größten Befürchtungen auf und haben Sie keine Scheu vor Übertreibungen. Besser noch: Sprechen Sie mit Angehörigen oder engen Freunden darüber. Sprechen Sie laut aus, dass Sie nicht wirklich Lust auf dieses Projekt haben. Dass Sie finden, Sie hätten Besseres verdient: einen bedingungslos liebevollen Angehörigen, eine wirklich verlässliche Freundin. Dass Sie wütend, enttäuscht und müde sind. Fühlen Sie alles durch, so lange, wie es eben braucht. Und dann wechseln Sie vom Horrorszenario ins Best-Case-Szenario. Stellen Sie sich mindestens 60 Sekunden lang intensiv eine Zukunft vor, in der Ihr Projekt geglückt ist: Sie haben wieder den Menschen vor sich, mit dem Sie viele gute und glückliche Momente verbinden, bereichernde Gespräche, Insiderwitze und feste Umarmungen. Den Menschen, den Sie lieben und der Sie liebt. Wie fühlt sich das an?

3. Dokumentation

Es mag sich anfangs wie zusätzliche Mühe anfühlen, tatsächlich aber spart eine Dokumentation Ihnen Zeit und Kraft. Notieren Sie nach Ihren Gesprächen mit der radikalen Person, was gut funktioniert hat, und vergessen Sie nicht, sich zu belohnen. Für neue Gewohnheiten ist der Mix aus Pflicht und Belohnung wichtig: Sobald unser Gehirn ein neues Verhalten dank der Belohnung als gute Sache abgespeichert hat, fällt es uns beim nächsten Mal deutlich leichter.[238] Schreiben Sie aber auch auf, was nicht funktioniert hat, und nehmen Sie sich ein paar Minuten Zeit, um Ihre Strategie neu auszurichten: Eignet sich ein Abend unter der Woche doch nicht für ein Gespräch, weil Sie schon zu müde und erschöpft von Ihrem Arbeitstag sind? Würde ein Nachmittag am Wochenende besser funktionieren? Würde es Ihnen helfen, einen Freund zu bitten, Sie regelmäßig zu fragen, ob Sie Ihr Projekt auch durchziehen? Sobald wir uns «öffentlich» zu einem Plan bekennen, steigt unser Gefühl der Verpflichtung. Würde es Sie zusätzlich motivieren, wenn Sie Geschichten von Aussteigern läsen oder hörten, die durch die Unterstützung von Freunden, Angehörigen oder Partnern noch einmal neu anfangen konnten? Müssen Sie bei den Belohnungen nachbessern? Würden Sie von temporärer professioneller Begleitung, etwa durch eine Beratungsstelle oder einen Psychologen, profitieren?

Fünf Prinzipien deeskalierender Kommunikation

Eine radikalisierte Person hat keinerlei Interesse daran, ihre Überzeugungen oder ihr Verhalten zu hinterfragen. Sie ist fest davon überzeugt, die Welt zu verbessern, wenn nicht sogar vor der Apokalypse zu retten. Der Psychologe und Politikwissenschaftler Robert Abelson nennt das «Machtillusion»: «Solange Menschen das Gefühl haben, etwas zu bewirken, werden sie ihrer Sache die Treue halten, selbst wenn ihre Handlungen de facto keinerlei Beachtung finden.»[239] Sie werden Ihr Gegenüber nicht mit Fakten und schnappatmigen Vorträgen erreichen, sondern nur mit sehr viel Geduld und Ruhe. Je mehr Zeit Sie vorab investieren, um sich mit deeskalierenden Kommunikationsstrategien auseinanderzusetzen, desto souveräner und entspannter können Sie im Gespräch bleiben.

1. Bewertungen vermeiden

Bewertungen sind Garanten für Eskalation. Bezeichnen Sie Ihr Gegenüber unter keinen Umständen als «Verschwörungstheoretiker», «Rassist» oder «Sektenanhänger». Es spielt keine Rolle, ob Sie dabei objektiv recht hätten oder nicht. Niemand will in solchen Begriffen über sich selbst nachdenken. Verschwörungserzähler glauben, sie seien die «wahren Demokraten», Impfgegner nennen sich lieber «Impfskeptiker», und Rechtsextreme halten sich nicht für Rassisten. Sobald Sie Ihr Gegenüber bewerten, markieren Sie sich in dessen Augen selbst als Feind, und es wird reflexhaft reagieren, das heißt, auf die Art und Weise, die seine radikale Gruppe für den Umgang mit «Feinden» vorschreibt. Ein konstruktiver Austausch ist dann unmöglich: Sie werden nicht mehr als Person wahrgenommen, sondern nur als gesichtsloser Stellvertreter einer feindlichen Gruppe.

2. Missionierungsversuche abwehren

Radikale Personen bewerten ihr direktes Umfeld meist entweder als potenzielle Verbündete, die sie auf den «richtigen» Weg manipulieren können, oder als Feinde. Egal, welche Rolle Sie gerade (ungewollt) einnehmen: Ein Gespräch auf Augenhöhe können Sie nicht erwarten. Umso wichtiger ist es, dass Sie bewusst aus der Projektionsfläche Ihres Gegenübers heraustreten. Machen Sie sich klar, welche Formulierungen und welche Verhaltensweisen Sie nicht akzeptieren wollen – egal, von wem. Sie müssen sich keine menschenverachtenden Parolen anhören, nur weil eine enge Freundin oder ein Angehöriger sie äußert; Sie sollten aber auch nicht wegen einer Lappalie an die Decke gehen, nur weil Sie von Ihrem Gegenüber schon seit Wochen genervt sind und es nicht rechtzeitig geschafft haben, eine Grenze zu ziehen. Am besten schreiben Sie Ihre persönliche Hausordnung auf und halten kurze, prägnante Generalantworten bereit, beispielsweise «Ich werde dir nicht weiter zuhören, wenn du den Holocaust leugnest», «Wenn du mich beschimpfst, werde ich das Gespräch beenden» oder «Ich werde dieses Thema nicht mit dir diskutieren». Gerade wenn es sich um Autoritätspersonen wie Eltern, Tanten, Onkel oder Großeltern handelt, kann das eine große Herausforderung sein – für beide Seiten. Es kann hilfreich sein, Ihre Generalantworten schriftlich zu verankern. So können Sie auch in einer emotional angespannten Situation jederzeit auf sie zugreifen und sich daran erinnern, dass Sie als erwachsener Mensch der radikalen Person gleichberechtigt gegenüberstehen und dass Sie keinerlei Verantwortung für die negativen Gefühle tragen, die Ihnen entgegengebracht werden, wenn Sie sich nicht bedingungslos unterordnen.

3. Grenzen setzen, aber wertschätzend bleiben

Wer einen Fehler begangen hat oder dessen beschuldigt wird, muss in einer radikalen Gruppe mit harten Sanktionen rechnen. Individuelle Bedürfnisse oder Grenzen spielen hier keine Rolle: Wer in der Hierarchie oben steht, darf hemmungslos nach unten treten, und wer unten steht, hat es – in der Logik der Gruppe – eben nicht besser verdient. Deshalb empfehle ich Ihnen, jede Grenzziehung mit Wertschätzung zu verbinden, sofern es Ihnen möglich ist. So versteht Ihr Gegenüber, dass Sie es weder bestrafen noch für immer aus Ihrem Leben ausschließen wollen. Wertschätzung nimmt den Druck aus der Situation und vermittelt Ihrem Gegenüber Sicherheit: «Es gibt viele Lebensbereiche, in denen du mehr weißt als ich und in denen ich von dir lernen darf. Experte für mich und für meine Gefühle bleibe aber ich selbst.» – «Ich habe dich gern, und natürlich ist es mir wichtig, zu hören, was dich beschäftigt und was dir wichtig ist. Gleichzeitig muss ich auch auf meine persönlichen Grenzen achten.» – «Das war für dich ganz sicher richtig. Ich werde eine eigene Entscheidung treffen.» Machen Sie deutlich, wo genau Ihre Grenze verläuft und welche Konsequenz aus einer wiederholten Grenzverletzung folgt – beispielsweise ein bewusster Themenwechsel Ihrerseits oder auch ein Ende des Gesprächs. Diese Konsequenz sollten Sie nicht im Eifer des «Gefechts» willkürlich festlegen, sondern sich an Ihre «Hausordnung» halten. Indem Sie ruhig bleiben und Respekt zeigen, erinnern Sie Ihr Gegenüber daran, dass ein anderer sozialer Umgang möglich ist – und sich deutlich besser anfühlt.

Gerade wenn Sie bislang Ihre eigenen Grenzen oft vernachlässigt haben, kann es notwendig sein, dass Sie sie jetzt mehrfach aufzeigen müssen. Die Strategie der «kaputten Schallplatte», der ständigen Wiederholung, mag Ihnen zunächst vielleicht absurd oder auch ermüdend erscheinen, aber sie hat hohe Erfolgschancen und wird nicht von ungefähr sowohl in der Politik als auch in der Werbung eingesetzt. Um Ihrem Gegenüber das Einhalten Ihrer Grenzen zu erleichtern, halten Sie immer mindestens zwei alternative Themen parat, von denen Sie wissen, dass Ihr Gegenüber sich dafür interessiert. So können Sie Wertschätzung zeigen und unangenehme Schweigepausen verhindern.

4. Abwertungen aushebeln

Wenn Sie sich abgrenzen, ist das in den Augen Ihres Gegenübers ein revolutionärer Akt, der Überforderung, Angst oder auch Wut auslösen kann. Sei es, weil die Person sich unangenehm daran erinnert fühlt, dass in ihrer radikalen Gruppe niemand auf ihre Grenzen und Bedürfnisse achtet; sei es, weil sie keine Verantwortung für ihr Handeln übernehmen will. Es kann daher sein, dass sie reflexartig mit Abwertungen reagiert: «Ich meine es nur gut! Du bist einfach zu empfindlich!» – «Du bist respektlos!» –

«Ich lass mich nicht zensieren!» Legen Sie sich auch für solche Fälle Generalantworten zurecht, um sich nicht in die Defensive drängen zu lassen. Sie müssen sich nicht dafür rechtfertigen, dass Sie für sich einstehen. Nehmen Sie im ersten Schritt den Druck aus der Situation, indem Sie klarstellen: «Ich möchte dir deine Überzeugungen nicht wegnehmen.» Wichtig ist, diesen Satz nur auszusprechen, wenn Sie ihn auch genau so meinen. Indem wir die Beziehung zu unserem Gegenüber aufrechterhalten und verbessern, indem wir kommunikativ miteinander arbeiten, halten wir ihm die Tür zurück in die Welt offen. Mehr können wir nicht tun. Es ist eine Binse, aber wir vergessen es nur allzu oft: Wir sind nicht in der Lage, andere zu verändern, und es sollte auch nicht unser Ziel sein. Machen Sie, wenn Sie können, im zweiten Schritt deutlich, dass Sie Ihr Gegenüber sehr gern haben und respektieren. Erklären Sie im dritten Schritt, dass Ihr Verständnis von Respekt beinhaltet, dass Ihre Grenzen gewahrt werden und dass Ihr Gegenüber ebenso ein Recht auf seine persönlichen Grenzen hat, weil Ihr Kontakt auf Augenhöhe stattfindet. Reagiert Ihr Gegenüber weiterhin abweisend oder aggressiv, laden Sie zum Perspektivwechsel ein: «Ist es dir egal, ob es mir im Gespräch mit dir gut geht?» – «Warum möchtest du den Respekt, den du erwartest, nicht auch mir entgegenbringen?» – «Kannst du nachvollziehen, dass es an einer Verletzung nichts ändert, ob es jemand böse oder gut gemeint hat?» Fragen Sie um Rat, bieten Sie Handlungsspielraum: «Was denkst du, wie könnten wir es gemeinsam schaffen, dass du dich nicht zensiert fühlst und ich nicht das Gefühl habe, dass meine Grenzen ignoriert werden?»

5. Gemeinsam neue Regeln aufstellen

Sobald Ihr Gegenüber Bereitschaft signalisiert, Ihre Grenzen zu achten, können Sie gemeinsam nach Wegen suchen, damit Ihre Begegnungen für beide Seiten eine Bereicherung sind. Ich empfehle Ihnen, hierbei die «positiven Handlungssprachen» der Gewaltfreien Kommunikation[240] zu nutzen. Das bedeutet, dass Sie von Ihrem Gegenüber nicht einfordern, bestimmte Verhaltensweisen zu unterlassen, sondern konkrete Alternativen anbieten. Statt zu sagen: «Ich will, dass du damit aufhörst, mich ständig zu unterbrechen», könnten Sie formulieren: «Ich würde dir sehr gern von Dingen erzählen, die mich beschäftigen. Mir wäre wichtig, dass du mir dabei die Möglichkeit gibst, auszureden. Kannst du dir das vorstellen?» Sie konfrontieren Ihr Gegenüber auf diese Weise nicht mit einer Forderung oder Bewertung, sondern äußern eine Bitte und bieten damit eine Verhandlung auf Augenhöhe an. Wenn Sie kleine Ziele setzen, erhöhen Sie für beide Seiten die Chance auf Erfolgserlebnisse: Sie bemerken, dass Ihr Bedürfnis erfüllt wird, und Ihr Gegenüber bemerkt, dass eine Verhaltensänderung gar nicht so schwer ist – und zudem Ihr Miteinander deutlich angenehmer gestaltet.

Fragen Sie auch Ihr Gegenüber, welche Verhaltensweisen es sich von Ihnen wünscht. Das erscheint Ihnen wahrscheinlich grotesk: Immerhin erleben Sie seit Wochen, Monaten oder sogar Jahren, wie Ihre Grenzen immer wieder übertreten werden, während Sie selbst versuchen, Ruhe zu bewahren und zu deeskalieren. Selbst wenn Ihre Wahrnehmung zu hundert Prozent der Realität entsprechen sollte und Sie über Jahre hinweg an jedem einzelnen Tag freundlich, wertschätzend und auf Augenhöhe kommuniziert haben: Die Wahrnehmung Ihres Gegenübers sieht anders aus, und auch mit gefühlten Wahrheiten muss ein Umgang gefunden werden. Fragen Sie daher nach seinen Bedürfnissen. Was ist ihm in der Kommunikation mit Ihnen besonders wichtig? Was könnten Sie ändern, worauf sollten Sie im Gespräch achten? Sollte Ihr Gegenüber diese Frage nutzen, um zu missionieren – «Ich wünsche mir, dass du endlich die Wahrheit erkennst und meiner Gemeinschaft beitrittst» –, fragen Sie nach dem dahinterstehenden Bedürfnis, und zwar so lange, bis es wirklich zum Vorschein kommt. «Ich will, dass du die Wahrheit erkennst» ist kein Bedürfnis; «Ich möchte dir helfen» oder «Ich möchte dich retten» hingegen schon. Reagieren Sie ausschließlich auf dieses Bedürfnis: «Ich höre, dass du dir Sorgen um mich machst.» – «Ich höre, dass du mich beschützen willst.» – «Ich höre, dass ich dir wichtig bin, und dafür danke ich dir.» Weisen Sie dann klar und ruhig auf Ihre persönliche Grenze hin und machen deutlich, dass Sie nach Möglichkeiten suchen, um Ihr Miteinander respektvoller und liebevoller zu gestalten, und dass es Ihnen nicht darum geht, persönliche Lebensentscheidungen rückgängig zu machen – weder die Ihres Gegenübers noch Ihre eigenen.

Schaffen Sie einen Raum für Ihre jeweiligen Bedürfnisse. Vereinbaren Sie bestimmte Zeiträume, in denen Ihr Gegenüber Raum für seine Themen bekommt und Sie nicht bewerten, sondern entweder nur zuhören oder Fragen stellen. Gleiches gilt aber auch für Sie: Wenn Sie Ihrem Gegenüber ermöglichen, dass ihm zugehört wird, dann haben Sie genau das gleiche Recht. Vielleicht reservieren Sie jeweils bestimmte Tage in der Woche, an denen entweder Ihr Gegenüber oder Sie Raum für Ihre Themen bekommen. Vielleicht einigen Sie sich auf eine konkrete Zeitspanne, die für jede Partei fest reserviert wird, und Sie entscheiden in Ihren Gesprächen spontan, ob der jeweils andere gerade genug Zeit und Ruhe mitbringt, sich wirklich auf das jeweilige Thema einzulassen, ohne zu bewerten. Vereinbaren Sie idealerweise auch ein Codewort, mit dem jeder von Ihnen signalisieren kann, dass er gerade abgelenkt oder überfordert ist und einen Themenwechsel braucht. Versichern Sie sich gegenseitig, dass eine Unterbrechung nicht bedeutet, das Thema für immer auszuschließen, sondern dass Sie einander eine Pause gönnen, um danach wieder aufmerksam zuhören zu können.

Gerade am Anfang könnte Ihr Gegenüber unsicher oder gereizt reagieren, wenn Sie Gebrauch von Ihrem Codewort machen. Auch hier ist es wichtig, vorbereitet zu sein und mehrere alternative Gesprächsthemen parat zu haben, von denen Sie wissen, dass die radikale Person sich grundsätzlich dafür interessiert. Wenn sie auf all Ihre Vorschläge misstrauisch oder abwehrend reagiert, laden Sie sie ein, das Ganze als Experiment zu betrachten: Sie probieren die neue Gesprächsstrategie zwei Wochen lang aus und besprechen danach gemeinsam, ob Sie beide sich damit wohlfühlen oder ob es Nachbesserungen braucht.

Fallbeispiel 1: Die Querdenker-Mutter

Eine junge Frau berichtete von ihrer Mutter, die seit vielen Jahren in der Esoterikszene unterwegs und politisch grün bis links zu verorten war. Themen wie Umweltschutz und Tierschutz waren ihr besonders wichtig. Kurz vor der Pandemie wurde ihr gekündigt. Für ihre neue Stelle musste sie in eine andere Stadt ziehen. Der neue Arbeitgeber setzte allerdings in Zeiten des Lockdowns nicht auf Kurzarbeit, sondern auf Stellenstreichungen. Sie saß also ohne Job und ohne Perspektive in einer Stadt fest, in der sie niemanden kannte. Sie suchte online Anschluss – und fand ihn in einer Querdenker-Messenger-Gruppe. Bald verabredete sie sich mit ihren neuen Bekannten aus dem

Internet zu Fahrgemeinschaften, um überall in Deutschland an Querdenker-Demonstrationen teilzunehmen. Sie bombardierte ihre Tochter per WhatsApp mit «Aufklärungsvideos» und «Aufwachen!»-Parolen und verhielt sich auch im direkten Kontakt zunehmend aggressiv: Wenn die Tochter bei den hektischen Themenwechseln – vom angeblichen Corona-Hoax über eine vermeintlich bevorstehende Entwertung des Geldes bis zum QAnon-Glauben an einen geheimen weltweiten Pädophilenring und wieder zurück – nicht Schritt halten konnte oder nicht bedingungslos zustimmen wollte, wurde sie beleidigt und angeschrien. Die Tochter war verzweifelt: Sie erkannte ihre Mutter nicht mehr wieder.

In der Beratung ging es zunächst darum, zu verstehen, dass die Problematik nicht aus dem Nichts heraus entstanden war: Die Mutter hatte schon früher extreme Meinungen vertreten, war nicht bereit gewesen, die Perspektive anderer einzunehmen, und hatte mit Aggressionen reagiert, wenn ihr Kind nicht ihrer Meinung war – die Tochter hatte es aber bislang immer geschafft, ihre Mutter in langen Gesprächen und mit viel Geduld wieder friedlich zu stimmen. Zu pandemischen Zeiten jedoch hatte die erwachsene Tochter weniger Kraft für stundenlange Diskussionen und meldete sich seltener, während die Mutter ungebremst in eine radikale Weltsicht abrutschte.

Der zweite Schritt bestand in einer bewussten Setzung von Grenzen. Ich empfahl der jungen Frau unter anderem, auf die nächste radikale Nachricht via WhatsApp eine kurze, ruhige Antwort zu schicken – «Ich werde solche Inhalte nicht mehr kommentieren, weil wir sonst nur anfangen, uns zu streiten. Das möchte ich gern vermeiden. Lass uns bald wieder telefonieren. Liebe Grüße!» – und danach konsequent nicht mehr auf radikale Inhalte zu reagieren, sondern ausschließlich auf Nachrichten zu anderen Themen. Ich empfahl außerdem, bei der nächsten Anfeindung im direkten Kontakt auf ihre persönliche Grenze hinzuweisen – «Ich habe dich lieb, aber ich bin nicht bereit, mich von dir beleidigen zu lassen. Wenn du mich beschimpfst, werde ich das Gespräch beenden» – und sich bei allen folgenden Grenzüberschreitungen konsequent zu verabschieden und aufzulegen oder den Raum zu verlassen. Es war für die junge Frau wichtig, zu verstehen, dass Liebe bedingungslos ist, der Alltag einer persönlichen Beziehung aber durchaus Bedingungen und Regeln haben darf, und dass Respekt vor einer Autoritätsperson nicht bedeuten muss, sich demütigen zu lassen. Für ihre Mutter war es wichtig, zu verstehen, dass sie Grenzen akzeptieren musste, wenn sie ihr Kind nicht verlieren wollte.

Die Funktion der Radikalisierung verstehen

Stellen Sie sich vor, Sie würden als Kommunikationsspezialist oder als Psychologin für die Polizei arbeiten. Ob Sie mit Mördern, Geiselnehmern, Bankräubern oder mit Menschen sprechen, die sich das Leben nehmen wollen: Sie wollen Leben retten. Dafür ist es erforderlich, binnen weniger Minuten auf Menschen einzuwirken, denen Sie noch nie begegnet sind, Menschen, für die Ihre Meinung keinerlei Gewicht hat und die keinen Grund haben, Ihnen zu vertrauen. Würden Sie mit Forderungen oder gar Drohungen einsteigen, würde die Situation zwangsläufig eskalieren. Der Marketingexperte Jonah Berger erzählt in seinem Buch *Catalyst* von einem FBI-Agenten, der versucht, einen Familienvater vom Selbstmord abzuhalten: Er verwickelt ihn in ein Gespräch, hört aktiv zu, spiegelt seine Gefühle und bewegt sich dabei Schritt für Schritt weg von den belastenden Faktoren wie Jobverlust und Schulden hin zu Faktoren, die für ein Weiterleben sprechen, in diesem Fall Frau und Kindern. Der FBI-Agent fragt nach guten Momenten, nach Erziehungszielen und Werten und schafft so nicht nur eine persönliche, vertrauensvolle Ebene, sondern stärkt auch systematisch die Identität als Familienvater und den dazugehörigen Stolz. «Mir scheint, Sie sind ein wirklich, wirklich toller Vater, der versucht, das Richtige zu tun», sagt er schließlich. Er macht seinem Gegenüber keine Vorwürfe und spricht ihm seine Sorgen und Ängste nicht ab, sondern gibt ihnen Raum. Erst dann erinnert er den Familienvater an die Freude, die sein Leben trotz allem zu bieten hat, und verknüpft diese Freude mit persönlicher Verantwortung: «Mir scheint, wenn Sie sich heute umbringen, werden Ihre Jungs ihren besten Freund verlieren.»[241] Dieses Beispiel zeigt sehr eindringlich, welche Form der Kommunikation selbst in dramatischen Krisensituationen funktioniert: aktiv zuhören, auf Augenhöhe kommunizieren und Wertschätzung zeigen.

Nehmen Sie sich bewusst vor, aus der bislang für beide Seiten toxischen Gesprächsdynamik auszubrechen und sich darauf zu konzentrieren, welche emotionale Funktion die Radikalisierung für Ihr Gegenüber erfüllt.

Bei der verschwörungsgläubigen Mutter im Fallbeispiel erfüllte Radikalisierung gleich in mehrfacher Hinsicht die Funktion der Zugehörigkeit. Der hochfrequente Kontakt zu Querdenkern und die gemeinsamen Reisen zu Demonstrationen füllten ihren Alltag, aber auch die erbitterten Diskussionen mit ihrer Tochter waren Versuche, ihre Beziehung abzusichern. Die Mutter hatte nämlich viele Jahre die Erfahrung gemacht, dass extreme Meinungen oder Wutausbrüche ihr Aufmerksamkeit verschafften: Ihre Tochter nahm sich immer wieder aufs Neue Zeit, um sie zu beruhigen oder zum Perspektivwechsel einzuladen. Als das in der Pandemie plötzlich nicht mehr funktionierte, weil ihr erwachsenes Kind seine emotionalen Ressourcen für sich selbst brauchte, ging die Mutter vermutlich dem «sunk cost effect» auf den Leim – und warf mit immer radikaleren Parolen um sich, um wieder Aufmerksamkeit zu erhalten. Deswegen riet ich der jungen Frau nicht nur zur klaren Grenzsetzung, sondern auch zum regelmäßigen, verlässlichen Kontakt zu ihrer Mutter, so oft wie möglich auch gemeinsam mit anderen Verwandten, um das Gefühl familiärer Zugehörigkeit nachhaltig zu stärken. Sobald Sie verstehen, welche Bedürfnisse hinter den radikalen Parolen stecken, können Sie tatsächliche Lösungen anbieten – etwas, das radikale Gruppen weder leisten können noch wollen.

Schritt 1: Aktives Zuhören

Um den Einstieg in Ihr Kommunikationsprojekt so entspannt wie möglich zu gestalten, planen Sie am besten mit konkreten Zeitfenstern: Nehmen Sie sich beispielsweise vor, 30 Minuten durchzuhalten. Wenn Sie länger mit Ihrem Gegenüber sprechen können und wollen, dürfen Sie dieses Vorhaben natürlich ignorieren. Es kann aber entlastend sein, sich vorab im Geiste die Erlaubnis zu geben, zu einem vorab festgelegten Zeitpunkt aus dem Gespräch auszusteigen und die eigenen emotionalen Akkus wieder aufzuladen. Hören Sie Ihrem Gegenüber konzentriert und aktiv zu. Fassen Sie dann sein Gesagtes kurz in Ihren eigenen Worten zusammen und legen dabei den Schwerpunkt auf die Gefühle, die Sie wahrnehmen: «Ich höre daraus, dass du das Gefühl hast, dass ... Es kommt mir so vor, als wärst du sehr enttäuscht von ... Für mich klingt das so, als wärst du sehr wütend auf ...»

Falls Ihr Gesprächspartner darauf nicht reagiert, fragen Sie nach, ob Sie ihn auch richtig verstanden haben. Vergessen Sie dabei nicht, dass aktives Zuhören keine Zustimmung bedeutet. Es ist einfach nur ein Weg, eine tragfähige Gesprächsebene herzustellen. Sie sind nicht verpflichtet, Ihrem Gegenüber nach jedem Satz reflexartig zu widersprechen, und Sie handeln nicht entgegen Ihren Überzeugungen, wenn Sie aktiv zuhören. Auch der Versuch, seine Perspektive einzunehmen, bedeutet nicht, seine Meinung gutzuheißen oder zu teilen. Ein Perspektivwechsel, die sogenannte kognitive Empathie, hilft uns dabei, ruhig und souverän zu bleiben und unser Gegenüber nicht als Problem, sondern als Person zu sehen.

Fragen Sie, wie es eigentlich dazu kam, dass Ihr Gesprächspartner Teil der Gruppe geworden ist. Wie ist er auf sie aufmerksam geworden? Woran hat er bemerkt, dass er dabeibleiben will? Was genau hat sich in jenem Moment richtig angefühlt?

Der Sektenaussteiger und Ausstiegsberater Steven Hassan hat zahlreiche Fragen zusammengetragen, die im Gespräch mit radikalisierten Menschen helfen und Klarheit schaffen können, zum Beispiel: «Was meinst du damit, wenn du sagst, dass du glücklich bist?» oder: «Was würde dich so unglücklich machen, dass du die Gruppe verlassen würdest?»[242]

Hassan macht deutlich, wie wichtig es ist, die Sprache unseres Gegenübers zu verstehen – und zu sprechen: Radikale Gruppen haben ihr eigenes Vokabular und definieren viele Begriffe anders als die Mehrheitsgesellschaft;[243] scheinbar allgemeingültige Wörter wie «Glück» könnten für Ihr Gegenüber etwas ganz anderes bedeuten als für Sie. Er plädiert dafür, so viele Details wie möglich in Erfahrung zu bringen, sowohl als Beobachter und im Austausch mit gemeinsamen Freunden oder Angehörigen als auch im direkten Gespräch mit der radikalen Person.[244]

Mögliche Fragestellungen könnten sein: Ist die Person jetzt weniger ängstlich als früher? Fallen ihr bestimmte Tätigkeiten leichter? Schläft sie länger oder erholsamer? In welchen Alltagsmomenten empfindet sie die größte Freude? Glaubt sie, dass Sie oder überhaupt jemand außerhalb der radikalen Gruppe in der Lage sind, ein erfülltes Leben zu führen? Welche Personen sind ihr in der Gruppe am wichtigsten? Hat sie direkten Kontakt zum Anführer? Falls ja: Wie hat sie das geschafft? Falls nein: Ist es ihr Ziel, und wie will sie es erreichen? Achten Sie darauf, ob dieses Thema negative Emotionen auslöst: Vielleicht ist Ihr Gesprächspartner beschämt, weil er nicht genug Geld spenden kann, um sich eine Audienz beim Anführer zu erkaufen; vielleicht hat er bereits Kontakt und ist davon erschüttert, dass der Anführer Liebe, Solidarität oder Askese predigt, aber nicht lebt. Hören Sie genau hin: Lädt Ihr Gegenüber Sie dazu ein, nachzufragen, wie es ihm mit der Situation wirklich geht?

Falls Ihr Gesprächspartner darauf beharrt, dass Sie sich erst Videos oder andere «Quellen» anschauen müssten, um ihn verstehen zu können, empfiehlt Hassan einen Kompromiss: Bieten Sie an, dass Sie eine der Quellen anschauen, die Ihrem Gegenüber ganz besonders wichtig sind. Im Gegenzug aber verpflichtet sich auch Ihr Gegenüber, eine Quelle zu sichten, die Ihnen am Herzen liegt. Das Wichtigste hierbei ist, dass Sie im Anschluss gemeinsam über die Quellen sprechen und dabei weder die Ideologie noch Ihr Gegenüber bewerten.[245] Nehmen Sie stattdessen die Forscherperspektive ein und stellen Verständnisfragen. Werden in der Quelle zum Thema Covid-19 etwa Nena, Michael Wendler oder Attila Hildmann zitiert, könnten Sie fragen: «Welche Kriterien muss jemand erfüllen, damit du ihn als Experten anerkennst?» Oder: «Woran würdest du bemerken, dass er falschliegt?»

Schritt 2: Den kleinsten gemeinsamen Nenner suchen

Suchen Sie in den Äußerungen Ihres Gegenübers nach einem moralischen Wert, den Sie teilen oder zumindest nachvollziehen können. Wenn Sie beispielsweise einer Mutter zuhören, die ihre Kinder nicht impfen lassen will, weisen Sie nicht auf die deutlich höhere Wahrscheinlichkeit hin, ohne Impfung schwer zu erkranken oder zu sterben, sondern sagen Sie: «Ich glaube, du liebst deine Kinder von ganzem Herzen, und du willst alles tun, damit ihnen nichts zustößt.» Wenn Sie einem Menschen zuhören, der gegen die Aufnahme und finanzielle Unterstützung von Geflüchteten hetzt und das mit der schwierigen Lage von Langzeitarbeitslosen oder Obdachlosen begründen will, weisen Sie nicht darauf hin, dass Ihr Gegenüber in seinem ganzen Leben noch nie etwas für die Menschen getan hat, deren Probleme es gerade instrumentalisiert, sondern gehen darauf ein, dass Langzeitarbeitslose oder Obdachlose in der Tat viel zu wenig wirksame Hilfe erhalten und unter Stigmatisierung zu leiden haben.

Achten Sie darauf, wie Ihr Körper während des Gesprächs reagiert. Verkrampft sich Ihr Kiefer oder Ihr Nacken? Wird Ihnen plötzlich heiß oder kalt? Schmerzt Ihr Kopf oder Ihr Bauch? Bevor Sie an Ihre Belastungsgrenze stoßen, halten Sie inne, legen Ihre Hand auf Ihren Bauch und konzentrieren sich ein paar Sekunden lang nur auf Ihren Atem. Achten Sie darauf, immer etwas länger aus- als einzuatmen.

Vielleicht hilft Ihnen das Konzept der Gewaltfreien Kommunikation: Lassen Sie zunächst alle zornigen Gedanken zu, sprechen Sie sie aber nicht aus. Fragen Sie sich dann, welches Bedürfnis hinter Ihrem Zorn steht – und reden Sie darüber.[246] Der Begründer der Gewaltfreien Kommunikation, der Psychologe Marshall B. Rosenberg, ging davon aus, dass im menschlichen

Miteinander nicht das Verhalten anderer das Hauptproblem oder die Hauptlösung darstellt, sondern unsere Bedürfnisse entscheidend für unsere Beziehungen sind. Er plädierte dafür, dass wir uns in konflikthaften Situationen zwei Fragen stellen. Erstens: «Welches Verhalten wünschen wir uns von der anderen Person?» Zweitens: «Welche Motivation erhoffen wir uns bei der Person, während sie das tut, was wir uns wünschen?»[247]

Wenn wir unsere Idealvorstellung genauer in den Blick nehmen, stoßen wir oft auf das Bedürfnis, um das es eigentlich geht. Vielleicht ist das Bedürfnis hinter Ihrem Zorn, so wie bei der Querdenker-Mutter im Fallbeispiel, vor allem Zugehörigkeit. Wenn Sie statt Vorwürfen oder Wutreden dieses Bedürfnis zum Ausdruck bringen, haben Sie eine ungleich größere Chance, mit Ihrem Gegenüber im Kontakt zu bleiben und die Beziehung gemeinsam verbessern zu können. Sprechen Sie, wann immer Sie können und es in dem Moment auch ehrlich meinen, aus, dass Ihr Gesprächspartner Ihnen am Herzen liegt. Dass Sie nicht mit ihm kämpfen möchten. Dass es Ihnen wirklich wichtig ist, dass Sie beide sich miteinander wohlfühlen. Falls irgend möglich, bedanken Sie sich vor Ende des Gesprächs für den Austausch und das Vertrauen. Es geht darum, die Begegnungen mit Ihrem Gegenüber nicht mehr als Kampf zu erleben, den Sie gewinnen oder verlieren könnten, sondern als Experiment, in dem Sie neue Strategien ausprobieren, alles beibehalten, was Verbindung schafft, und alles verwerfen, was Sie nicht voranbringt.

Schritt 3: Gefahren einschätzen

Wenn Schritt 1 und 2 Sie emotional überfordern, ist es wichtig, sich eine Auszeit zu nehmen und sich gegebenenfalls auch professionelle Unterstützung zu suchen. Im engsten Umfeld mit einer radikalen Person konfrontiert zu sein, ist belastend, und Sie dürfen sich jederzeit erlauben, Hilfe anzunehmen. Wenn Sie es allerdings schaffen, Ihren neugierigen Forscherblick und damit auch eine gesunde Distanz aufrechtzuerhalten, können Sie mit gezielten Nachfragen noch besser einschätzen, ob und welche Gefahr von der radikalen Gruppe ausgeht. Achten Sie darauf, bei Ihrem Gegenüber immer erst die Erlaubnis einzuholen, weiter nachzufragen. So signalisieren Sie ihm, dass es sich mit Ihnen sicher fühlen kann, und Sie sind gleichzeitig ein gutes Vorbild, was die Einhaltung von Grenzen angeht. Erkundigen Sie sich, ob Ihr Gesprächspartner schon einmal miterlebt hat, dass ein Mitglied die Gruppe verlassen hat, und welche Gefühle die Situation in ihm ausgelöst hat. Wenn er die Existenz von Aussteigern verneint, ist er der Gruppe entweder erst vor Kurzem beigetreten oder vertraut Ihnen noch nicht, denn Fluktuation gibt es immer. Wenn er aber bereit ist, mit Ihnen über Aussteiger zu sprechen, werden seine Mimik, Gestik und vor allem seine Wortwahl einiges darüber verraten, ob und wie Menschen, die sich von der Gruppe gelöst haben, stigmatisiert werden. Haben die Aussteiger Gründe angegeben? Gibt es in den Augen Ihres Gesprächspartners überhaupt Gründe, die einen Ausstieg rechtfertigen könnten? Wie beurteilt er Aussteiger? Hält er sie für Sünder oder für Verräter? Glaubt er, dass ein Ausstieg bestraft werden muss? Falls er das bejaht und Sie Ihre innere Ruhe bewahren können: Fragen Sie nach, wie diese Strafen seiner Überzeugung nach aussehen sollten und ob seiner Meinung nach auch andere Menschen Strafen verdient hätten.

Wenn Ihr Gegenüber sich einer radikalen Bewegung angeschlossen hat, die offen Gewalt befürwortet, sollten Sie schnellstmöglich professionelle Hilfe suchen, etwa bei einer spezialisierten Beratungsstelle.

Hilfe von außen könnte auch notwendig werden, wenn Kinder im Spiel sind. Der als «Guru von Lonnerstadt» bekannt gewordene Sektenführer Gerhard L. etwa entzog dem an Mukoviszidose erkrankten 13-jährigen Sohn seiner Partnerin die Medikamente und rief stattdessen zum Fasten und Meditieren auf. Der Junge konnte sich, als er auf knapp 30 Kilogramm abgemagert und seine Lunge irreparabel beschädigt war, zum Vater retten.[248] Die Aids-Leugnerin Christine Maggiore infizierte ihre Tochter mit HIV; das Mädchen starb mit drei Jahren an Aids.[249] Sylvia D., die mutmaßliche Anführerin einer Hanauer Wohnzimmersekte, wurde im September 2020 vom Hanauer Landgericht wegen Mordes an einem Vierjährigen zu einer lebenslangen Haftstrafe verurteilt.[250]

Wenn sich Erwachsene radikalisieren, hängt das in vielen Fällen mit Manipulation zusammen, bleibt aber in letzter Konsequenz ihre eigene Entscheidung. Für ihre Kinder gilt das nicht. Wenn Sie feststellen oder den begründeten Verdacht hegen, dass eine radikale Person ihr Kind vernachlässigt, misshandelt oder von anderen misshandeln lässt, ist die Zeit für empathische Kommunikationsversuche abgelaufen. Versammeln Sie Angehörige oder gemeinsame Freunde, und überlegen Sie gemeinsam, wie das Kind geschützt werden kann.

Falls Sie das Jugendamt einschalten, rate ich Ihnen, Termine immer zu zweit wahrzunehmen. Die Anwesenheit von Zeugen kann meiner Erfahrung nach die Gewährung von Unterstützung beschleunigen.

Fallbeispiel 2: Der Impfgegner-Vater

Eine junge Frau berichtete von ihrem Vater, der sie und ihre Geschwister streng religiös erzogen hatte: Sie sollten nicht in Kategorien von «du» oder «ich» denken, sondern nur als «wir», als das Kollektivwesen Familie. Gleichzeitig sah sich der Vater als der Patriarch, als derjenige, dessen Meinung mehr galt als die aller anderen Familienmitglieder, insbesondere wenn sie weiblich waren. Als die Pandemie über Deutschland hereinbrach, wollte er das nicht anerkennen. Er lehnte sämtliche Vorsichtsmaßnahmen ab und lud regelmäßig die ganze Familie zu Besuchen ein, ohne Abstand und ohne Maske, obwohl seine Frau schwer vorerkrankt und Risikopatientin war. Die junge Frau, die im Ausland lebt, hatte große Angst um ihre Mutter. Weil die Angst sie nicht mehr losließ, suchte sie sich therapeutische Unterstützung. Lernte Stück für Stück, anzuerkennen, dass ihre Angehörigen ihre eigenen Entscheidungen treffen – und deren Konsequenzen selbst aushalten müssen. Wenig später begann sie, mit meinem Kommunikationsprogramm zu arbeiten. Sie schaffte es, zwischen Verhalten und Person zu unterscheiden, und ging nicht mehr auf Inhalte ein, wenn ihre Angehörigen über die pandemiebedingten Einschränkungen schimpften, sondern nur auf die anklingenden Emotionen: «Das hört sich sehr herausfordernd an ... Es tut mir leid, dass die Regeln dich so sehr belasten ... Diese Zeit ist so schwer. Ich hoffe, ihr bleibt alle gesund.» Auch wenn sie es nicht immer fühlen konnte: Sie hielt sich daran fest, dass die Menschen, die sie liebte, noch da waren: «Sie sind nur verschüttet.»

Anfang 2021 bekam ihre Großmutter, die in einem Pflegeheim lebt, die Möglichkeit, geimpft zu werden. Die Entscheidung hierüber aber musste ihr gesetzlicher Vormund treffen, der Vater der jungen Frau. Sie rief ihn an und fragte, ob sie ihm ihre Sichtweise darlegen dürfe. Damit zeigte sie Respekt und brachte gleichzeitig in Erfahrung, ob er in diesem Moment wirklich genug Zeit und Ruhe hatte, um ihr zuzuhören, und ob ihr Einsatz realistische Erfolgschancen hätte. Ihr Vater stimmte zu, und sie erklärte ihre Sicht auf die Impfung, sagte aber auch: «Ich glaube nicht, dass es hier ein Richtig oder Falsch gibt.» Sie machte deutlich, dass sie ihn nicht bewerten würde, egal, wie er sich entschied – obwohl das Thema für sie hoch emotional war. Nachdem er ihre Meinung angehört hatte, hörte sie ihm zu. Er erzählte, was er in den «alternativen Medien» über die Impfung gelesen hatte. Was in den Telegram-Gruppen diskutiert wurde, die er abonniert hatte. Die junge Frau entschied sich dafür, keine der Falschnachrichten zu kommentieren, sondern die Emotionen ihres Vaters zu spiegeln. Sie sagte: «Das hört sich schlimm an ... Da bekomme ich auch Angst, wenn ich so was höre ... Ich verstehe dich. Wenn man so was hört, dann fühlt man sich natürlich verunsichert.» Weil sie sich nicht mit Argumenten aufhielt, musste auch er es nicht mehr tun – und konnte zum Wesentlichen kommen. Er fragte, ob sie keine Angst vor der Impfung hätte. Sie entgegnete: «Doch, natürlich! Mir macht diese Situation Angst. Ich frage mich nur, was ich verantworten kann. Für mich wäre es schlimmer, chronische Langzeitschäden zu haben oder zu sterben. Ich habe ja auch ein Leben, das mir lieb ist.» Jetzt passierte etwas Außergewöhnliches: Ihr Vater fragte nach ihren Quellen. Das war nicht nur erstaunlich, weil er damit aus seiner Patriarchenrolle heraustrat, sondern vor allem, weil radikale Menschen eigentlich nie nach Quellen oder gar um Rat fragen, sondern in ihrer Rolle als «Allwissende» verharren. Die junge Frau erzählte, wo sie sich informierte und wie genau sie für sich zu der Überzeugung gekommen war, dass die Impfstoffe sicher seien. Sie ging dabei immer wieder auf ihren Vater ein und bekräftigte, dass auch sie Angst hatte und die pandemischen Zeiten sie immer wieder überforderten. Sie belehrte oder bewertete nicht, sondern blieb konsequent auf Augenhöhe. Schließlich sagte sie: «Papa, egal, wie du dich entscheidest, ich weiß, dass du für Oma das Beste willst.» Am Ende bat ihr Vater sie darum, ihm ihre Quellen zu schicken, und er bedankte sich für das Gespräch. Zum ersten Mal in ihrem 30-jährigen Leben. Später schrieb sie mir: «Das Einzige, das in diesem Gespräch anders war, war ich.» Die Großmutter erhielt ihre Impfung.

Fallbeispiel 3: Die Sektenaussteigerin

Eine erwachsene Frau blickt zurück: Mit fünfzehn Jahren schaffte sie es zum ersten Mal, ihre seit Langem nagenden Zweifel an der Sekte auszusprechen, in die sie hineingeboren worden war. Sie hatte das Gespräch sorgsam geplant, hatte Fakten recherchiert und Argumente vorbereitet, in der Hoffnung, ihren Vater damit erreichen zu können. Der Vater aber reagierte voller Wut und Angst: Laut der radikalen Ideologie drohte Zweiflern und Aussteigern ein furchtbares Schicksal voller Krankheit und Einsamkeit. Der frisch gefasste Mut verpuffte und wich der Panik; das Mädchen war so überfordert, dass es die nächsten Stunden würgend über der Toilette verbrachte. Währenddessen stand der Vater vor der Tür und sorgte sich: Die «Sünderin» war eben auch sein Kind, das er liebte. Die Fünfzehnjährige war kurz zuvor in der Schule zusammengebrochen und in ein Krankenhaus gebracht worden; die Ärzte hatten dringend zu einem Aufenthalt in der Kinder- und Jugendpsychiatrie geraten. Ein erster Bruch mit der radikalen Ideologie, die verlangte, Mediziner und Psychologen unter allen Umständen zu meiden. Der Vater erlaubte die Therapie dennoch und nahm auch regelmäßig an Familiengesprächen teil. Trotz der therapeutischen Begleitung kam es immer wieder zum Streit. Beide schafften es nicht, die Grenzen des anderen zu achten: Die Tochter wollte den Vater überzeugen, ebenfalls aus der Sekte auszusteigen, und er wollte sie unbedingt «auf den richtigen Weg» zurückholen. Erst als sie sich darauf einigten, nicht mehr über die Gruppe zu sprechen, kehrte ein erster Frieden ein. Sie suchten und fanden andere Themen. An manchen Tagen waren nur das Wetter, Haushaltspläne oder der Schulalltag ungefährlicher Gesprächsstoff; an anderen waren politische oder philosophische Diskussionen möglich. Als die Tochter auszog, um zu studieren, blieb sie mit ihrem Vater im regen Kontakt. Sobald sie akzeptiert hatte, dass er der Sekte nicht den Rücken kehren würde, konnte sie die Forscherperspektive einnehmen: Sie fragte nach dem Leben, das er vor der Sekte geführt hatte. Wie er auf die Gruppe gestoßen war und was an ihrer Botschaft ihn überzeugt hatte. Was ihn im Alltag glücklich machte. Der Vater wiederum fragte nach dem Leben, das seine Tochter sich in der Welt aufbaute, nach ihren Freunden, ihren Beziehungen, ihrem Studium, ihrer Arbeit. Weil sie anerkannte, dass sein Leben in der Sekte für ihn Vorteile bot, fühlte er sich nicht mehr gezwungen, sich zu rechtfertigen und sie zu überzeugen, und fand in ihren Gesprächen einen Raum, um auch Zweifel zu äußern. Sie lernten gemeinsam, dass Liebe nicht bedeutet, einer Meinung sein zu müssen. Zu ihrem dreißigsten Geburtstag schenkte der Vater ihr ein Buch namens *Die Kunst, die Eltern zu enttäuschen: Vom Mut zum selbstbestimmten Leben*, und die Tochter wusste: Sie hatten es geschafft.

Deradikalisierung – und dann?

Der Psychiater und Neurowissenschaftler Jack Gorman und die Public-Health-Expertin Sara Gorman erklären in ihrem Buch *Denying to the Grave*, warum es uns so schwerfällt, unsere Meinung zu ändern: Sobald wir es auch nur versuchen, wird im Gehirn ein Angstzentrum aktiviert, und es fühlt sich so an, als wären wir in Gefahr. Zwar kann unser präfrontaler Kortex mit Vernunft und Logik dagegenhalten und diese Angst aushebeln, aber wir müssen dafür eine Menge Entschlossenheit mitbringen. Es ist also nicht nur unbequem, sondern neurowissenschaftlich betrachtet sogar «unnatürlich», unsere Meinung zu ändern, erläutern die Gormans, «und das spiegelt sich auch in der Arbeitsweise unseres Gehirns wider»[251]. Wenn aber selbst das Loslassen einer liebgewonnenen Meinung uns so viel abverlangt – wie viel schwerer muss es sein, sich von einer Ideologie zu verabschieden, die im Zuge des Radikalisierungsprozesses unsere Persönlichkeit immer weiter zurückgedrängt und überschrieben hat?

Wer sich von einer radikalen Gruppe distanziert, ist nicht schlagartig frei. In ihm sind noch alle Reflexe und Abwehrmechanismen aktiv, die ihm beigebracht oder aufgezwungen wurden: Zweifel fühlen sich gefährlich an, bestimmte Wörter oder Themen wie eine Sünde, Andersgläubige erscheinen als Feinde, und das Land, in dem er lebt, gilt ihm als Failed State. Fast jeder Schritt in sein neues Leben löst beim Aussteiger Angst aus. Dazu kommt die niederschmetternde Erkenntnis, dass er Monate, Jahre oder sogar Jahrzehnte eine Lüge gelebt und dafür einen hohen Preis bezahlt hat. Vielleicht hat seine komplette berufliche «Karriere» innerhalb der Gruppe stattgefunden; vielleicht hat er weder Ausbildung noch Schulabschluss. Vielleicht hat er all seine Ersparnisse an die Gruppe abgetreten; vielleicht wurde er sogar dazu gedrängt, sich zu verschulden, und kann sich jetzt aus eigener Kraft weder Miete noch Krankenversicherung leisten. Vielleicht ist er in eine Abhängigkeit gerutscht und braucht einen Entzug; vielleicht hat er sich strafbar gemacht. Vielleicht hat er sich mit Angehörigen überworfen, bei denen er sich nicht mehr entschuldigen kann, weil sie nicht mehr am Leben sind. Vielleicht wird er im Alltag von Gruppenmitgliedern verfolgt und bedroht. Wer aussteigt, braucht Zeit und Unterstützung. Familienmitglieder und Freunde sind nicht nur die gefährlichste Konkurrenz radikaler Akteure, sondern auch die wichtigsten Verbündeten auf dem Weg zurück in die Welt.

Fake News und Scheinwissenschaft erkennen – ein Crashkurs in Medienbildung

Wer mit einer radikalisierten Person verwandt oder befreundet ist, wird oft mit Informationen überschüttet, die schwer zu entkräften sind, wenn man sich noch nie mit dem jeweiligen Spezialthema beschäftigt hat. Ein Klassiker der Verschwörungserzähler, die glauben, es hätte am 11. September 2001 keine islamistischen Terroranschläge gegeben, sondern die US-Regierung hätte die Twin Towers sprengen lassen, sind Temperaturanalysen.[252] Kann es durch brennendes Kerosin überhaupt heiß genug werden, dass Stahl schmilzt und ganze Gebäude einstürzen? Die Wahrscheinlichkeit ist hoch, dass Sie diese Frage auf Anhieb nicht beantworten können. Wenn Ihr Gegenüber dann noch zahlreiche Expertenmeinungen ins Feld führt – denn, ja, auch Ingenieure sind nicht immun gegen Verschwörungsmythen –, fühlen Sie sich hilflos, auch wenn Sie wissen, dass Ihr Gegenüber unrecht hat. In solchen Momenten fangen viele Menschen an, hektisch zu recherchieren. Lesen mehr über Stahl und Schmelztemperaturen, als sie je wissen wollten. Suchen sich mühsam alle Argumente zusammen, die die Verschwörungserzählung inhaltlich entkräften können. Wenn sie schließlich gut gerüstet sind und das Thema mit Ihrem Gegenüber ausdiskutieren wollen, ist dieses längst außer sich, weil es auf Telegram gelesen hat, dass Angela Merkel Adolf Hitlers Tochter sei, und will über nichts anderes mehr sprechen.

Es ist sinnlos, sich mit Radikalen auf inhaltliche Diskussionen einzulassen. Wichtiger ist es, seriöse von unseriösen Quellen unterscheiden zu können. Wenn Sie in der Lage sind, Fake

News und betrügerische Inhalte schnell zu identifizieren, hilft Ihnen das in vielerlei Hinsicht: Sie können dem Impuls widerstehen, Ihre Zeit mit der Suche nach Gegenargumenten zu vergeuden. Sie können Ihrem Gegenüber kurz und knapp erklären, warum Sie die Information nicht für glaubwürdig halten, wenn es versucht, Sie in eine inhaltliche Diskussion zu verwickeln. Nicht zuletzt können Sie sich selbst schützen: In Zeiten einer globalen Pandemie tost eine wahre Flut «alternativer» Nachrichten und Weltbilder durchs Internet. Dass sogar Anbieter wie Amazon Bücher von Verschwörungserzählern bewerben[253] und große Nachrichtenmedien bereit sind, Rechtspopulisten und Rechtsradikalen eine Bühne zu bieten, erschwert es auch nicht radikalen Menschen, rechtzeitig zu erkennen, wer uns wirklich seriös informieren will und wem vor allem daran gelegen ist, abzukassieren. Die folgenden Fragen können Ihnen dabei helfen, Inhalte im Netz schneller einzuschätzen.

Wer ist der Absender?

Wenn gute Freunde oder sogar Prominente, die wir sympathisch finden, online etwas teilen, hinterfragen wir diese Inhalte in den meisten Fällen nicht. Weil wir der Person vertrauen, gehen wir davon aus, dass auch die von ihr geteilten Inhalte vertrauenswürdig sind. Können wir unser virtuelles Gegenüber hingegen nicht sonderlich gut leiden, oder sind wir mit Inhalten konfrontiert, die unseren Überzeugungen widersprechen, sind wir deutlich kritischer.[254] Je öfter wir uns solche Abkürzungen unseres Gehirns bewusst machen, desto besser werden wir darin, sie in Zukunft zu vermeiden. Machen Sie es sich zur Regel, keine Inhalte zu teilen, deren Quelle Sie nicht überprüft haben. Hat die Website ein Impressum? Falls ja: Findet sich dort der Name eines inhaltlich Verantwortlichen, etwa eines Chefredakteurs oder einer Geschäftsführerin? Handelt es sich um eine Organisation, die Sie nicht kennen? Lesen Sie nach, wer sie gegründet hat und wer sie finanziert. Handelt es sich um ein Nachrichtenmedium, dessen Journalisten namentlich für ihre Inhalte einstehen? Recherchieren Sie im Netz, ob es regelmäßig vom Presserat Rügen für Clickbaiting, Schleichwerbung oder Verstöße gegen die journalistische Sorgfaltspflicht kassiert. Handelt es sich um Personen, die sich als renommierte Forscher ausgeben? Schauen Sie bei Google Scholar nach, ob sie tatsächlich in wissenschaftlichen Publikationen zitiert werden. Überprüfen Sie, ob der Name der Person oder ihre Behauptungen auf Fact-Checking-Seiten auftauchen, zum Beispiel beim stiftungsfinanzierten Recherchezentrum Correctiv oder bei der dpa, dem BR oder der ARD.

Werde ich informiert oder getäuscht?

Der Kognitionspsychologe John Cook hat in seinem «FLICC»-Modell zahlreiche Methoden der Wissenschaftsleugnung zusammengetragen. Viele der von ihm benannten Strategien lassen sich auch auf andere Formen der Desinformation übertragen. Zu den wichtigsten zählen Verweise auf eine große Zahl scheinbarer Experten, die sich tatsächlich aber mit dem Thema nicht auskennen, fingierte Debatten im Stil der False Balance, der falschen Ausgewogenheit, das Schüren unerfüllbarer Erwartungen – ein Beispiel wäre die Behauptung, dass sich die internationale Wissenschaft jederzeit vollkommen einig sein müsste, um glaubwürdig zu sein – und Faultier-Induktion: das abrupte Ende der Recherche, sobald genug Informationen gefunden wurden, die die eigene Meinung zu untermauern scheinen.[255]

Nehmen Sie Beiträge Ihnen unbekannter Absender immer genau unter die Lupe. Ist der Tonfall dramatisch und anklagend? Werden skandalträchtige Behauptungen aufgestellt, aber nicht belegt? Werden komplexe Sachverhalte stark vereinfacht? Finden sich auffällig viele Rechtschreibfehler im Text? Werden gezielt Personen beleidigt und als Gefahr dargestellt, während andere verherrlicht und als Weltretter präsentiert werden?

Profitiert der Absender, wenn ich meine Meinung ändere?

Je extremer eine These ausfällt, desto größer ist die Wahrscheinlichkeit, dass sie nicht seriös ist. Wenn das Narrativ eines heldenhaften Einzelkämpfers bedient wird, der mit einer hehren Mission gegen ein korruptes System antritt, sollten Sie besonders wachsam sein. Ein Beispiel: Der italienische Gefäßchirurg Paolo Zamboni behauptete jahrelang, dass die Erkenntnisse der weltweiten Forschung falsch seien und die unheilbare Multiple Sklerose eben doch heilbar wäre. Mit den Methoden der Gefäßchirurgie, versteht sich, genauer gesagt: mit der Methode, die Zamboni erdacht hatte. Ein selbsternannter David, der mit seinem «Liberation Treatment» gegen den Goliath der internationalen Forschungsgemeinschaft angetreten war. Die wissenschaftliche Community war von Anfang an kritisch; der Journalismus leider nicht. Zamboni wurde weltweit berühmt und reich: Das «Liberation Treatment» kostete bis zu 9000 Euro und war – natürlich – eine Selbstzahlerleistung. 2009 hatte Zamboni seine «revolutionäre» Methode öffentlich gemacht; 2017 gab er ihre Unwirksamkeit zu. Bis dahin hatten Zehntausende Patienten ihr Vertrauen in eine Behandlung gesetzt, die schon 2010 mit Todesfällen in Zusammenhang gebracht worden war.[256]

Wenn Sie mit Inhalten eines Ihnen unbekannten Absenders konfrontiert sind, der angeblich nur aufklären und helfen will, dann fragen Sie sich, ob er von dieser Form der «Hilfe» finanziell profitiert, und zwar deutlich über die Vergütung hinaus, die für vergleichbare evidenzbasierte Therapien fällig werden würde. Prüfen und hinterfragen Sie Ausdrucksweise und Inhalt: Wird hier gezielt Misstrauen gegen die «korrupte Pharmaindustrie» und «raffgierige Schulmediziner» geschürt, während die Honorare des angeblichen Aufklärers oder Helfers über jeden Zweifel erhaben sind? Wird suggeriert, dass Medikamente oder Impfungen gefährlich seien, und stattdessen ein «sanfter Weg» propagiert, an den man allerdings erst glauben muss, damit er seine Wirkung entfalten kann? Veröffentlicht der Aufklärer seine Werke in einem Verlag, der Rechtsextremen und Verschwörungserzählern eine Bühne bietet, oder womöglich gleich im Selbstverlag, der ohne jede inhaltliche Prüfung auskommt? Zweifelt er internationale Forschungsergebnisse an, hat selbst aber nie wissenschaftlich gearbeitet? Erscheinen seine vermeintlich welterschütternden Erkenntnisse nur auf seinem eigenen Blog und auf Websites ohne Impressum?

Kommunikationsprogramm für Eilige: Erste Hilfe im Umgang mit radikalen Bekannten und Kollegen

Immer wieder erreichen mich Beratungsanfragen, in denen es nicht nur um eine Angehörige oder einen Freund geht, sondern im Nebensatz auch der Bekannte X, Kollege Y und Nachbarin Z erwähnt werden, für die ich doch bitte «einen guten Satz» mitschicken soll. Darin zeigt sich das Hauptproblem im Umgang mit radikalisierten Personen, die uns nicht nahestehen: Wir haben eigentlich keine Lust, uns mit ihnen zu befassen. Wir wollen einfach nur ein, zwei Argumente parat haben, die unser Gegenüber endlich verstummen lassen, weil uns seine Parolen mittlerweile Oberkante Unterlippe stehen. Ideologien aber haben für radikale Menschen eine persönliche Bedeutung, die sich mit einem geistreichen Kommentar weder auslöschen noch stummschalten lässt. Zudem steht ein radikaler Missionar, also eine Person, die penetrant ihre Ideologie verbreitet, hektische Überzeugungsversuche startet oder angesichts der Schlafschafigkeit der Welt in Wutausbrüche verfällt, unter starkem Druck: Entweder wurde sie von einer Autoritätsfigur ihrer Gruppe dazu abkommandiert, neue Mitglieder anzuwerben, oder der Glaube hat erste Risse bekommen, was sich die Person allerdings nicht eingestehen will: Sie versucht fieberhaft, andere zu überzeugen, damit deren frisch entdeckter Glaube sie selbst wiederum bestärken kann. In beiden Fällen ist die Person so fixiert auf ihr Missionierungsziel, dass Sie sie mit keinem Argument der Welt erreichen werden. Weil unsere Meinung für unser Gegenüber aufgrund der fehlenden emotionalen Bindung ohnehin wenig bis kein Gewicht hat, besteht der Königsweg im Umgang mit radikalen Bekannten und Kollegen in konsequenter Abgrenzung. Mit guter Vorbereitung lassen sich Streit und Kontaktabbruch vermeiden.

Bekannte und Nachbarn

Nehmen Sie sich vor dem nächsten Gespräch mit Ihrem Bekannten oder Nachbarn die Zeit, zu reflektieren, wie Ihr Kontakt seit seiner Radikalisierung aussieht. Haben Sie häufig stumm zugehört und Ihre Fassungslosigkeit oder Ihren Zorn über seine menschenfeindliche Ideologie für sich behalten? Oder haben Sie offen widersprochen und es auf einen Streit ankommen lassen? Was ist Ihr wichtigstes Ziel für den Kontakt? Suchen Sie im Grunde nur eine Rechtfertigung dafür, den Kontakt abzubrechen, oder ist Ihr Gegenüber Ihnen wichtig genug, um gemeinsam an einem harmonischen Miteinander zu arbeiten? Falls Ihnen an einer Weiterführung des Kontakts gelegen ist, gilt es, eine Beziehungsebene zu finden, auf der keiner von Ihnen sich ungesehen fühlt.

Um im Gespräch innere Ruhe zu bewahren, ist es hilfreich, mit einem Bild zu arbeiten, das der Moralpsychologe Jonathan Haidt entwickelt hat. Haidt vergleicht Moral mit Geschmack: Alle Menschen haben die gleichen Geschmacksrezeptoren – sie schmecken bitter, süß, sauer, salzig und umami. Das bedeutet aber nicht, dass alle Menschen auch das gleiche Lieblingsgericht hätten. Als die sechs universellen moralischen «Rezeptoren» nennt Haidt Fürsorge, Fairness, Loyalität, Autorität, Reinheit und Freiheit. Je nachdem, in welcher Kultur und in welchen Gruppen wir aufwachsen und welche Erfahrungen wir dabei machen, messen wir jedem dieser Werte unterschiedliche Bedeutung zu. Auf diese Weise entstehen unterschiedliche Wertesysteme.[257] Statt Ihren Gesprächspartner pauschal als «unmoralisch» abzuwerten, kann es sich lohnen, genauer hinzuschauen: Ist Autonomie sein wichtigster Wert? Spricht er viel über Freiheit, Persönlichkeitsrechte und Respekt? Oder hat in seinen Augen die Verpflichtung im Dienste einer (selbst gewählten) Gemeinschaft höchste Priorität; hält er Respekt und die Erfüllung von Pflichten für wichtiger als persönliche Interessen? Empfindet er Individualismus als Verrat? Steht für ihn ein persönlicher Glaube im Vordergrund; glaubt er an religiöse Verpflichtungen und eine Reinheit, die vor Sünde und Beschmutzung bewahrt werden muss?

Je besser Sie die moralischen «Geschmacksempfindungen» Ihres Gegenübers einordnen können, desto höher ist die Wahrscheinlichkeit, dass Sie darin irgendeinen Wert finden, den Sie teilen können, oder wenigstens eine Empfindung, die auch Sie seit den außergewöhnlichen Zeiten der Pandemie begleitet. Je größer der gemeinsame Boden ist, auf dem Sie sich im Gespräch bewegen, desto größere Chancen haben Sie, auch gehört zu werden, wenn Sie sich abgrenzen.

Gerade falls Sie bislang vor allem zugehört und nie klare Grenzen gezogen haben, ist es nämlich höchste Zeit, das nachzuholen. Vergessen Sie dabei nicht, Wertschätzung zum Ausdruck zu bringen, auch wenn es Ihnen schwerfallen mag: «Ich verstehe, dass dieses Thema dir sehr wichtig ist und dass du diese Welt zu einem besseren Ort machen willst. Du gehst deinen Weg, und ich respektiere diesen Weg, auch wenn ich selbst einen anderen gehe. Und ich wünsche mir, dass du das genauso respektierst.» Machen Sie immer wieder deutlich, dass Sie sich weder streiten noch Ihr Gegenüber bewerten möchten: «Wir kennen uns jetzt schon so lange, und ich freue mich, dass du mit mir teilst, was dich beschäftigt. In den letzten Wochen/Monaten/Jahren habe ich dir vor allem zugehört und selbst nicht viel zum Thema gesagt. In letzter Zeit ist mir aber aufgefallen, dass ich mich damit unwohl fühle. Mir wäre wichtig, dass wir einen gemeinsamen Weg finden, mit dem es uns beiden gut geht.» Zeigen Sie deutlich: Ihr Gegenüber verdient es, dass man ihm zuhört und es ernst nimmt, und Sie verdienen es, dass Ihre persönlichen Grenzen geachtet werden. Suchen Sie zu zweit nach einem Kompromiss, mit dem Sie beide leben können. Vielleicht reservieren Sie einen bestimmten Tag in der Woche, an dem Ihr Gegenüber Raum für seine Themen bekommt und Sie einfach zuhören oder Rückfragen stellen, oder einen Tag, an dem das Thema konsequent keinen Platz bekommt. Vielleicht vereinbaren Sie ein Signalwort, mit dem jeder zu verstehen geben kann, dass er gerade einen Themenwechsel braucht. Legen Sie gemeinsam einen Zeitraum fest, in dem Sie diesen neuen Kommunikationsmodus testen, und verabreden Sie sich schon jetzt zu einem Evaluationsgespräch, in dem Sie klären können, welche Nachbesserungen es braucht.

Radikale Kollegen

Nutzen Sie einen ruhigen Moment, um Ihr Verhältnis zu Ihrem Kollegen zu reflektieren: Wie lange sind Sie schon im selben Team? Haben Sie vor seiner Radikalisierung gut mit ihm zusammengearbeitet? Sind Sie gemeinsam zum Mittagessen gegangen oder haben sich vielleicht sogar in Ihrer Freizeit verabredet? Hatten Sie den Eindruck, dass Ihr Kollege Sie schätzt und respektiert? Falls nicht, sind Sie nicht die richtige Person, um ihn anzusprechen. Setzen Sie sich in einer Pause oder außerhalb der Arbeitszeiten mit anderen Teammitgliedern zusammen und fragen in die Runde: Sorgt das Verhalten Ihres Kollegen dafür, dass sich andere schlechter auf ihre Arbeit konzentrieren können?

Versucht er vielleicht sogar, Firmenkunden zu missionieren? Könnte der Betrieb in Verruf geraten? Zu wem hat der Kollege den besten Kontakt? Wen respektiert er am ehesten; wem würde er zuhören? Bitten Sie diese Person darum, den Kontakt zum Kollegen aufzunehmen und das Anliegen der Gruppe vorzutragen. Suchen Sie zusammen nach einem gemeinsamen moralischen Nenner, der Sie mit dem Kollegen verbindet – hinter der Verbreitung von Verschwörungserzählungen könnte zum Beispiel der Wunsch nach mehr politischer Transparenz oder mehr gesellschaftlicher Gerechtigkeit stehen –, und entwickeln Sie Formulierungen und Gesprächsansätze, die Grenzen aufzeigen, aber Ihren Kollegen und seine Überzeugungen dabei nicht abwerten. Der Gruppensprecher sollte einen ruhigen und entspannten Moment nutzen und den Kollegen um ein Gespräch unter vier Augen bitten. Im ersten Schritt könnte er ihn an gemeinsame Momente und Meilensteine erinnern: Vielleicht hat Ihr Team mit viel Kaffee und noch mehr Humor ein paar Nachtschichten eingelegt, die bis heute unvergessen sind? Vielleicht haben Sie ein wichtiges Projekt trotz Zeitdruck erfolgreich umgesetzt? Durch das Wachrufen angenehmer Erinnerungen und Gemeinsamkeiten erhöht sich die Chance auf ein friedliches und produktives Gespräch. Im zweiten Schritt könnte der Gruppensprecher auf gemeinsame Werte Bezug nehmen, etwa den Wunsch nach einer gerechteren Gesellschaft, oder Empathie zeigen.

Beachten Sie dabei: Empathie ist nicht gleichbedeutend mit Zustimmung! In der Psychologie wird zwischen emotionaler und kognitiver Empathie unterschieden. Emotionale Empathie bedeutet, mit unserem Gegenüber mitzufühlen; kognitive Empathie bedeutet, seine Perspektive einzunehmen. Emotional empathisch sind wir oft nur dann, wenn unser Gegenüber uns sehr nahesteht oder wenn es sich in einer schwierigen Lage befindet, die wir aus eigener Erfahrung kennen. Emotionale Empathie ist also selektiv und meist auf unser unmittelbares Umfeld beschränkt; im Übermaß kann sie für «empathischen Stress» sorgen, ein so stark erhöhtes Stresslevel, dass unsere Psyche in den Abwehrmodus schaltet und unser Mitgefühl komplett lahmlegt.[258] Kognitive Empathie hingegen können wir prinzipiell für jeden Menschen aufbringen. Indem wir versuchen, die Perspektive unseres Gegenübers einzunehmen, entkommen wir dem Reflex, ihn nur noch als Problem und nicht mehr als Person zu sehen, die auch gute und liebenswerte Eigenschaften hat, und können so innere Ruhe bewahren, statt in den Konfliktmodus zu schalten. Wenn der Kollege beispielsweise Verschwörungserzählungen verbreitet, könnte unsere kognitive Empathie uns sagen lassen: «Ich höre, dass dir das sehr nahegeht.» Oder: «Wenn ich solche Nachrichten hören würde, wäre ich auch fassungslos und hätte Angst.» Wenn er Politikerinnen und Politiker pauschal für korrupt erklärt, könnte eine kognitiv empathische Antwort lauten: «Ich kann verstehen, dass du kein Vertrauen mehr hast.» Oder: «Ich glaube, dass dir Gerechtigkeit sehr wichtig ist; das geht mir genauso.»

Erst im dritten Schritt sollte der Gruppensprecher sein Anliegen zur Sprache bringen – idealerweise verbunden mit Wertschätzung für die Arbeit, die der Kollege leistet. Im Fokus sollte eine gute gemeinsame Arbeitsatmosphäre stehen, an der allen gelegen ist. Der Gruppensprecher könnte beispielsweise darauf hinweisen, dass die Gespräche über Verschwörungen immer wieder zu Streitsituationen führen, oder mittlerweile so viel Zeit in Anspruch nehmen, dass Überstunden erforderlich werden. Er könnte zum Ausdruck bringen, dass sowohl er selbst als auch das restliche Team die Überzeugungen des Kollegen respektieren, ihn aber darum bitten müssen, solche Themen künftig während der Arbeitszeit außen vor zu lassen. Falls der Kollege das Gespräch abbricht und aggressiv wird oder sich erst verständig zeigt, dann aber sein Verhalten nicht verändert, ist es Zeit, die zuständige Führungskraft um Unterstützung zu bitten.

Der radikale Vorgesetzte

Wenn sich ein Vorgesetzter radikalisiert, ist es umso wichtiger, Ihr Arbeitsverhältnis ehrlich einzuschätzen. Haben Sie einen guten Draht zueinander? Schätzt Ihr Vorgesetzter Ihre Arbeit? Respektiert er Ihre Meinung? Wie sieht seine Fehlerkultur aus? Ist er generell offen für Feedback, oder explodiert er sofort, wenn er nicht gelobt und umschmeichelt wird? Falls Letzteres der Fall ist, besteht wenig Hoffnung, dass Ihr Gegenüber Ihre Meinung ernst nehmen, geschweige denn sein eigenes Verhalten hinterfragen oder gar verändern wird. Falls Ersteres der Fall ist, sollten Sie zunächst mit Ihren Kollegen sprechen und in Erfahrung bringen, ob auch andere sich durch die Äußerungen des Vorgesetzten in ihrer Arbeit beeinträchtigt fühlen – und ob sie bereit sind, diese Kritik offen zu äußern. Ohne Rückhalt von anderen Teammitgliedern, idealerweise einer klaren Mehrheit, sind Ihre Erfolgschancen sehr begrenzt. Wählen Sie auch in diesem Fall eine Person aus, die in einem ruhigen Moment Ihren Vorgesetzten um ein Gespräch bittet, damit dieser sich nicht öffentlich herabgewürdigt oder bedrängt fühlt und genug Zeit bekommt, um über das Feedback nachzudenken. Die Sprecherin oder der Sprecher Ihres Teams sollte deutlich machen, dass Sie und Ihre Kollegen weder die Haltung des Vorgesetzten infrage stellen noch diesen zensieren wollen, sondern dass es Ihnen ausschließlich darum geht, eine Atmosphäre zu schaffen, in der Sie alle Ihre Arbeit bestmöglich erledigen können.

Aggressive Passanten

Um sich als Helden fühlen zu können, sind Corona-Leugner zu fast allem bereit. Sie richten Sachbeschädigungen an – denken wir etwa an den Sprengsatz vor dem Gebäude der Leibniz-Gemeinschaft in Berlin und die Brandanschläge auf das Robert Koch-Institut, ein Impfzentrum im Vogtland oder das Rathaus im niedersächsischen Delmenhorst – und schrecken auch vor körperlicher Gewalt nicht zurück. Im März 2021 griffen zwei Männer im hessischen Korbach eine junge Mutter an und versuchten, ihr die Maske herunterzureißen; einer stieß den Kinderwagen um, sodass der sechs Monate alte Säugling schwer verletzt wurde und per Helikopter in eine Spezialklinik geflogen werden musste. Im September 2021 geschah der erste Mord: Ein 49-Jähriger tötete in Idar-Oberstein per Kopfschuss den 20-jährigen Alexander W., nachdem ihn dieser auf die geltende Maskenpflicht hingewiesen hatte. Schon kurz nach Bekanntwerden der Tat fanden sich in den einschlägigen Kanälen bei Telegram die ersten Beifallsbekundungen – und Aufrufe zu noch mehr Gewalt.[259]

Im Zuge der Pandemie sind mehr Hemmschwellen gefallen, als wir uns je hätten vorstellen können. Sobald Sie im Alltag mit aggressiven Personen konfrontiert sind, die beispielsweise in Bus und Bahn oder im Einzelhandel gezielt Menschen attackieren, die sich an die Maskenpflicht halten, reagieren Sie keinesfalls auf deren Provokationen, sondern suchen Sie so schnell wie möglich Schutz. Das psychische Phänomen «Zuschauereffekt» kann dazu führen, dass sich in einer größeren Menschenmenge niemand zuständig fühlt, bei einem Notfall zu Hilfe zu kommen, sondern jeder die Verantwortung auf die jeweils anderen überträgt. Wenn Sie eine Person direkt und eindeutig adressieren, können Sie diesen Effekt aushebeln: «Sie, in der gelben Jacke, bitte helfen Sie mir!» Sollte sich niemand in Sichtweite befinden, wählen Sie im Zweifelsfall sofort den Notruf.

In meiner Beratung habe ich eine Künstlerin kennenlernen dürfen, die es tatsächlich geschafft hat, einen zornigen Corona-Leugner zu beruhigen und dabei konsequent ihre Grenzen zu wahren. Er tauchte unangemeldet in ihrem Atelier auf; als sie ihn darauf hinwies, dass ein Zutritt nur mit Maske möglich sei, überfiel er sie mit einer Wutrede und behauptete, Covid-19 sei ein großer Schwindel. Niemand außer ihnen beiden war im Gebäude oder in Sichtweite. Die Künstlerin, eine überzeugte Antifaschistin, hörte zunächst einfach nur zu. Sie legte aber von Anfang an ihre persönliche Grenze fest: Holocaust-Verharmlosung. Sobald der junge Mann anfing, sich selbst mit Sophie Scholl zu vergleichen oder von einer Diktatur zu reden, erinnerte sie ihn: «Ich höre dir zu, ich zeige Respekt. Ich wünsche mir, dass du mir diesen Respekt auch zeigst und meine persönliche Grenze achtest.» Sie bewertete also seine Ideologie nicht, blieb konsequent in der Ich-Botschaft und schaffte es, Wertschätzung zu zeigen: «Ich höre, dass du ein intelligenter Mensch bist. Wenn du andere wirklich erreichen willst, musst du Holocaust-Vergleiche außen vor lassen. Die sind für Leute wie mich ein rotes Tuch.» Sie machte also deutlich, dass sie sein Bedürfnis, gehört zu werden, wahrgenommen hatte und respektierte, und sie formulierte ihre persönliche Grenze als Ratschlag. Es funktionierte. Ihr Gegenüber beruhigte sich, hielt ihre Grenzen ein und verabschiedete sich schließlich höflich aus dem Gespräch. Wochen später tauchte der Mann noch einmal im Atelier auf und fragte nach ihrer Kunst; in der folgenden Unterhaltung streifte er das Thema Pandemie nur noch am Rande.

Auch wenn ich um das große Potenzial deeskalierender und konstruktiver Kommunikation weiß, hätte ich nicht geglaubt, dass sie in einer Akutsituation zwischen zwei Fremden möglich ist. Ich möchte Ihnen den Weg, den diese Künstlerin gegangen ist, nicht empfehlen, denn Selbstschutz sollte immer Priorität haben, vor allem dann, wenn wir unser Gegenüber nicht kennen – aber ich wollte Ihnen diese Erfahrung auch nicht vorenthalten. Für mich ist sie ein leuchtendes Beispiel dafür, dass selbst in Zeiten wie diesen noch nicht alles verloren ist.

Was tun bei Hass im Netz?

Wer online mit Hass und Häme konfrontiert ist, erhält vom direkten Umfeld oft den sowohl gut gemeinten als auch sinnlosen Ratschlag «Don't feed the troll»: Einfach nicht reagieren, dann wird sich das Problem schon von selbst erledigen. Dieser Ratschlag kehrt nicht nur das Täter-Opfer-Verhältnis um – wenn unser Verstummen das Problem lösen könnte, müssten ja unsere Stimme und unsere Sichtbarkeit es dieser Logik zufolge erst angefacht haben –, sondern ignoriert auch, dass es unmöglich ist, Trolle «auszuhungern»: Sie biegen sich die Realität so zurecht, dass alles zum Futter werden kann. Der Psychologe Abraham H. Maslow schrieb schon Jahrzehnte, bevor es das Internet gab: «Ich nehme an, es ist verlockend, alles so zu behandeln, als wäre es ein Nagel, wenn das einzige Werkzeug, das man hat, ein Hammer ist.»[260]

Allein die Tatsache, dass die oder der Betroffene im Internet sichtbar ist, wird von Trollen als Angriff und Provokation gewertet, die bekämpft werden müssen. Deswegen lautet ihre Standardparole auch «Lösch dich»: Ihr Ziel besteht darin, alle Andersdenkenden mundtot zu machen und in die Unsichtbarkeit zu drängen. Dabei wissen sie sehr genau, welche Knöpfe sie drücken müssen, um andere aus der Fassung zu bringen. Dass Drohungen in uns Überforderung und Angst auslösen, ist nicht zu vermeiden: Wir kennen unser Gegenüber nicht und können nicht einschätzen, wie viel Gefahr von ihm ausgeht. Müssen wir jedoch «nur» Beschimpfungen, Häme oder Unterstellungen über uns ergehen lassen, haben wir viele Möglichkeiten, die Angriffe an uns abprallen zu lassen, bevor sie psychischen Schaden anrichten können.

Vorsicht, Gegenrede!

Menschen neigen dazu, hartnäckig an ihrer Meinung festzuhalten, selbst dann, wenn sie widerlegt wurde. Der Psychologe und Politikwissenschaftler Robert Abelson glaubt, dass sich Überzeugungen für uns wie Besitztümer anfühlen, die wir krampfhaft gegen alle verteidigen, die uns «bestehlen» wollen.[261] Evolutionär betrachtet, ergibt das Sinn: Wenn wir uns im Alltag von jedem beiläufigen Kommentar, von jeder widersprüchlichen Information komplett erschüttern ließen, wären wir nicht mehr handlungsfähig. Deswegen errichten wir ein Bollwerk um unsere Überzeugungen, und unsere Synapsen eröffnen das Feuer, sobald uns jemand mit Gegenargumenten konfrontiert. Dieser Effekt fällt bei radikalen Menschen deutlich stärker aus, weil die radikale Ideologie im Laufe der Zeit alle individuellen Meinungen, Wünsche und Ziele unterdrückt oder sogar auslöscht. Irgendwann bleibt nur noch die radikale Überzeugung übrig. Wird sie hinterfragt, kann sich das für die radikale Person wie ein lebensbedrohlicher Angriff anfühlen. Online eskalieren solche Konfrontationen meist noch schneller als offline, weil die Regeln des gesellschaftlichen Miteinanders ihre Wirkung verlieren, wenn wir unser Gegenüber nicht sehen und hören können; die Psychologie nennt das «Online Disinhibition Effect».[262] Warum also gilt ausgerechnet Gegenrede heute als Goldstandard für den Umgang mit Hass und Fake News?

Grund eins: die Überzeugungsarbeit der Tech-Giganten, die dank Gegenrede sehr viel Geld verdienen. Die «Social Industry», schreibt der Autor Max Read, «frisst unsere Zeit, indem sie Menschen erschafft und protegiert, die nur existieren, um aufgeklärt zu werden, Menschen, für die die Welt jeden Morgen neu erschaffen wurde, Menschen, für die jeder unumstößliche soziologische, wissenschaftliche und politische Sachverhalt der Moderne aufgewärmt, umgeschrieben und neu erklärt werden muss ...»[263] Nachdem sie jahrelang mit ihren Empfehlungsalgorithmen ermöglicht haben, dass radikale Akteure ein Millionenpublikum erreichen und das demokratische Klima vergiften, suggerieren die sozialen Medien der Zivilgesellschaft jetzt, dass es ihre Bürgerpflicht sei, Radikale mit Gegenrede umzustimmen oder wenigstens «stille Mitlesende» davon abzuhalten, in die Radikalität abzudriften. Die Idee der stillen Mitlesenden ist ein psychologischer Trick: Wir wissen nicht, ob es sie gibt, wie viele es sind oder ob sie sich für unsere Kommentare auch nur im Geringsten interessieren – aber wir können es uns einreden. Es ist eben herrlich bequem, andere zu unterschätzen – wer informiert sich ausschließlich in Kommentarspalten? – und sich selbst zu überschätzen: Anhand des Profils unseres Gegenübers können wir nicht einordnen, wie weit sein Radikalisierungsprozess vorangeschritten ist und ob es gewaltbereit ist. Wird schon gut gehen! Wir kennen keine deeskalierenden Kommunikationstechniken? Egal! Wir haben uns noch nie in der Tiefe mit dem Phänomen Radikalisierung beschäftigt? Nebensächlich! Es werden natürlich unsere Worte in der Kommentarspalte sein, die das Leben der «stillen Mitlesenden» für immer verändern – eine ganz eigene Heldenerzählung, die viel Zeit in Anspruch nimmt, während der auf Facebook & Co. Werbeanzeigen ausgespielt werden können. «Es ist der neoliberale Ansatz», kommentiert der Aktivist Raul Krauthausen: «Der Konsument kann alles lösen.» Wenn er bloß genug konsumiert.

Grund zwei: fehlende kritische und wissenschaftlich fundierte Berichterstattung. Im Sommer 2020 etwa wurde in vielen deutschen Medien eine Studie[264] gefeiert, die angeblich die Wirksamkeit von Gegenrede belegte. Die wenigsten aber wiesen darauf hin, dass der Mathematiker Joshua Garland und seine Kollegen einfach nur einen Algorithmus entwickeln wollten, der zwischen Hassrede und Gegenrede unterscheiden kann. Das ist ihnen auch gelungen – über die Wirksamkeit von Gegenrede sagt das aber nichts aus. Die Studie schien einen Rückgang von Hassrede aufgrund von Gegenrede zu zeigen. Tatsächlich aber hatte sich einfach nur das Verhältnis von Hassrede zu Gegenrede verändert: Weil die Studie zu einer Zeit stattfand, in der Reconquista Internet aktiv wurde, in der also sehr viel organisierte Gegenrede gepostet wurde, kam auf die gleiche Menge an Hass zeitweilig eine größere Menge an Gegenrede. Natürlich fand die universitäre Pressemitteilung zu der Forschungsarbeit deutlich blumigere Worte: Die Ergebnisse «deuten darauf hin, dass organisierte Gegenrede in den sozialen Medien effektiver ist als Alleingänge».[265]

Was aber bedeutet hier «effektiver»? Wer auf eigene Faust Gegenrede betreibt, erreicht in den allermeisten Fällen überhaupt nichts. Wer sich mit anderen zusammenschließt, erreicht mit viel Mühe eine kurzzeitige und rein kosmetische Verschiebung der Verhältnisse. Effektiv kann man das nur nennen, wenn man sowohl das Problem als auch das Ziel umdefiniert. Statt das echte Problem – Spaltung und Radikalisierung – lösen zu wollen, fokussiert sich der Blick auf ein Ersatzproblem: das Verhältnis von Hassrede zu Gegenrede in der eigenen Timeline. Gegenrede ist letztlich nur eine Bait-and-Switch-Taktik: eine Lockvogeltaktik, die vom eigentlichen Thema ablenkt.

Natürlich ist es angenehmer, mit Fremden zu diskutieren, die wir jederzeit blockieren können, statt mit unserem rassistischen Onkel, dem wir bei jedem Geburtstag wieder begegnen werden. Natürlich ist es angenehmer, sich einzureden, dass die eigenen Online-Kommentare ganze Heerscharen unsichtbarer Mitlesender überzeugt haben, statt in der Diskussion mit der Cousine, die Impfungen für eine Verschwörungsleistung der Pharmaindustrie hält, schmerzhaft festzustellen, dass die eigene Kommunikationsstrategie nicht funktioniert. Erfolgreich überzeugen können wir nur, wenn wir Zeit und Mühe investieren – und wenn unsere Meinung für unser Gegenüber Gewicht hat. Auf Familie und Freunde trifft das zu; auf Fremde im Internet nicht. Das bedeutet aber nicht, dass wir tatenlos bleiben müssen, wenn wir miterleben, dass jemand von Trollen attackiert wird. Kontaktieren Sie die betroffene Person per Direktnachricht und fragen nach, wie Sie sich einbringen können. Vielleicht wünscht sie sich tatsächlich, dass jemand Online-Kommentare schreibt. Vielleicht aber braucht sie Hilfe bei der Suche nach einer Anwältin. Vielleicht wünscht sie sich, dass Sie sich mit ihr zu einem Telefonat oder Spaziergang verabreden, damit sie sich ablenken und durchatmen kann. Vielleicht braucht sie Unterstützung dabei, Hassnachrichten zu screenshotten und zur Anzeige zu bringen. Vielleicht erreichen sie so schwere Drohungen, dass sie dringend einen Platz zum Schlafen sucht. Unsere spontane Idee von Hilfe muss nicht die richtige sein. Wenn wir einen Menschen in Not unterstützen wollen, sollten wir zuerst in Erfahrung bringen, was er wirklich braucht.

Wer hasst da eigentlich? Eine Typologie der Trolle

Als ich im Jahr 2017 bei der «No Hate Speech»-Kampagne einstieg, einem Projekt des Europarats, das in Deutschland unter anderem vom Familienministerium gefördert wurde, lernte ich schlagartig die finstere Seite des Internets kennen. Wenn ich mich zu Hause in meine privaten Facebook- oder Twitter-Accounts einloggte, erwarteten mich freundliche Nachrichten und respektvolle Kommentare. Wenn ich im Büro die Kampagnen-Accounts öffnete, erwarteten mich im besten Fall Unterstellungen à la «Ihr seid doch von der Regierung gekauft!», im schlechtesten Fall Suizidaufforderungen und Drohungen. Die Kampagne war zur Zielscheibe von Sifftwitter geworden, einem organisierten Trollring aus Hunderten Accounts, die angeblich für Meinungsfreiheit kämpfen. Meinungsfreiheit bedeutet in den Augen von Sifftwitterern allerdings, gegen andere zu hetzen, zu Gewalt gegen sie aufzurufen, sie auszuspähen, sie per Telefon, Mail und vor Ort zu terrorisieren, ihr Eigentum zu beschädigen und intimste Informationen, auch über ihre Familien, im Netz zu veröffentlichen. Natürlich war eine Kampagne, die sich für respektvolle Debatten und gegen Hass einsetzt, für Sifftwitter das perfekte Feindbild. Aber auch wenn es keinen Spaß macht, ständig Beleidigungen, Drohungen und Suizidaufforderungen im Postfach zu haben, hatten wir großes Glück: Keiner der Trolle kontaktierte uns privat. Der Hass erreichte ausschließlich unsere Kampagnen-Accounts und blieb dort – er war nach Feierabend einfach abzuschalten. Diesen Luxus haben die allermeisten Betroffenen von Hass im Netz nicht.

Das Wissen, dass diese Menschen uns nicht als Einzelpersonen wahrnahmen, sondern nur als amorphe Masse, als gesichtslose Vertreter einer in ihren Augen feindseligen Kampagne, machte es sehr viel leichter, in Ruhe zu analysieren, mit wem wir es eigentlich zu tun hatten. Ich suchte in den Nachrichten und Kommentaren, die uns erreichten, nach gemeinsamen Nennern, nach immer wieder auftauchenden Narrativen und Insiderbegriffen. So wie jede radikale Gruppe haben auch Trollringe ihr eigenes Vokabular – Signalwörter, die Gleichgesinnte einander schnell erkennen lassen und sie zu einem Kreis von Auserwählten erheben – und eine Führungsriege, um deren Gunst die Anhänger buhlen: Sei es, dass sie sie in ihren Tweets markieren, die gegen angebliche Feinde gerichtet sind, um Anerkennung zu bekommen; sei es, dass sie ihnen öffentlich die Treue schwören. Schließlich tat ich etwas, wovon ich jedem anderen abgeraten hätte und bis heute abraten würde: Ich antwortete den Trollen. Das Risiko erschien mir überschaubar, da aus den zahlreichen Beleidigungen und Drohungen nie reale Übergriffe geworden waren. Außerdem hatte ich das große Privileg, diese Gespräche geschützt vom Account der Kampagne führen zu können und nach Feierabend mit keinerlei Hass mehr konfrontiert zu sein. Nicht zuletzt war ich neugierig: Ich wollte genauer verstehen, wie die Heldengeschichte dieser Menschen aussah, nach welchen Kriterien sie ihre «Feinde» auswählten und ob ich es mit genug Zeit und innerer Ruhe schaffen würde, vom gesichtslosen Feind zu einer Person, einem Gegenüber auf Augenhöhe zu werden.

Am nachhaltigsten ist mir der zweistündige Austausch mit einem vergleichsweise gemäßigten Mitglied, vermutlich einem Neueinsteiger, in Erinnerung geblieben. Gemäßigt bedeutet in diesem Zusammenhang, dass der Kontakt seinerseits zwar mit einer Tirade von Beleidigungen begann, sich aber schnell beruhigte, sobald wir ins Gespräch kamen. Im ersten Schritt «hörte» ich einfach zu, um das Feindbild besser zu verstehen, das der

Trollring um unsere Kampagne herum konstruierte. Im zweiten Schritt stellte ich gezielte Nachfragen und erklärte dann, wie unsere Arbeit tatsächlich aussah. Dass wir niemandem den Mund verbieten wollten; mehr noch, dass wir es nicht einmal könnten, wenn wir es wollten. Natürlich hätte er all das auch selbst recherchieren können, aber ohne den direkten Kontakt hätte er vermutlich alle Informationen nur als «Propaganda» abgewehrt. Es war wichtig, dass aus einem abstrakten Feindbild ein konkretes, ansprechbares Gegenüber wurde. Je länger wir uns unterhielten, desto ruhiger und höflicher wurde sein Tonfall. Am Ende dankten wir einander für diesen Austausch. Eine Erfolgsgeschichte, denken Sie? Leider nicht. Andere Trollmitglieder entdeckten unsere Unterhaltung und machten die «Führungsriege» darauf aufmerksam, dass jemand mit dem Feind redete. Sie diffamierten meinen Gesprächspartner und setzten ihn unter Druck – so lange, bis er sein Profil löschte.

Die psychologische Forschung beweist seit den 1950er Jahren, dass Gegenrede in den allermeisten Fällen auf Abwehr stößt und den radikalen Glauben unseres Gegenübers nur befeuert. Aber selbst wenn wir einmal nicht auf Abwehr stoßen, wissen wir – jedenfalls bei Fremden im Internet – nicht, wie die Gesetze der radikalen Gruppe aussehen, der er angehört. Mit welchen Konsequenzen er zu rechnen hat, wenn er es wagt, mit einem Andersgläubigen zu sprechen. Wir wissen auch nicht, ob die Gruppe Gewalt gegen Außenstehende billigt oder sogar dazu anstachelt und ob unser virtuelles Gegenüber einen höflichen Versuch der Diskussion als Angriff erlebt, für den er sich offline an Ihnen rächen will. Deswegen rate ich Ihnen eindringlich davon ab, mit Fremden im Netz zu diskutieren, die Ihnen feindselig begegnen. Die Trolltypologie, die ich im Laufe der Jahre entwickelt habe, soll Ihnen dazu dienen, das Gefahrenpotenzial Ihres Gegenübers einzuschätzen und sich bestmöglich abzugrenzen und zu schützen.

Der Drama-Troll – sieht keine Menschen vor sich, sondern Service-Stellen

Wo der Drama-Troll auftaucht, müssen alle sofort ihre Arbeit unterbrechen und ihm ausführlich Rede und Antwort stehen. Findet er selbst jedenfalls. Man begegnet ihm oft in den Kommentarspalten großer Medien, wo er für die Vergessenen der Gesellschaft kämpft – meist meint er damit sich selbst – und droht, auf der Stelle sein Abo zu kündigen, weil er so schwer enttäuscht sei vom eklatanten Versagen des jeweiligen Mediums. Meist aber kann er nicht kündigen, denn er hat nie ein Abo abgeschlossen. Obwohl er feierlich gelobt hat, für immer Abschied zu nehmen, kehrt er nach ein, zwei Stunden, spätestens aber am nächsten Tag zurück und füllt auf ein Neues die Kommentarspalten. Weil es ihm nicht wirklich um die Sache geht, die er so leidenschaftlich vorbringt, sondern darum, sich selbst vor einem möglichst großen Publikum aufzuwerten, schreibt er nur selten private Nachrichten, sondern setzt ganz auf die Empfehlungsalgorithmen der sozialen Medien, die seine öffentlichen Kommentare als «interessant» einordnen und prominent ausspielen, weil sich immer jemand findet, der auf die Provokationen von Drama-Trollen reagiert, was zu den stets gleichen langwierigen Diskussionen und oft auch zu Eskalationen führt oder, um es im Vokabular der Plattformbetreiber zu sagen, zu «Engagement». Ich empfehle Ihnen daher, die Mute-Funktion zu nutzen und den Drama-Troll stummzuschalten. So sehen nur Sie und er seine Kommentare, sonst aber niemand. Der Drama-Troll erhält keine Benachrichtigung darüber, dass er stummgeschaltet ist, wird sich aber seinen Teil denken, wenn niemand mehr auf ihn reagiert.

Beim Stummschalten und erst recht beim Blockieren besteht das Risiko, dass der Drama-Troll Sie mit einem Fake-Profil weiter verfolgt, das entweder längst vorhanden ist – Drama-Trolle haben oft viel Freizeit – oder eigens für Sie neu angelegt wird. Wenn es sich um einen rechten Drama-Troll handelt, ist es auch möglich, dass er seine Community mobilisiert, um Ihr Profil mit Hass zu überziehen oder wegen angeblicher Spam- oder Gewalt-Inhalte zu melden, damit es automatisch gesperrt wird. Mitunter gehen rechte Drama-Trolle sogar noch deutlich weiter und spähen beispielsweise Ihre persönlichen Daten aus, um sie zu veröffentlichen (Doxing) oder im schlimmsten Fall Offline-Übergriffe zu planen. Tun Sie also die Kommentare fremder Personen nicht reflexartig als dumm oder harmlos ab und verspotten Sie Ihr Gegenüber nicht, sondern vergegenwärtigen Sie sich immer wieder, dass Sie nicht wissen, mit wem Sie es zu tun haben und ob er oder sie gewaltbereit ist.

Der Trollfabrik-Troll – sieht keine Menschen vor sich, sondern To-do-Listen

Er verbreitet gegen Geld oder aus ideologischer Überzeugung Falschnachrichten. Oft handelt es sich um gezielte Diffamierungskampagnen gegen Politiker aus dem links-grünen Spektrum und um euphorische Lobeshymnen auf rechte und/oder autoritäre Politiker. Seit einigen Jahren ist bekannt, dass Nordkorea und Russland Trolle für Propaganda bezahlt haben. Während des Bundestagswahlkampfs 2017 organisierten sich Tausende Rechtsaktivisten, um die öffentliche Debatte zu kapern und demokratische Politiker als «Verräter» zu brandmarken.

Höherrangige Aktivisten, intern «Offiziere» genannt, riefen täglich neue Ziele aus; «Bannerführer» erstatteten Bericht über die erfolgten Attacken; anschließend wurde evaluiert, um neue Ziele festzulegen und Strategien zu optimieren.[266] Im Bundestagswahlkampf 2021 verbreiteten rechte Netzwerke ausgiebig Desinformationen: Die Briefwahl würde Wahlbetrug bedeuten; Ungeimpfte dürften nicht mehr wählen. Natürlich fehlte es auch nicht an gezielten Attacken gegen die Kanzlerkandidaten und ihre Parteien; besonders oft traf es die Grünen. Die Stimmung war so aufgeheizt, dass selbst absurde Fakes viral gingen: Die Grünen würden Urlaubsreisen verbieten; Annalena Baerbock plane, Haustierhaltung zu untersagen.

Zwei Tage vor der Bundestagswahl veröffentlichten die 27 Mitgliedstaaten der EU eine Erklärung: Russland würde gezielt Cyberangriffe verüben und Daten von Politikern, Journalisten und Vertretern der Zivilgesellschaft stehlen.[267] Trollfabrik-Trolle können nicht «nur» für die öffentliche Debatte, sondern auch für Ihre Datensicherheit eine Gefahr darstellen. Falls Sie es mit einem solchen Troll zu tun haben, sichern Sie potenziell strafrechtlich relevante Inhalte per Screenshot und blockieren ihn dann sofort. Überprüfen Sie die Sicherheit Ihres Mailpostfachs und Ihrer Social-Media-Accounts und schalten, wenn nötig, einen Anwalt oder die Polizei ein.

Der Psycho-Troll – sieht keine Menschen vor sich, sondern Marionetten

Wer bei Twitter aktiv ist, kommt an Psycho-Trollen kaum vorbei: Ihre Beiträge werden tausendfach geteilt, sei es von Anhängern, sei es von empörten Kontrahenten, die sich öffentlich distanzieren wollen, dabei aber vor allem erreichen, dass die Reichweite der Psycho-Trolle wächst. Gerade im rechtspopulistischen Spektrum finden sich immer wieder reichweitenstarke Politiker oder Journalisten, die gezielt gegen marginalisierte Gruppen oder Andersdenkende hetzen. Psycho-Trolle sind wortgewandt und manipulativ. So können sie binnen kürzester Zeit Anhänger um sich scharen, die sich nur zu gern aufstacheln lassen und vermeintliche «Feinde» angreifen – sei es, weil sie schon vorher menschenfeindliche Überzeugungen hegten, sei es, weil sie die Aufmerksamkeit des Psycho-Trolls auf sich ziehen und Anerkennung einheimsen wollen. Je heftiger die «Feinde» reagieren, je mehr Zorn, Überforderung oder Angst sie zeigen, desto überlegener und erfolgreicher fühlen sich Psycho-Trolle und ihre Anhänger.

Auch im linken Spektrum gibt es vereinzelt Psycho-Trolle, die innerhalb der eigenen Bubble Menschen zu Feinden erklären und ihre Abonnenten aufwiegeln. Weil linke Trolle in der Regel weniger organisiert in Erscheinung treten und auch weniger Lust an körperlicher Gewalt und Demütigung mitbringen als etwa Rechtsradikale, äußern sich ihre Angriffe vor allem durch Hassnachrichten, mit denen sie vermeintliche Feinde und deren Abonnenten bombardieren, und durch massenhafte Meldungen, um eine automatisierte Sperrung «unliebsamer» Accounts einzuleiten. Der Hass rechter Trolle aber kann lebensbedrohlich sein. Manche von ihnen bilden straffe, hierarchisch organisierte Strukturen mit klar verteilten Posten und planen gemeinsam Straftaten, um Andersdenkende mundtot zu machen. Sie sind bereit, Fotos Ihrer Kinder im Netz zu veröffentlichen, Ihren Kindern Bilder von Gewehrpatronen zu schicken oder Ihnen und Ihrer Familie offline aufzulauern. Vermeiden Sie daher unbedingt jeden direkten Kontakt, wenn Sie mit Psycho-Trollen konfrontiert sind, vor allem, wenn sie sich dem rechten Spektrum zuordnen lassen. Sichern Sie alle Inhalte, die strafrechtlich relevant sein könnten, und kontaktieren Sie einen Anwalt oder die Polizei.

Der Mitläufer – sieht keine Menschen vor sich, sondern Feinde

In den meisten Fällen hat er selbst kaum Abonnenten, möglicherweise betreibt er auch parallel mehrere Fake-Accounts mit ebenfalls wenigen Followern, um bei organisierten «Raids» (Überfällen) die Twitter-Algorithmen zu manipulieren: Zahllose Fake-Accounts nutzen zu einer vereinbarten Uhrzeit einen bestimmten Hashtag, um ihn in die Twitter-Trends zu spülen, und suggerieren damit, dieser Hashtag und das dazugehörige Thema bestimmten derzeit den öffentlichen Diskurs.[268] Der Mitläufer bewundert den Psycho-Troll und versucht alles, um seine Aufmerksamkeit zu erlangen. Am besten gelingt das durch Attacken auf den Sündenbock der Woche. Wird er von seinem Opfer blockiert, zeigt er einen Screenshot des blockierenden Profils vor wie eine Siegerurkunde und wird von anderen Trollen für seinen «Erfolg» gefeiert. In vielen Fällen legt er gleich zusätzliche Fake-Profile an, um weiterhin sämtliche Online-Aktivitäten seines Opfers verfolgen und kommentieren zu können.

Achtung: Falls Sie in der Profilbeschreibung eines Trolls das Kürzel NWO lesen, ist besondere Vorsicht geboten: NWO nimmt Bezug auf den Verschwörungsmythos New World Order und ist eine aggressive Splittergruppe von Sifftwitter. *Der Spiegel* deckte unter anderem Verbindungen zu dem Täter auf, der im Jahr 2019 persönliche Daten, darunter Chats, Bankdaten und Ausweiskopien, von Politikern, Journalisten und Prominenten ausgespäht und online veröffentlicht hat, und zu einer Online-Hetzjagd sowie Morddrohungen gegen die afrodeutsche Autorin und Kolumnistin Jasmina Kuhnke.[269]

Der Mitläufer ist gefährlich. Um sich die Anerkennung des Psycho-Trolls zu sichern, ist er im Zweifelsfall dazu bereit, online und offline Gewalt auszuüben. Für den Umgang mit ihm gilt das Gleiche wie für den Psycho-Troll.

Der Stalker – sieht keine Menschen vor sich, sondern Besitztümer

Er redet sich entweder ein, dass das Alltagsverhalten seines Opfers aus geheimen, codierten Liebesbotschaften an ihn bestünde, oder er will Rache für eine gefühlte Ungerechtigkeit nehmen. Das kann eine schlechte Note im Studium sein, eine unliebsame ärztliche Diagnose oder eine empfundene Kränkung von Dritten. Oft aber geht es um die Unfähigkeit, loszulassen: Knapp fünfzig Prozent aller Stalker waren zuvor mit ihren Opfern liiert und wollen die Trennung nicht akzeptieren.[270] Sie spionieren persönliche Daten aus, bombardieren ihre Opfer mit Mails und Anrufen, lassen in ihrem Namen unzählige Waren und Lebensmittel an die Privatadresse liefern oder Kontaktanzeigen erscheinen. Sie verbreiten online Verleumdungen, lauern am Arbeitsplatz auf oder klingeln nachts Sturm – und haben bei alldem das Gefühl, zu hundert Prozent im Recht zu sein. Sie sehen ihr Opfer nicht als eigenständigen Menschen, sondern als ihren persönlichen Besitz, auf den sie jederzeit ein Anrecht zu haben glauben.

Stalker sind psychisch labil und im schlimmsten Fall auch zu Mord fähig. Reagieren Sie keinesfalls auf ihre Nachrichten, sondern suchen sofort polizeiliche Hilfe.

Gesetzeslage in Deutschland

Wenn ich in meinen Workshops in die Runde frage, welche Gesetze gegen Hass im Netz schützen, blicke ich oft in ratlose Gesichter. Kein Wunder: Hassrede ist weder einheitlich definiert noch als solche im deutschen Gesetz verankert. Es ist juristische Auslegungssache, ob Hate Speech Straftatbestände erfüllt; auch die sich daraus ergebenden Konsequenzen fallen unterschiedlich aus. Der an den Hamburger Innensenator Andy Grote (SPD) gerichtete Tweet «Du bist so 1 Pimmel» etwa führte zu einer Hausdurchsuchung[271]; Renate Künast (Bündnis 90/Die Grünen) hingegen musste erst vor Gericht darum streiten, ob Bezeichnungen wie «Stück Scheisse», «Drecks Fotze» und «Sondermüll» Beleidigungen darstellen könnten oder nur «pointierte Kritik mit Sachbezug» sind. Das Landgericht Berlin entschied sich im September 2019 für letztere Variante. Nach viel öffentlicher Aufregung – eine Kanzlei reichte sogar eine Anzeige wegen Rechtsbeugung gegen die Richter ein – revidierte das Landgericht seine Entscheidung und wertete einige der Hasskommentare doch als Beleidigungen.

Beleidigungen (§ 185 StGB) sind die wohl häufigste Straftat im Netz; sie können nur nach Strafanzeigen der betroffenen Personen strafrechtlich verfolgt werden, nicht durch Anzeigen Außenstehender. Im Strafgesetzbuch sind noch weitere Straftatbestände erfasst, die online relevant sind, beispielsweise üble Nachrede (§ 186 StGB): Hier behauptet jemand etwas Unwahres, von dem er weiß, dass es geeignet ist, jemanden herabzuwürdigen. Ob der Täter bewusst die Unwahrheit verbreitet oder sich darüber einfach keine Gedanken macht, spielt dabei keine Rolle. Bei der Verleumdung (§ 187) hingegen wissen die Täter sehr genau, dass ihre Unterstellungen unwahr sind. Weitere im Internet oft vorkommende Straftatbestände sind die Missachtung des Rechts am eigenen Bild (§ 201a StGB), Bedrohung (§ 241 StGB), öffentlicher Aufruf zu Straftaten (§ 111 StGB) und Volksverhetzung (§ 130 StGB). Vor allem aber schützen uns das Grundgesetz – die Rechte auf Meinungsfreiheit «finden ihre Schranken in den Vorschriften der allgemeinen Gesetze, den gesetzlichen Bestimmungen zum Schutze der Jugend und in dem Recht der persönlichen Ehre»[272] – sowie das sogenannte kollidierende Verfassungsrecht, insbesondere das allgemeine Persönlichkeitsrecht.

Soweit die Theorie; die Praxis scheiterte immer wieder an den großen Internet-Plattformen, die nicht nur die Meldungswege rechtswidriger Inhalte unnötig kompliziert gestalteten, sondern auch ebendiese Inhalte nur selten bis gar nicht entfernten. Als Reaktion darauf wurden immer neue Gesetze erlassen, um die Betreiber in die Pflicht zu nehmen: 2007 das Telemediengesetz, 2017 das Netzwerkdurchsetzungsgesetz und 2020 ein Gesetzespaket gegen Rechtsextremismus und Hasskriminalität, das unter anderem die Sozialen Netzwerke dazu verpflichtet, bestimmte justiziable Inhalte wie Morddrohungen ans Bundeskriminalamt zu melden.

Wenn Sie akut von Hass im Netz betroffen sind, ist die erste Anlaufstelle die Polizei, die nicht nur Informationsangebote für Menschen bereitstellt, die online belästigt, bedroht und ausgespäht werden, sondern auch die Erstattung von Strafanzeige durch Online-Polizeiwachen deutlich einfacher gestaltet hat. Auf der Website des BKA kann Hetze gemeldet werden; Hessen und Nordrhein-Westfalen haben Schwerpunktstaatsanwaltschaften für Online-Hate-Speech eingerichtet, und in Bayern gibt es mittlerweile 22 Sonderdezernate. Beratungsstellen wie Hate Aid,[273] Hilfetelefone für Frauen[274] und Männer[275] oder der Weiße Ring[276] stehen Betroffenen von Online-Gewalt zur Seite.

Notfallkoffer: Erste Hilfe im Fall eines Shitstorms

Wenn Sie einem Shitstorm ausgesetzt sind, muss die erste und wichtigste Frage lauten: Welche Reaktion meinerseits sorgt für den größtmöglichen Selbstschutz? Wenn Sie mit Gewaltandrohungen konfrontiert sind, wenn Sie gehackt worden sind, wenn Fremde Ihre persönlichen Daten veröffentlicht haben, sollten Sie sofort die Polizei kontaktieren. Damit die Polizei ihre Arbeit machen kann, ist sie auf Ihre Mithilfe angewiesen: Stellen Sie unbedingt Screenshots aller potenziell justiziablen Inhalte bereit.

Beweismittel sichern

Haben Sie einen Windows-Rechner, können Sie über die Tastenkombination [Windows] und [Drucken] ein Bildschirmfoto erstellen. Nutzen Sie einen Mac, drücken Sie gleichzeitig Umschalttaste, Befehlstaste und 3. Der Journalist Richard Gutjahr, der über Jahre von Verschwörungserzählern verfolgt und bedroht wurde, nennt vier wichtige Details, die Sie bei Screenshots beachten sollten:[277]

Kontext: Dokumentieren Sie nicht nur die Kommentare, die Sie für strafrechtlich relevant halten, sondern auch vorherige Kommentare des Täters. Kontext ist wichtig, damit die Schwere einer Straftat angemessen beurteilt werden kann.

Datum und Uhrzeit: Machen Sie bei Twitter einen Rechtsklick auf das Erstellungsdatum des Kommentars und wählen Sie «Link in neuem Tab öffnen». In diesem neuen Tab sind Datum und Uhrzeit des Beitrags gut sichtbar vermerkt. Facebook macht es Ihnen schwerer: Hier müssen Sie während der Erstellung Ihres Screenshots mit dem Cursor auf der Zeitangabe des Kommentars bleiben, damit Datum und Uhrzeit des Kommentars eingeblendet werden.

Täter-ID: Öffnen Sie die Profilseite des Täters und erstellen einen Screenshot der kompletten URL-Adresse.

Anonymisierung: Schwärzen Sie sowohl Ihr eigenes Profilbild als auch Bilder und Namen Ihrer Freunde, damit niemand ins Visier des Täters gerät, falls er Akteneinsicht beantragt.

Soziale Wärme

Sobald wir einer neuen, unbekannten Gefahr gegenüberstehen, schätzen wir sie als deutlich schwerwiegender ein als sämtliche anderen Risiken, die uns im Alltag begleiten. Daraus erwächst ein Teufelskreis: Wir fixieren uns auf Worst-Case-Szenarien, selbst dann, wenn sie extrem unwahrscheinlich sind.[278] Im schlechtesten Fall verlieren wir uns so lange in der Angst, bis wir handlungsunfähig werden. Genau das ist das Ziel von Personen, die uns online angreifen – und genau das können wir vermeiden, indem wir rechtzeitig gegensteuern.

Schalten Sie alle Notifications aus, stellen Sie Ihre Social-Media-Profile auf privat und bleiben Sie mindestens einen Tag lang offline. Verbringen Sie diese Zeit mit Menschen, die Ihnen nahestehen, und tanken Sie so viel «soziale Wärme» wie möglich. Sind Sie in Sorge, ernst zu nehmende Drohungen und andere justiziable Inhalte zu «verpassen», bitten Sie Freunde und Bekannte, und zwar so viele wie möglich, damit nicht eine Person zu viel emotionale Belastung tragen muss, sich in regelmäßigen Abständen in Ihre Accounts einzuloggen und Screenshots zu erstellen, die an die Polizei und/oder einen Anwalt weitergeleitet werden können.

Psychologische Hilfe

Die folgenden Übungen können Ihnen helfen, sich selbst zu beruhigen. Falls Sie jedoch mit Gewaltandrohungen konfrontiert sind, suchen Sie unbedingt nicht nur polizeiliche und anwaltliche, sondern im zweiten Schritt auch psychologische oder psychiatrische Hilfe. Als erste Anlaufstelle bieten sich beispielsweise städtische Krisendienste an, die Ihnen kurzfristig zur Seite stehen und Sie langfristig an einen niedergelassenen Therapeuten vermitteln können. Gleiches gilt, wenn zwar keine akute Bedrohungssituation (mehr) vorliegt, aber Ihre Angst trotzdem nicht nachlässt.

5–4–3–2–1-Übung: Diese Strategie findet in der Traumatherapie Anwendung. Sie hilft dabei, Grübelkreisläufe und Angstattacken zu unterbrechen. Nehmen Sie eine möglichst entspannte Körperhaltung ein und richten Sie Ihre Aufmerksamkeit ganz auf Ihre direkte Umgebung. Welche Geräusche nehmen Sie wahr? Welche Gegenstände sehen Sie in Ihrem Zimmer? Wie fühlt sich die Unterlage an, auf der Sie liegen oder sitzen? Zählen Sie in Gedanken oder laut fünf Dinge auf, die Sie sehen können. Danach fünf Geräusche, die Sie hören. Danach fünf Dinge, die Sie spüren. In der nächsten Runde zählen Sie vier Dinge auf, danach drei, zwei und schließlich eins. Hierbei können auch die gleichen Wahrnehmungen mehrmals benannt werden; falls Sie irgendwann hinsichtlich der Abfolge die Übersicht verlieren sollten, ist das ein gutes Zeichen: Sie sind in der Entspannung angekommen.[279]

Gedankenstopp: Denken oder sagen Sie bewusst «Stopp» und nutzen einen Sinnesreiz, indem Sie in die Hände klatschen, mit den Fingern schnippen oder sich kneifen, um diese Zäsur zu verstärken. Denken Sie anschließend an einen eindeutig positiven Moment Ihres Lebens, beispielsweise an eine Urlaubsreise. Von dieser Strategie profitieren Sie am meisten, wenn Sie sie bereits in Ihren Alltag integriert haben und regelmäßig anwenden. In entspannten Momenten werden Sie mehr Details Ihrer positiven Erinnerung parat haben und diese dann auch in Akutsituationen besser abrufen können; außerdem entwickeln Sie durch dauerhafte Übung eine gewisse «Automatik» in Ihrer Entspannung.[280]

Perspektivwechsel: Nehmen Sie eine möglichst entspannte Körperhaltung ein. Prüfen Sie, ob Sie zusammengekrümmt sitzen; spüren Sie nach, ob Ihr Kiefer oder Ihre Schultern verkrampft sind, und lockern Sie sie, so gut Sie können. Verändern Sie jetzt Ihren zeitlichen Bezugspunkt: Wie werden Sie in einem Jahr, in fünf Jahren oder in zwanzig Jahren über diese Situation denken? Wie wird Ihr älteres Ich auf die Sorgen und die Angst zurückschauen, die Sie jetzt gerade empfinden? Wird es Mitgefühl für Ihr jetziges Ich empfinden? Wird es stolz darauf sein, dass Sie es trotz allem durch diese schwere Zeit geschafft haben?[281]

Analyse und Feedback: Sobald Sie sicher und ruhig(er) sind, ist es Zeit, die Situation genauer unter die Lupe zu nehmen. Was hat den Shitstorm ausgelöst? Findet sich neben dem sinnlosen Hass und der nicht zu rechtfertigenden Gewalt auch ein Funken ernst zu nehmender Kritik? Gerade bei Shitstorms im beruflichen Kontext kann der «Stein des Anstoßes» manchmal tatsächlich etwas sein, über das wir nachdenken sollten. Erinnern wir uns etwa an den Shitstorm, der 2020 über Volkswagen hereinbrach, nachdem der Konzern eine rassistische Instagram-Werbung geschaltet hatte. Das Unternehmen hätte die Welle der Empörung zum Anlass nehmen können, das eigene Handeln zu hinterfragen: Wie ist es möglich, dass ein Werbevideo voller rassistischer Anspielungen geplant, umgesetzt und von 200 Personen gesichtet wird, ohne dass irgendjemandem etwas auffällt? Stattdessen wurde erst ein halbgares Statement veröffentlicht, in dem den Zuschauern unterstellt wurde, den Beitrag missverstanden zu haben; später wurde ein Revisionsbericht präsentiert, der – big surprise! – ergab, dass bei VW niemand rassistisch sei. Vom vollmundig angekündigten unabhängigen Gremium mit Diversity-Experten oder einer diverseren Teamaufstellung war sehr schnell nichts mehr zu hören.[282] Transparente Fehlerkultur sieht anders aus. Mein Appell an Sie: Holen Sie ehrliches Feedback aus Ihrem Umfeld ein. Davon profitieren Sie in jedem Fall: Wenn Sie vollkommen willkürlich angegriffen worden sind, wie es gerade bei Shitstorms aus der rechten Szene der Fall ist, tut es gut, auch von anderen gespiegelt zu bekommen, dass hier Unrecht geschehen ist. Falls Sie aber beispielsweise, ohne es zu wollen, mit Ihren Formulierungen Einzelpersonen oder ganze Bevölkerungsgruppen objektiv herabgewürdigt haben, sollten Sie sich Ihrer Verantwortung stellen: Setzen Sie sich mit der Problematik ehrlich auseinander, veröffentlichen Sie ein klares Statement – und danken Sie all jenen, die Ihnen auf Augenhöhe begegnet sind. Diese Menschen nämlich geraten im ohrenbetäubenden Lärm eines Shitstorms oft in Vergessenheit.

There is glory in prevention. Teil 1: Ihr emotionaler Schutzschild gegen Trolle

Jeder, der online unterwegs ist, kann zur Zielscheibe von Trollen werden. Nutzen Sie einen ruhigen, entspannten Tag, um hilfreiche Strategien für den Akutfall zu entwickeln und festzuhalten. So stellen Sie ein Gefühl der Selbstwirksamkeit und Sicherheit her und können verhindern, dass Sie aus einer (sehr verständlichen) Überforderung heraus unüberlegte Entscheidungen treffen.

Legen Sie eine Hausordnung fest

Wo verläuft Ihre persönliche Grenze? Was ist Ihnen im Umgang wichtig? Wenn Sie einen Blog, eine öffentliche Facebookseite oder einen Instagram- oder Twitter-Account betreiben, veröffentlichen Sie dort Ihre digitale Hausordnung. So kann Ihnen später kein Troll unterstellen, dass Sie ihn willkürlich «zensiert» hätten, sondern Sie können darauf verweisen, dass es auch online Regeln für das Miteinander gibt und dass Menschen, die diese Regeln bewusst missachten und andere beschimpfen und beleidigen, auf Ihrer persönlichen Seite keine Bühne bekommen. Schließlich müssen Sie auch nicht jede fremde Person, die Sie in der Bahn anschreit oder nachts bei Ihnen Sturm klingelt, in Ihr Wohnzimmer bitten und Kaffee und Kuchen kredenzen.

Entwerfen Sie eine Generalantwort

Sie könnten zum Beispiel darauf hinweisen, dass Sie gern auf Kritik antworten, wenn sie sich tatsächlich auf Ihren Text bezieht und in respektvollem Tonfall vorgetragen wird. Sie könnten auch auf Ihre Hausordnung verweisen, die keine Bühne für menschenfeindliche Äußerungen vorsieht; falls die Person Sie oder andere danach erneut beleidigt, können Sie sie guten Gewissens blockieren. Speichern Sie diese Antwort im Entwürfe-Ordner Ihres E-Mail-Postfachs oder als Notiz auf Ihrem Handy, damit Sie sie im Akutfall einfach nur kopieren und einfügen müssen. Sollten Sie politisch aktiv sein und immer wieder mit den gleichen Anfeindungen oder Unterstellungen konfrontiert werden, bietet sich eine längere Generalantwort an, in der Sie alle Argumente unterbringen können, die Ihnen wichtig sind. Wenn Sie diese Generalantwort auf Ihrer Website oder Ihrem Social-Media-Profil veröffentlichen, können Sie auf verbale Angriffe einfach mit einem Link antworten.

Binden Sie Ihre Community ein

Wenn wir von Trollen angegriffen werden, fachen die Menschen, die uns eigentlich beistehen wollen, mit ihren Kommentaren die toxische Diskussion ungewollt noch weiter an. Diskutieren und klären Sie mit Ihrer Community, wie Sie mit Trollen umgehen wollen. Ein Beispiel: Als ein rassistischer Troll einen Livestream der New Yorker Gamerin Amira Virgil stören wollte, reagierte diese mit der ironischen Bemerkung: «Oh, a wild cock appeared» – einem mehrdeutigen Begriff, der neben dem Hahn auch einen verbal gewalttätigen Mann bezeichnen kann. Gemeinsam mit ihren Followern spottete Virgil ausgiebig über

Trolle, die sich feige hinter anonymen Accounts verbergen. Der Rassist hatte es sehr eilig, den Livestream wieder zu verlassen. Seitdem war das Hahn-Emoji in dieser Community ein wichtiges Signal: Sobald jemand menschenfeindliche Äußerungen von sich gab, fluteten ihre Follower den Chat mit Hähnen und die offizielle Lästerstunde über Trolle war eröffnet.[283] Spott birgt allerdings immer die Gefahr, dass die Situation eskaliert. Wir können nicht zuverlässig einschätzen, wie gewaltbereit unser virtuelles Gegenüber ist und welchen radikalen Strukturen es angehört. Verabreden Sie mit Ihrer Community lieber, dass Sie Ihre Zeit und Energie für Schöneres aufwenden und Trolle konsequent ignorieren.

Stellen Sie eine emotionale Taskforce auf

Manche Trolle bringen zu ihrem Angriff Verstärkung mit. Halten Sie es durch, bei einer solchen Attacke alle Push-Benachrichtigungen zu deaktivieren und sich mehrere Stunden oder Tage nicht in Ihren Social-Media-Accounts anzumelden, oder brauchen Sie dabei Unterstützung? Gibt es Freunde oder Angehörige, die Sie auch nachts anrufen können und bei denen Sie für ein paar Tage unterkommen könnten, falls Sie sich zu Hause nicht sicher fühlen? Wen kontaktieren Sie zuerst? Welche Beruhigungstechniken könnten Ihnen helfen oder haben Ihnen in früheren schwierigen Lebenssituationen geholfen? Falls Sie keine kennen: Recherchieren Sie online oder fragen im Freundeskreis nach Empfehlungen und vor allem: Integrieren Sie diese Beruhigungstechniken in Ihren Alltag! Tiefenentspannung kommt nur selten auf Knopfdruck, vor allem nicht in Akutsituationen. Welche Bücher, Musikstücke oder Filme tun Ihnen gut? Welches Lieblingsgericht weckt in Ihnen angenehme Erinnerungen?

Es mag Ihnen jetzt übertrieben erscheinen, aber im Ernstfall können auch scheinbare Kleinigkeiten dazu beitragen, Sie vor einer Krise zu bewahren. Wichtig ist, sich immer wieder in Erinnerung zu rufen, wie viele liebevolle und unterstützende Menschen es in Ihrem Leben gibt.

Schreiben Sie einen kurzen Brief an sich selbst

Troll-Strategien sind gleich doppelt effektiv: Die Tatsache, dass wir zu Unrecht angegriffen werden, macht uns wütend und weckt den zutiefst menschlichen Impuls, uns gegen dieses Unrecht zu wehren. Dass die Unterstellungen öffentlich verbreitet werden, löst in uns aber auch Angst aus, dass andere diese Lügen glauben und wir daraufhin sozial sanktioniert und aus unserer Gruppe «ausgestoßen» werden könnten. Wir wollen uns verteidigen – die Angst aber sorgt dafür, dass wir uns in sinnlose Diskussionen verwickeln lassen, unsere Verzweiflung offen zeigen, vielleicht sogar ausfallend werden. So stellen wir ungewollt neuen Stoff für Häme bereit, denn natürlich werden die Trolle all unsere Reaktionen akribisch per Screenshot dokumentieren und uns mit noch mehr Beleidigungen überschütten. Machen Sie sich diesen Teufelskreis bewusst, damit Sie ihm im Akutfall ausweichen können. Rufen Sie sich immer wieder ins Gedächtnis, dass haltlose Unterstellungen Ihren Ruf nicht beschädigen können. Die Follower von rechtspopulistischen und rechtsradikalen Bloggern, Journalisten und Politikern werden vermutlich bereit sein, jede noch so absurde Unterstellung ungeprüft zu verbreiten und sich aufstacheln zu lassen; in solchen Fällen können Sie juristische Maßnahmen ergreifen. Integre Kollegen, Freunde und Angehörige aber werden sich von haltlosen Hetzkampagnen gegen Sie nicht beeinflussen lassen. Sie müssen sich also nicht verteidigen, denn das Internet ist kein Gerichtssaal, und die Menschen, auf die es wirklich ankommt, werden sich nicht für die Lügen gesichtsloser Trolle interessieren, sondern für Ihren Schutz und Ihr Wohlergehen.

Notieren Sie die Grundlagen einer Profilanalyse

Wenn Sie es nur mit einzelnen Trollen zu tun haben, kann eine Profilanalyse dabei helfen, die mögliche Gefahrensituation einzuschätzen. Schauen Sie sich die Profilseite des Angreifers genauer an. Ist kein Klarname angegeben? Hat die Person kaum Follower? Dann ist die Wahrscheinlichkeit hoch, dass es sich um ein Fake-Profil handelt, angelegt von einer Person, die nicht den Mut hat, zu ihrer menschenverachtenden Ideologie zu stehen und im echten Leben die Konsequenzen ihres unsozialen Verhaltens auszuhalten. Zeigt das Profilbild einen Menschen, schauen Sie genauer hin: KI-Systeme sind längst in der Lage, täuschend echt erscheinende Bilder von Menschen zu generieren, die es gar nicht gibt. Beim Anbieter Generated. Photos etwa zahlt man für ein «einzigartiges, sorgenfreies» Porträtbild knapp 3 Dollar. Die Firma Rosebud.AI geht noch einen Schritt weiter: Hier werden sogar Videos angeboten, in denen eine künstlich generierte, freundlich dreinschauende Person einen Text Ihrer Wahl spricht. Noch ist die Technik lückenhaft: Manchmal steht ein Ohr ab, während das andere eng am Kopf anliegt, manchmal wechselt die Brille mitten im Gesicht das Design. Auch extrem verwaschene oder abstrakte Hintergründe können auf ein Fake-Bild hindeuten.[284] Im Laufe der nächsten Jahre aber ist zu erwarten, dass sich «Deep Fakes» nicht mehr von Bildern echter Menschen unterscheiden werden. Übrigens: Zeigt das Profilbild die Zeichnung eines Froschs mit menschlichen Gesichtszügen, ist besondere Vorsicht geboten: «Pepe the frog» stammt ursprünglich von einem amerikanischen Comiczeichner namens Matt Furie, wurde aber schon vor Jahren von rechtsextremen Kreisen gekapert.[285] Auch zunächst vielleicht harmlos erscheinende Hashtags wie #MutzurWahrheit oder #Waldgang – als Referenz an den Autor Ernst Jünger – deuten darauf hin, dass Sie es mindestens mit einem Rechtspopulisten zu tun haben könnten, vor allem, wenn auch noch die Selbstbezeichnung «patriotisch» oder Adler-Emojis zu finden sind.[286] Nehmen Sie im zweiten Schritt die öffentlichen Äußerungen Ihres Angreifers unter die Lupe. Zeigt er sich offen antisemitisch, rassistisch, homophob, transphob oder behindertenfeindlich? Wie oft meldet er sich zu Wort? Beschimpft er am laufenden Band Politiker, Journalisten und Aktivisten? Das ist für Sie eine gute Nachricht: Wer seinen Hass so großzügig in die Welt streut, hat keine Zeit, sich dauerhaft auf eine einzelne Person zu fixieren.

There is glory in prevention. Teil 2: Wie Sie im Netz auf Nummer sicher gehen

Wenn Sie sich gegen Stalker, Trolle oder Hacker schützen wollen, sollten Sie so wenig Angriffsfläche wie möglich bieten. Geben Sie auf Ihrer Website nicht Ihre Privatadresse preis, wenn es sich vermeiden lässt. Die Impressumspflicht fordert zwar bei nicht ausschließlich privaten Seiten die Angabe einer sogenannten ladungsfähigen Anschrift, das heißt, einer Adresse, unter der Sie zuverlässig zu erreichen sind; das kann aber genauso die Anschrift Ihrer Arbeitsstelle sein. Alternativ kommt auch ein professioneller Postservice infrage, dem Sie eine Zustellvollmacht erteilen; ob das in Ihrem konkreten Fall als ladungsfähige Anschrift ausreicht, sollten Sie vorab mit einem Rechtsanwalt klären. Sollte Ihre private Telefonnummer im Telefonbuch stehen, empfehle ich Ihnen dringend, sie löschen zu lassen.[287] Geben Sie Ihre Telefonnummer zudem in eine Suchmaschine Ihrer Wahl ein, um herauszufinden, ob sie in Sozialen Netzwerken oder auf Websites anderer veröffentlicht wurde. Sollte Letzteres der Fall sein, können Sie über sogenannte Who Is-Dienste die Betreiber der Websites feststellen, um sie zur Löschung Ihrer Daten – zu der sie gesetzlich verpflichtet sind – aufzufordern. Für Websites mit der Länderendung «de» ist die zentrale Registrierungsstelle DENIC[288] zuständig. Sie können zudem bei Google eine Löschung Ihrer personenbezogenen Daten aus den Suchergebnissen beantragen.[289] Mit dem «Identity Leak Checker» des Hasso-Plattner-Instituts können Sie kostenfrei prüfen lassen, ob Ihre E-Mail-Adresse und persönliche Daten wie Adresse oder Geburtsdatum in illegalen Identitätsdatenbanken auftauchen.[290]

Und wenn Sie schon dabei sind: Schenken Sie Ihren Passwörtern ein bisschen Liebe! Laut der jährlichen Analyse des Hasso-Plattner-Instituts lautet das beliebteste Passwort der Deutschen 123456, dicht gefolgt von 123456789 und passwort. Grundlage für diese Analysen sind übrigens Millionen gestohlener Zugangsdaten, die jetzt in illegalen Online-Datenbanken stehen. Das Hasso-Plattner-Institut empfiehlt für einen wirksamen Schutz Passwörter, die mindestens 15 Zeichen lang und in keinem Wörterbuch zu finden sind, die Groß- und Kleinbuchstaben ebenso beinhalten wie Zahlen und Sonderzeichen. Wichtig: Verwenden Sie niemals das gleiche oder ähnliche Passwörter für unterschiedliche Seiten und Dienste! Wenn Sie keine Lust darauf haben, unzählige Bandwurmkennwörter auswendig zu lernen, ist ein Passwortmanager eine bequeme Alternative.

Alternativ können Sie Ihre Passwörter auch in Ihrem Browser abspeichern, sollten die Kennwortverwaltung aber unbedingt mit einem zusätzlichen Passwort schützen. Wann immer möglich, sollten Sie zudem Zwei-Faktor-Authentifizierungen nutzen, und zwar nicht über SMS (sehr hacker-anfällig), sondern über eine Authentifizierungs-App auf Ihrem Smartphone. Nicht zu vergessen: die Klassiker! Updaten Sie regelmäßig die Software, die Sie nutzen, inklusive der Firmware Ihres Routers. Nutzen Sie Antivirusprogramme und Adblocker für Ihren Browser. Führen Sie regelmäßig Computer-Backups durch und nutzen Sie in Cafés, Bibliotheken und an anderen Orten mit öffentlichem WLAN konsequent VPNs (Virtual Private Networks). Um sich für einen potenziellen Ernstfall zu rüsten, empfehle ich Ihnen zudem, wichtige Anlaufstellen vorab zu recherchieren – beispielsweise Ansprechpartner für Hate Speech bei Ihrer örtlichen Polizei, spezialisierte Beratungsstellen und Opferschutzstellen – und deren Kontaktdaten in Ihrem Handy zu speichern.

IV

Radikalisierung wirksam bekämpfen

Radikalisierung ist in den allermeisten Fällen kein einsamer Prozess – und Deradikalisierung auch nicht. Egal, ob es darum geht, eine verschwörungsgläubige Community, eine Sekte oder eine terroristische Vereinigung zu verlassen: Angehörige und Freunde sind die mächtigste Allianz beim Ausstieg. Um Radikalisierung jedoch langfristig und flächendeckend bekämpfen zu können, müssen wir wissen, warum und wie sie entsteht. Es müssen diejenigen gefördert werden, die sie verhindern helfen können, und diejenigen gestoppt werden, die andere systematisch manipulieren, ausbeuten und missbrauchen.

Was die Politik jetzt tun muss

Für den Zusammenhalt einer Gesellschaft ist es – gerade in Krisenzeiten – überlebenswichtig, dass die Politik glaubhaft Kompetenz, Sicherheit und demokratische Werte vermittelt. Die ersten zwei Pandemiejahre in Deutschland aber waren über weite Strecken ein Lehrstück gesundheitspolitischen Versagens. Selbst das für ausschweifende Sozialleistungen nicht bekannte Spanien zog schon im April 2020 angesichts explodierender Maskenpreise eine Notbremse;[291] Frankreich richtete in Supermärkten provisorische Beratungsstellen für Opfer häuslicher Gewalt ein, legte ein Codewort fest, mit dem Betroffene in Apotheken die Polizei verständigen konnten, und stellte Gelder für Notfall-Hotelübernachtungen bereit;[292] in Dänemark erhielt jeder Bürger eine Impfeinladung, sobald er an der Reihe war, und konnte mit einem persönlichen Link bequem einen Termin buchen; ältere und weniger technikaffine Mitbürger bekamen dabei auf Wunsch Unterstützung.[293] In Deutschland hingegen mussten Opfer häuslicher Gewalt abwarten, bis ihr Peiniger gerade mal nicht zu Hause war, um sich beim Hilfetelefon melden zu können; in Armut lebende Menschen erhielten erst Anfang 2021 ein Anrecht auf kostenfreie FFP2-Masken, und wer geimpft werden wollte, musste tage- bis wochenlang sein Glück mit einem schwächelnden Online-Buchungssystem und einer chronisch unterbesetzten Hotline versuchen. Es gab keine bundesweiten telefonischen oder digitalen Bürgersprechstunden der Gesundheitsämter. Es gab keine Gelder für ausführliche hausärztliche Beratungsleistungen zu Covid-19. Es gab keine Radio- oder Fernsehspots zu Covid-Symptomen oder Long Covid. Es gab keine postalische Versendung von fundierten Informationsbroschüren, weder auf Deutsch noch auf Englisch, Türkisch, Arabisch, Russisch, Bulgarisch oder Rumänisch. Es gab keine Kampagne des Gesundheitsministeriums, die von Querdenkern, Impfgegnern und Rechtsradikalen in Umlauf gebrachte Falschinformationen entkräftete und über die Manipulationsstrategien radikaler Akteure aufklärte.

Angesichts all dessen barg die sich nach Trumps Wahlniederlage auch in Deutschland ausbreitende QAnon-Parole «Trust the plan» einen gewissen Humor: Wenigstens Verschwörungserzähler glaubten noch an Politiker mit Plan!

Die Corona-Warn-App wurde ausgerechnet mit dem Slogan «Unterstützt uns im Kampf gegen Corona» beworben. Die perfekte Einladung für alle Frustrierten, sämtliche Vorsichtsmaßnahmen zu ignorieren und sich nicht impfen zu lassen, um der Politik wenigstens auf diesem Wege eine Absage erteilen zu können. Es ist fast ein Wunder, dass die Impfgegnerschaft nicht deutlicher zugenommen hat: Im November 2021 wurde sie auf knapp zehn Prozent geschätzt. Schon 2004 ging das Robert Koch-Institut von drei bis fünf Prozent Impfgegnern in der Bevölkerung aus. Schon 2004 war auch der Zusammenhang von Impf«kritik» und Verschwörungserzählungen ersichtlich.[294]

Fakten schaffen

Zu oft setzt die Politik beim Einsatz staatlicher Fördermittel vor allem auf Signalwirkung: Sie verkündet eine angeblich neue Form der Radikalisierung und gibt Ursachenforschung in Auftrag, statt anzuerkennen, dass die Psychologie hinter allen Radikalisierungsprozessen letztlich die gleiche ist und es kein psychologisches Profil für Radikale gibt. Was kaum jemand weiß: 95 bis 97 Prozent der wissenschaftlichen Literatur zu Terrorismus beruhen nicht auf Empirie. Es wurden also nicht systematisch Daten erhoben, um theoretische Annahmen praktisch zu überprüfen.[295] Stattdessen im Angebot: Einzelinterviews mit Extremisten, Analysen historischer Daten und viele psychologische Theorien.[296] Bei Extremisten könnte eine Studienteilnahme (und zur Schau gestellte Läuterung) jedoch zu einer Haftverkürzung beitragen, was verzerrte Ergebnisse garantiert; historische Daten können so ausgewählt werden, dass sich nach Belieben «Beweise» für die jeweilige Theorie hineininterpretieren lassen, und unüberprüfte Theorien können, gerade wenn es um Menschenleben geht, sehr gefährlich sein. Selbst die Risikobewertungsinstrumente, anhand derer das Gefahrenpotenzial radikaler Personen eingeschätzt wird, sind oft nicht evidenzbasiert, das heißt, ihre Wirksamkeit wurde nie nachgewiesen.[297] In Deutschland übrigens existierte nicht einmal ein Gefahrenbewertungstool für Rechtsextremisten, sondern nur eins für Islamisten. Erst seit März 2020 arbeitet man beim BKA daran, Letzteres auch auf das – offenbar bis dahin nicht als dringlich geltende – Themenfeld Rechtsextremismus anzupassen.[298]

Wir brauchen keine immer neuen Aufgüsse von Ursachenforschung, sondern Fakten. Wie sieht die radikale Szene in Deutschland wirklich aus? Anstatt etwa verdeckte Ermittlerinnen abzustellen, die, wie in Hamburg geschehen, über Jahre hinweg die linke Szene infiltrieren und «im Dienst» mit Aktivisten ins Bett gehen,[299] sollten lieber seriöse Überblicksarbeiten in Auftrag gegeben werden: Wie sind radikale Netzwerke weltweit miteinander verbunden? Welche Allianzen gehen sie ein? Über welche Kanäle fließen ihre Gelder? Welche psychologischen Tricks nutzen die am stärksten wachsenden radikalen Gruppen der Gegenwart bei ihrer Anwerbung und Indoktrinierung? Welche Mythen erzählen sie und mit welchen Heldenerzählungen kann die demokratische Gesellschaft dagegenhalten? Welche psychischen Schäden tragen Menschen davon, die in eine radikale Gruppe hineingeboren wurden? Welche Hilfen zur Wiedereingliederung brauchen sie nach ihrem Ausstieg? Wie können wir Kinder, Jugendliche und Erwachsene wirksam über Manipulationsstrategien aufklären? Welche Hilfen und Maßnahmen können sie wappnen und vor der Einflussnahme radikaler Missionare schützen? Von welchen kommunikativen Strategien und psychologischen Entlastungstechniken profitieren Freunde und Angehörige von Radikalen? Welche Beratungsstellen, welche Deradikalisierungsprogramme sind nachweisbar erfolgreich, und was zeichnet ihre Ansätze aus? Wo es keine Fakten gibt, ist es schwer, gute Strategien zu erarbeiten.

Fördergelder sinnvoll einsetzen

«Das Feld der Radikalisierungsbekämpfung», kommentierte Extremismusforscher Daniel Köhler im Jahr 2019, «hat sich schnell zu einer sich selbst erhaltenden und (meist) vom Steuerzahler finanzierten Industrie von Think Tanks, zivilgesellschaftlichen NGOs und Lobbyisten entwickelt.»[300] Immerhin werden in Deutschland heute nicht mehr, so wie noch in den 1990er Jahren, im Zuge von Arbeitsbeschaffungsmaßnahmen Arbeitslose zur Deradikalisierung abgestellt.[301] Im Rahmen von Förderprogrammen wie «Demokratie leben» werden jedoch immer wieder NGOs und Vereine unterstützt, deren Arbeit zum Gutteil daraus besteht, in der Zivilgesellschaft für Online-Gegenrede zu werben, statt fundierte Informationen über Radikalisierung, Manipulationsstrategien und tatsächlich wirksame Kommunikation zu vermitteln. Konsequente Evaluation spielt hier oft nur eine nachrangige Rolle. Aber nur weil es Anbieter schon lange gibt und ihre Vorhaben ebenso wie ihre unüberprüften Selbstdarstellungen vielversprechend klingen, bedeutet das nicht, dass sie ihren Job gut machen.

Die stets auf ein Jahr begrenzte Finanzierung erschwert zudem die Arbeit der Akteure, die Menschen beim Ausstieg aus radikalen Ideologien helfen wollen: Projektverantwortliche haben keine Zeit, um sich wirklich einzuarbeiten, weil sie in einer Endlosschleife der Förderantragsbürokratie gefangen sind; qualifiziertes Personal steigt entweder zeitnah wieder aus oder lässt sich erst gar nicht auf solche unsicheren Arbeitsverhältnisse ein.

Deradikalisierung aber ist ein langwieriger Prozess. Wenn gerade gewaltbereite Personen weder langfristig noch professionell begleitet werden können, kann das fatale Folgen haben. Immer wieder erweisen sich scheinbare Erfolgsfälle prominenter Ausstiegsprogramme als ihr Gegenteil, etwa wenn ein Neonazi zum antiislamischen Fanatiker wird oder ein Islamist trotz engmaschiger Betreuung eine Bluttat verübt.[302] Deutsche Wissenschaftler weisen seit über zehn Jahren darauf hin, dass nur sehr wenige nationale Ausstiegsprogramme wissenschaftlich evaluiert worden sind.[303]

Staatliche Förderungen sollten nicht nur länger als ein Jahr gewährt werden, sondern auch den Akteuren vorbehalten sein, die wissenschaftlich fundiert arbeiten, Wirkungsnachweise vorweisen können und sich auf transparente Evaluation einlassen. Das könnte beispielsweise bedeuten, dass in Kooperation mit unabhängigen Institutionen quantitative Studien durchgeführt und die Ergebnisse in wissenschaftlichen Journalen mit Peer-Review, also mit Prüfungen seitens unabhängiger Gutachter des jeweiligen Fachgebiets, publiziert werden, um einen öffentlichen Austausch zu suchen, der Raum für fundierte Kritik und Verbesserungsvorschläge bietet.

Als hilfreich könnten sich hier Kontrollgruppen und Iteration erweisen. Kontrollgruppen kennen wir unter anderem aus der medizinischen Forschung: Während einige Testpersonen ein neues Medikament erhalten, bekommen andere ein Placebo. Nur so lassen sich die Wirkungen und Risiken einer Substanz zuverlässig einschätzen. Auch in der Kommunikations- und Kampagnenarbeit können wir um den Nutzen einer Maßnahme nur dann wissen, wenn wir sie isoliert und im Vergleich zu einer Kontrollgruppe betrachten.

Iteration (das lateinische Wort «iterare» bedeutet «wiederholen») steht für einen Prozess, der so oft wiederholt und optimiert wird, bis die Lösung gefunden ist. Sie wird heute in unterschiedlichsten Bereichen genutzt, etwa im Design Thinking, einer kreativen Methodik zur Problemlösung und Ideenentwicklung,[304] im Start-up-Bereich und im Change Management.[305] Angewendet auf den Bereich Deradikalisierung und Radikalisierungsprävention würde ein iteratives Vorgehen bedeuten, im ersten Schritt eine Projektidee zu entwerfen und Rahmenbedingungen wie Budget und Aufgabenverteilung zu klären. Der zweite Schritt würde aus Tiefenrecherche, Expertengesprächen und der Formulierung eines konkreten, evaluierbaren Ziels bestehen. Im dritten Schritt würde die Strategie implementiert – also umgesetzt – und nach einer vorab vereinbarten Zeitspanne evaluiert werden. Mit diesem Feedback ließe sich das Projekt, inklusive sämtlicher interner Prozesse, so lange verbessern, bis die optimale Strategie gefunden ist. Das kostet Zeit und Geld, wird aber mehr bringen als die Verschleppung unwirksamer Strategien von einem Projekt ins nächste.

Rassismus und Extremismus in Sicherheitsbehörden ernst nehmen

Sowohl die zahlreichen Extremismus-Verdachtsfälle der vergangenen Jahre als auch die Berichterstattung zu polizeilicher Härte gegen Demonstranten des linken politischen Spektrums, während Querdenker und Rechtsradikale immer wieder mit Nachsicht und Milde rechnen durften, selbst wenn sie sämtliche Corona-Regeln ignorierten oder Journalisten angriffen, haben gezeigt, dass wir es hier mit einem grundlegenden Problem zu tun haben. Einem Problem, das nicht verschwinden wird, wenn man jeden Vorfall aufs Neue als Einzelfall relativiert. Strategien wie das im Jahr 2020 eilig zusammengezimmerte Maßnahmenpaket gegen Rassismus und Extremismus oder der neu installierte (und ausschließlich aus Menschen ohne Migrationsgeschichte bestehende) Kabinettsausschuss gegen Rassismus und Extremismus können keinen Paradigmenwechsel einläuten, solange Ungleichbehandlung und das offene Vertreten menschenfeindlicher Ideologien folgenlos bleiben. Der Polizeiforscher Rafael Behr plädiert unter anderem für ein Frühwarnsystem für Führungskräfte und ein anonymes Whistleblower-System, damit Polizisten nicht gegen eigene Teammitglieder ermitteln müssen, sondern extern unterstützt werden, so wie es in Großbritannien und in den Niederlanden bereits üblich ist.[306] Erst wenn Menschenfeindlichkeit konsequent nicht mehr toleriert wird, kann die verantwortungsbewusste Mehrheit in den deutschen Sicherheitsbehörden wieder in den Mittelpunkt der öffentlichen Wahrnehmung rücken: Menschen, die keiner radikalen Ideologie anhängen und ihre Aufgabe, öffentliche Sicherheit und Ordnung für alle Bürgerinnen und Bürger zu gewährleisten, ernst nehmen.

Plattformbetreiber sanktionieren

Ein treffendes Beispiel dafür, was die großen Plattformbetreiber von der deutschen Justiz zu befürchten haben, ist der Bußgeldbescheid über zwei Millionen Euro, der 2019 vom Bundesamt für Justiz per Pressemitteilung verkündet wurde und als einer der «Höhepunkte des Jahres» sogar im Geschäftsbericht landete. Vollstreckt aber wurde er nie: Facebook hatte Widerspruch eingelegt. Die über Jahre hinweg neu erlassenen Gesetze – Telemediengesetz, Netzwerkdurchsetzungsgesetz (NetzDG) oder die im Gesetzespaket gegen Hasskriminalität verankerte Meldepflicht Sozialer Netzwerke – können das Offensichtliche nicht kaschieren: Die Plattformbetreiber ignorieren weiterhin in Deutschland geltendes Recht und werden dafür nicht zur Verantwortung gezogen.

Dennoch: Selbst wenn die Algorithmen tatsächlich konsequent auf die Bekämpfung von Hass ausgerichtet und weltweit in allen Sprachen eingesetzt würden, wären sie keine Wunderwaffe. Jeder Algorithmus muss erst anhand von vielen Tausenden oder sogar Millionen Beispielen lernen, was er herausfiltern soll. Das dauert, und in den meisten Fällen zu lange. Findige Nutzer, gerade aus der rechten Szene, machen online ohnehin von Euphemismen und Codewörtern Gebrauch, die für Algorithmen nicht eindeutig sind, für Menschen aber schon.[307] Die Politik ist nicht nur gefordert, für die Durchsetzung geltenden Rechts zu sorgen und finanzielle Möglichkeiten für den damit einhergehenden Personalbedarf zu schaffen, sondern auch gezielten Druck auszuüben, beispielsweise über bundesweite Informationskampagnen des Gesundheitsministeriums: Die Gesundheitsschäden von Online-Gewalt sind längst erwiesen. Wie viel schneller würden Facebook & Co. wohl auf Meldungen reagieren, wenn jedes einzelne Opfer von ungelöschtem Hass im Netz – oder dessen Krankenkasse – die Plattformbetreiber auf Schadensersatz verklagen könnte?

Kinderschutz priorisieren

Es ist die Aufgabe einer demokratischen Regierung, eine eindeutige und schlupflochfreie Gesetzesgrundlage für gelebten Kinderschutz zu schaffen. Es gibt leider nur wenige wissenschaftliche Arbeiten zu Folgeschäden bei Kindern, die in radikalen Gruppen aufwachsen mussten. Die vorhandenen Ergebnisse zeigen jedoch überdurchschnittlich viele Fälle dissoziativer Störungen:[308] Die Psyche ist mit traumatischen Erinnerungen oder inneren Konflikten so stark überfordert, dass es zu Gedächtnisverlust oder sogar zu einer Aufspaltung der Identität in verschiedene Persönlichkeiten kommen kann. Bundesweit einheitliche und eindeutige Regeln, Strategien und Hilfestellungen sind notwendig, um Kinder vor dem Einfluss radikaler Akteure zu schützen.

Grundlagenwissen zu Radikalisierung und zu deeskalierender Kommunikation muss ein verpflichtender Bestandteil der Aus- und Weiterbildung von Ärzten, Psychologen, Erziehern sowie Jugend- und Gesundheitsamtsmitarbeitern werden. Ärztliche Interventions- und Präventionsgespräche dürfen nicht mehr unter Zeitdruck nebenherlaufen, sondern müssen bei den Krankenkassen abgerechnet werden können. Ärzte und Schulen brauchen feste, auf Radikalisierung spezialisierte Ansprechpartner, sei es in Beratungsstellen, Jugend- oder Gesundheitsämtern. In der Jugendhilfe sind ein einheitliches System für Qualitätsmaßstäbe im kommunikativen Umgang mit Kindern und Jugendlichen, eine transparente Dokumentation von Beschwerden und die Verpflichtung zur Supervision, wenn sich Kritik an der Arbeit einzelner Mitarbeiter häuft, dringend notwendig. Jeder Hinweis auf Missbrauch muss dokumentiert und im Team besprochen werden; Kontaktverbote für Missbrauchstäter müssen durchgesetzt und engmaschig kontrolliert werden. Jugendamtsmitarbeiter, die trotz erfolgter Warnhinweise auf Missbrauch untätig bleiben, müssen nicht nur gekündigt, sondern auch juristisch belangt werden können. Nicht zuletzt muss das Recht darauf, als Minderjähriger bei Behörden und Gerichten Gehör zu finden, an Entscheidungen über die eigene Zukunft beteiligt zu werden und auch ohne elterliche Zustimmung Zugang zu psychologischer und medizinischer Behandlung zu erhalten, gesetzlich verankert und durchgesetzt werden.

Die Ausbildung fürs Lehramt verbessern

Das Thema Radikalisierung ist bis heute kein integraler Bestandteil der Lehrerausbildung. Auch im Förderprogramm «Qualitätsoffensive Lehrerbildung» von Bund und Ländern wird es kein einziges Mal erwähnt.[309] Der Infodienst der Bundeszentrale für politische Bildung bietet zwar einen Newsletter und Handreichungen für Pädagogen an, etwa zum Umgang mit religiös begründetem Extremismus oder zur Kommunikation über Terroranschläge,[310] und es gibt vereinzelt Akteure wie das Berliner Kompetenznetzwerk Radikalisierungsprävention, das Forschungserkenntnisse und pädagogisches Praxiswissen zusammenbringen will.[311] Ohne fundierte und verpflichtende Bildung zum Thema Radikalisierung aber bleiben für angehende und aktive Lehrerinnen und Lehrer viele Fragen offen: Anhand welcher Anzeichen kann ich Radikalisierung erkennen? Welche Abläufe greifen, und welche zuständigen Meldestellen gibt es, wenn ich den Verdacht habe, dass die Eltern eines Schülers einer radikalen Gruppe angehören? Wie kommuniziere ich mit radikalen Eltern? Wie kann ich einem Kind Hilfe anbieten, ohne es in einen Loyalitätskonflikt zu seinen Eltern zu bringen? Wie gehe ich in der Klasse damit um, wenn ein Schüler menschenfeindliche Parolen äußert oder extremistisches Propagandamaterial verteilt? Wie kläre ich meine Schüler über Manipulations- und Missionierungsstrategien radikaler Gruppen auf? Wo hört der Grundrechtsschutz der Meinungs- und Religionsfreiheit auf und wo fängt Unterstützung terroristischer Vereinigungen an? Wie kann ich einen Austausch auf Augenhöhe gestalten und gleichzeitig wirksam Grenzen setzen?

Um weder Lehrer noch gefährdete Schüler im Schulalltag alleinzulassen und zu überfordern, müssen in der Ausbildung fürs Lehramt nicht nur aktuelles Wissen aus der Radikalisierungsforschung, sondern auch Strategien zur deeskalierenden Kommunikation vermittelt werden. Gleichzeitig kann es nicht die Aufgabe von Lehrern sein, «nebenher» als Elternersatz, Sozialarbeiter oder Deradikalisierungsexperten zu fungieren.

An einigen Schulen wurden bereits Modellprojekte zur Unterstützung von Lehrern im Umgang mit gefährdeten Schülern implementiert, wie etwa das Projekt «CleaR – Clearingverfahren gegen Radikalisierung», das seit 2020 auch eine Weiterbildung für Lehrer und Schulsozialarbeiter anbietet.[312] In allen Bundesländern gibt es Landeskoordinierungsstellen gegen Rechtsextremismus sowie Beratungsangebote für Pädagogen und Fachkräfte. In Bayern etwa sind jedem Regierungsbezirk zwei «Regionalbeauftragte für Demokratie und Toleranz» zugewiesen.[313] Mal sind es Schulpsychologen, mal Lehrer. Pro Woche haben sie vier Stunden Zeit zur Verfügung, um Netzwerke aufzubauen, Workshops auf die Beine zu stellen, Lehrer kommunikativ zu schulen oder spontan auf Hilferufe von Schulen zu reagieren, wenn Schüler radikale Parolen von sich geben oder Propagandamaterial verbreiten. Idealerweise aber sollte es nicht einen oder zwei Teilzeit-Experten pro Regierungsbezirk geben, sondern täglich verfügbare, spezialisierte Ansprechpartner, die gemeinsam mit Lehrern und Schulleitung passgenaue Hilfen für Kinder und Jugendliche ermöglichen, die in radikalen Gruppen aufwachsen müssen.

Unabhängigkeit trotz staatlicher Fördergelder bewahren: Die Gratwanderung der Wissenschaft

Ministerien nehmen allein dadurch, dass sie manche Forschungsarbeiten fördern und andere nicht, auf die Wissenschaft Einfluss. Auch wenn sich Grundlagenstudien zu angeblich neuen Formen des Terrorismus sowie zu vermeintlich identifizierbaren individuellen Risikofaktoren zuverlässig großer Beliebtheit erfreuen: Um Radikalisierung wirklich verstehen und bekämpfen zu können, sind andere Forschungsarbeiten notwendig. Es braucht eine systematische empirische Überprüfung der zahllosen Theorien zu Radikalisierung, Extremismus und Terrorismus, denn seien wir ehrlich: Von den über hundert Definitionsvariationen für «Terrorismus»[314], die den internationalen Wissenschaftsbetrieb durchwabern, könnte sicher die eine oder andere verzichtbar sein, und dass sich von 20 000 Studien über Terrorismus nur sieben mit der Wirksamkeit von Terrorismusbekämpfungsmaßnahmen auseinandersetzen,[315] ist nicht gerade praxisnah. Es braucht Forschungsarbeiten, die Übereinstimmungen und Unterschiede in der Gruppendynamik gewalttätiger gegenüber nicht gewalttätigen Gruppen beleuchten. Die individuelle gewaltsame und nicht gewaltsame Radikalisierungsprozesse vergleichend analysieren und auf mögliche Interventionszeitpunkte hin abklopfen. Die Deradikalisierungsmaßnahmen kritisch evaluieren und vor allem: in interdisziplinären Teams neue Präventionsmaßnahmen entwickeln, umsetzen und langfristig begleiten.[316] Falls sich die Politik dafür nicht oder nicht ausreichend interessieren sollte, bleibt zu hoffen, dass es bei Stiftungen und Philanthropen anders aussieht.

Clickbait vs. Kodex? Warum sich der Journalismus dringend ändern muss

Eine der häufigsten Fragen, die mich in meiner ehrenamtlichen Beratung erreichen, lautet: «Wem kann ich vertrauen?» Sie wird von Menschen gestellt, die zwar wissen, dass die Verschwörungserzählungen ihrer Freunde oder Verwandten keinen Sinn ergeben, aber keine Ahnung haben, auf welche Quellen sie sich berufen sollen. Bei welchen Medien sie sich wirklich auf Qualitätsarbeit verlassen können. So bitter es ist, das als Journalistin sagen zu müssen: Der Journalismus hat sich dieses Misstrauen verdient. Denken wir beispielsweise an die vielen bekannt gewordenen Fälle von mangelhaft oder gar nicht gekennzeichneter Werbung oder an die zahlreichen Rügen, die der Presserat jedes Jahr wegen Vernachlässigung der journalistischen Sorgfaltspflicht und Verstößen gegen Opferschutz und Persönlichkeitsrecht ausspricht.[317] Oder daran, dass 2021 der Präsident des Bundesverbands Digitalpublisher und Zeitungsverleger, Mathias Döpfner, den damaligen *Bild*-Chefredakteur Julian Reichelt in einer privaten SMS als letzten Journalisten in Deutschland bezeichnete, der «mutig» gegen «den neuen DDR-Obrigkeitsstaat» aufbegehre, während fast alle anderen «zu Propaganda-Assistenten geworden» seien.[318] Später bedauerte Döpfner den DDR-Vergleich und bekräftigte, dass sein «Herz für den freien Journalismus schlägt – und ebenso für den Rechtsstaat, in dem wir leben».[319] In einer Videobotschaft an die Springer-Belegschaft wies er zudem darauf hin, dass die Behandlung einer privaten Äußerung als Zitat «eine Grenzüberschreitung» sei.[320]

Erinnern wir uns, dass im Oktober 2021 der deutsche Verleger Dirk Ippen seinem Investigativteam eine Veröffentlichung über ebendiesen Julian Reichelt verbot; die Mediengruppe Ippen begründete das im Nachgang damit, dass «sehr genau» darauf geachtet werden müsse, «dass nicht der Eindruck entsteht, wir wollten einem Wettbewerber wirtschaftlich schaden».[321]

Ippens Investigativteam publizierte kurzerhand nicht im eigenen Haus, sondern bei Spiegel Online. Die öffentliche Debatte, die sich daraufhin entspann, machte deutlich, dass es in Deutschland eine neue Generation von Journalisten gibt, die ihre Recherchen auch dann in die Welt tragen, wenn der eigene Verleger das verhindern will – und dass sich auch manche Akteure in der deutschen Medienlandschaft als radikalisiert bezeichnen lassen.

Der amerikanische Journalist Jeff Jarvis konstatierte schon 2020, dass der Journalismus an seiner wichtigsten Aufgabe, nämlich «dem öffentlichen Diskurs zu dienen», gescheitert sei.[322] Die Pandemie hat unbarmherzige Schlaglichter auf alles geworfen, was im Journalismus schiefläuft. Zu den folgenschwersten Problemen gehören falsche Ausgewogenheit, ein Mangel an wissenschaftlicher Expertise und die Priorisierung von Täterperspektiven.

Falsche Ausgewogenheit

In Meinungsdebatten werden oft konträre Ansichten einander gegenübergestellt, um durch unterschiedliche Perspektiven der komplexen Realität möglichst gerecht zu werden. Leider verstehen viele Journalisten bis heute nicht, dass sich dieses Prinzip nicht auf wissenschaftliche Tatsachen anwenden lässt. Wer etwa neben jede Aussage von Virologen die Meinung eines Covid-Leugners oder Impfgegners stellt, suggeriert, dass eine Ideologie genauso fundiert und relevant ist wie internationaler wissenschaftlicher Konsens. Das bedeutet natürlich nicht, dass Covid-Leugner oder Impfgegner ignoriert werden sollten. Wissenschaftsleugnung und Impfgegnerschaft sind wichtige Themen – zu pandemischen Zeiten mehr denn je. Zu einer seriösen Berichterstattung aber gehört Einordnung. Vor oder nach dem Zitat eines Impf«kritikers» könnte also ein Hinweis auf die Geschichte der Impfgegnerschaft stehen, die schon in ihren historischen Anfängen mit antisemitischen Stereotypen und Verschwörungsdenken verbunden war, auf die internationale Vernetzung von Impfgegnern und ihre organisierte Verbreitung von Falschnachrichten im Netz[323] oder auf die Gewaltbereitschaft hinter dem zur Schau gestellten Pazifismus. Nicht zuletzt böte sich der Hinweis an, dass Wissenschaftsleugnung und Impf«skepsis», so wie viele Formen der Radikalisierung, Phänomene der gehobenen Mittel- bis Oberschicht sind: Die niedrigsten Impfraten gibt es im «Speckgürtel» Süddeutschlands, in Südbayern und Baden-Württemberg – und natürlich im Berliner Prenzlauer Berg[324], an Orten also, wo man genug zeitliche und finanzielle Ressourcen hat, um teure Selbstzahlerbehandlungen von «unabhängigen» Ärzten, Bewusstseinscoaches oder Heilpraktikern in Anspruch zu nehmen. Radikalisierung erzählt immer auch eine Geschichte über uns als Gesellschaft, und diese Geschichte verdient mehr Aufmerksamkeit als die jeweiligen radikalen Parolen.

Mangel an wissenschaftlicher Expertise

Es ist auch dem Zeitdruck und dem Mangel an wissenschaftlicher Kompetenz in kaputtgesparten Redaktionen zuzuschreiben, dass Falschnachrichten verbreitet und Ideologen mit Experten verwechselt werden. Öffentlich-rechtliche Sender haben während der Pandemie Corona-Leugnern wie dem Lungenfacharzt Wolfgang Wodarg oder dem Mikrobiologen Sucharit Bhakdi eine Plattform geboten; der pensionierte Internist Matthias Schrappe konnte unter anderem im Interview mit der *Welt* für sein fehlerhaftes Thesenpapier über vermeintlich manipulierte Zahlen zur Belegung deutscher Intensivstationen werben;[325] der Kinder- und Jugendarzt Steffen Rabe durfte beim Deutschlandfunk ausgiebig Impfskepsis verbreiten[326] – die Liste ließe sich beliebig fortsetzen.

Wer die Parolen von Ideologen national verbreitet und damit normalisiert, muss sich nicht wundern, wenn ebendiese Ideologen ihre so gewonnene Bekanntheit dafür nutzen, um fortan umso aggressiver gegen Wissenschaft, Politik und, ja, auch den Journalismus zu hetzen. Eins der berühmtesten und folgenschwersten Beispiele für journalistische Fehleinschätzungen ist der Brite Andrew Wakefield, Erfinder der Lüge, dass die Mumps-Masern-Röteln-Impfung Autismus auslösen könnte. Wakefield war Krankenhauschirurg mit Schwerpunkt auf Darmoperationen, bevor er als «Experte» für Impfungen über 490 000 Pfund von einem Anwalt kassierte, der im Auftrag von Impfgegnern eine Klage gegen Impfstoffhersteller plante. Wakefield erfand ein neues Krankheitsbild: die «autistische Enterokolitis», angeblich ausgelöst durch die Kombinationsimpfung gegen Masern, Mumps und Röteln, deren Hersteller seine Sponsoren rein zufällig verklagen wollten. Er meldete kurzentschlossen auch gleich Patente für seinen eigenen Masernimpfstoff sowie für neuartige Diagnosetests an, die Masernviren in Körperflüssigkeiten, Ausscheidungen oder im Darm entdecken sollten. Für seine Entwicklungen rechnete er mit einem Jahresumsatz von bis zu 72,5 Millionen Pfund.[327]

Im Zuge seiner «Studie» unterzog Wakefield Kinder sinnlosen Qualen, darunter medizinisch nicht angezeigten Lumbalpunktionen und Darmspiegelungen. Ohne kinderärztliche Expertise und ohne die eigentlich verpflichtende Erlaubnis einer Ethikkommission. Dass er trotz aller Versuche keinen Zusammenhang zwischen Impfung und Autismus finden konnte, hielt ihn nicht davon ab, das Gegenteil zu behaupten. Zudem ließ er unerwähnt, wer seine vermeintlich unabhängige Arbeit bezahlt hatte.[328]

Obwohl es die gepfuschte Studie in *The Lancet*, eines der renommiertesten wissenschaftlichen Journale der Welt, schaffte, erntete sie im Wissenschaftsbetrieb vor allem Skepsis. Anderen Wissenschaftlern aber hörte so mancher britische Journalist offenbar weniger gern zu als Andrew Wakefield: Als sein Arbeitgeber ihn schließlich feuerte, weil er immer mehr Falschnachrichten verbreitete, präsentierte er seine Kündigung im Internet als Zensur und Verschwörung, und gleich mehrere Zeitungen sprangen auf den Zug auf. Sie porträtierten Wakefield als heroischen Aufklärer und Kämpfer für Patientengesundheit, der von einem korrupten System geschasst worden war. Die hochfrequente Berichterstattung zeigte Wirkung: Die Impfquoten brachen ein; die Regierung Großbritanniens erwog zeitweilig, die Dreifachimpfung abzuschaffen; weltweit flammten immer neue Masernausbrüche auf.

Selbst nachdem Wakefields These wissenschaftlich widerlegt worden war, behauptete er immer noch das Gegenteil – und zahlreiche Medien verbreiteten seine Lüge weiter. Als die britische Ärztekammer Wakefield ein Berufsverbot erteilte, lebte dieser längst in den USA, wo er eine Privatklinik eröffnet hatte.[329] Seine Falschaussagen erfreuen sich in der internationalen Impfgegnerszene bis heute großer Beliebtheit.

Sensationsjournalismus und Täterperspektiven

«Es heißt, dass Journalisten die besten Freunde von Terroristen seien, weil sie bereit sind, Terrorakten maximale Aufmerksamkeit zu schenken», schrieb der Historiker Walter Laqueur. «Terroristen brauchen die Medien, und die Medien finden im Terrorismus alle Zutaten für eine aufregende Geschichte.»[330] Diese Beobachtung aus dem Jahr 1999 wird von der Terrorberichterstattung immer wieder aufs Neue bestätigt: Attentäter werden vorschnell als Einzeltäter bezeichnet, Gerüchte und Falschnachrichten als gesichertes Wissen präsentiert, um den Liveticker oder die Sondersendung am Laufen zu halten; Boulevardmedien zeigen Tatvideos und verbreiten Fotos, Biografie und Propaganda der Täter – ihre Opfer hingegen werden deutlich seltener erwähnt. Kurz: Medien helfen Terroristen dabei, ihre Ziele zu erreichen – Angst und Schrecken für die Bevölkerung, Berühmtheit für die Täter und Verlockungen für Trittbrettfahrer. Die Soziologie spricht hier vom «contagion effect»[331], einer Ansteckungswirkung: Angesichts exzessiver medialer Berichterstattung über Gewalttaten fühlen sich Nachahmer ermutigt, mit eigenen Gräueltaten Berühmtheit zu erlangen. Die amerikanischen Kriminologen Adam Lankford und Eric Madfis veröffentlichten 2017 ihr Plädoyer «Don't Name Them, Don't Show Them, But Report Everything Else»: Sie erinnerten an die zahlreichen Attentäter, die offen zugegeben haben, «berühmt» werden zu wollen, die sich persönlich an die Medien gewendet und versucht haben, möglichst viele Menschen zu töten, um sich maximale Aufmerksamkeit zu sichern. Lankford und Madfis forderten die Medien dazu auf, nicht länger Namen oder Fotos von Attentätern zu veröffentlichen, um diesen den ersehnten Ruhm zu verwehren und mögliche Nachahmer nicht unnötig zu ermuntern.[332]

Walter Laqueurs Beobachtung lässt sich jedoch nicht nur auf die Berichterstattung zu Terrorismus anwenden: Journalisten nehmen immer wieder unreflektiert Täterperspektiven ein. Formulierungen wie «Ausländerhass» oder «Fremdenfeindlichkeit» etwa suggerieren, dass die Opfer rassistischer Gewalttäter kein Teil der Gesellschaft wären, und drängen so das eigentliche Problem, Menschenfeindlichkeit, in den Hintergrund.

Professionelle Medienarbeit und gezielte Provokationen haben rechtspopulistischen Akteuren in den vergangenen Jahren immer wieder Schlagzeilen und Talkshowauftritte gesichert. Guter Journalismus aber ist in der Pflicht, auch die eigenen Voreingenommenheiten und Reflexe kritisch zu hinterfragen: Ist es wirklich «demokratisch», Radikalen mehr Sendezeit zuzugestehen als ihren Opfern? Ist es wirklich realistisch, wenn Redaktionsmitgliedern zu jedem Thema nur weiße und männliche Experten einfallen? Ist es angemessen, Begriffe zu benutzen, die rassistische Gewalt relativieren und ihre Opfer symbolisch aus der Gesellschaft ausschließen? Ist eine Redaktion, die fast ausschließlich aus Angehörigen der weißen Mittelschicht besteht, in der Lage, die komplexe Realität einer vielfältigen Gesellschaft abzubilden? Warum distanziert sich der Rest einer Redaktion nicht öffentlich, wenn einzelne Kollegen einen Attentäter ohne gesicherte Erkenntnisse als Einzeltäter präsentiert und ihn damit von Verbindungen beispielsweise ins rechtsextreme Milieu freigesprochen haben, oder wenn einzelne Kollegen rechte Parolen oder Verschwörungsmythen verbreiten?

Es gibt nicht die eine Zeitung oder das eine Magazin, bei dem wir uns ein Leben lang darauf verlassen können, dass dort niemals aus finanziellen Gründen schlechte redaktionelle Entscheidungen getroffen werden oder persönliche Interessen und

Vorurteile niemals den Blick auf Tatsachen versperren. Es gibt keine Suchmaschine und keine Social-Media-Plattform, die uns neutral informiert. Es gibt keine Garantie dafür, dass jemand, der Medizin studiert hat und einen Doktortitel trägt, nicht gleichzeitig ideologisch verblendet ist und uns von sinnvollen Medikamenten und Impfungen abrät, weil er lieber teure Selbstzahlerleistungen verkaufen will. Es gibt keine Garantie dafür, dass jemand, der als scheinbar objektiver Radikalisierungsexperte auftritt, keine rechtsradikalen Überzeugungen hegt.

Das Gegenteil von Radikalisierung ist das Aushalten von Ambivalenz. Es gibt nicht die eine Person oder Institution, der wir pauschal ver- oder misstrauen sollten. Es gibt nicht die eine Studie, die etwas unumstößlich und für alle Ewigkeit beweist. Es gibt nicht das eine Produkt, das uns für immer heilen kann. Es gibt nicht das eine Rezept für eine bessere Welt.

Wir müssen damit anfangen, uns aus vielen Quellen zu informieren, statt uns auf eine einzige zu verlassen. Wir müssen unterschiedlichste Medien nutzen und mit anderen im (Offline-) Gespräch über deren Nachrichten bleiben. Wir müssen lernen, unser Bauchgefühl nicht als objektive und einzige Wahrheit zu betrachten. Wir müssen uns mit Missionierungs- und Manipulationsstrategien auseinandersetzen, damit wir sie im Alltag schneller erkennen können. Wir dürfen uns nicht darauf verlassen, dass irgendwo in uns ein kritischer Geist schlummert, sondern wir müssen ihn regelmäßig fordern und auf die Probe stellen. Je besser wir uns selbst schützen können, desto mehr Ressourcen haben wir, um auch anderen dabei zu helfen. Wenn wir die Psychologie von Radikalisierungsprozessen kennen und Strategien konstruktiver und deeskalierender Kommunikation nutzen, können wir im Kontakt mit einer radikalen Person bleiben, ohne uns dabei emotional zu überfordern. Unsere Liebe und unsere Wertschätzung sind eine Tür, die zurück in eine vielfältige, demokratische Gesellschaft führt. Indem wir sie offenhalten, geben wir unserem Gegenüber die Chance, die es am dringendsten braucht.

Anlaufstellen

Radikalisierung

Bundesweite Übersicht von Anlaufstellen
https://www.bpb.de/politik/extremismus/radikalisierungspraevention/208847/anlaufstellen-und-beratung-finden
Kontaktadresse für Aussteigerprogramme des Bundesamts für Verfassungsschutz
aussteiger@bfv.bund.de
Kontaktadresse des Bundesamtes für Verfassungsschutz für Hinweise auf Terrorismus
hinweise@bfv.bund.de
Beratungsstelle des BAMF (Bundesamt für Migration und Flüchtlinge), Schwerpunkt Islamismus
http://www.bamf.de/DE/DasBAMF/Beratung/beratung-node.html
Beratungsstelle mit Schwerpunkt Islamismus
https://hayat-deutschland.de/
Beratungsstelle mit Schwerpunkt Rechtsextremismus und religiös begründeter Extremismus
https://violence-prevention-network.de/angebote/beratung/
Beratungsstelle für ausstiegsbereite Rechtsradikale
https://www.exit-deutschland.de/
Online-Beratung zum Thema Rechtsextremismus
https://www.online-beratung-gegen-rechtsextremismus.de/
Bundesweite Übersicht von Sektenberatungsstellen
https://www.weltanschauungsfragen.de/beratung/beratungsstellen/gebiet/deutschland
Beratung für Angehörige von Sektenanhängern und Verschwörungsgläubigen
http://sekten-info-nrw.de/
Beratung für Angehörige von Verschwörungsgläubigen
https://dergoldenealuhut.de/ansprechpartner/
Checkliste für unbekannte Gruppen von der EBI (Eltern- und Betroffenen-Initiative) Sachsen
http://www.ebi-sachsen.de/sekten/checkliste.html

Opferschutz und (Online-)Gewalt

Links zu den Onlinewachen der Landespolizei
https://www.bka.de/DE/KontaktAufnehmen/Onlinewachen/onlinewachen_node.html
Online Strafanzeige stellen
https://online-strafanzeige.de/
Polizeiliche Beratung zu Opferschutz
https://www.polizei-beratung.de/opferinformationen/beratungsstellensuche/
Unterstützung von Kriminalitätsopfern (Telefon, Chat und persönlich)
https://weisser-ring.de/hilfe
Übersicht Beratungsstellen für Betroffene rechter, rassistischer und antisemitischer Gewalt
https://verband-brg.de/beratung/
Spezialisierte Beratungsstelle für Betroffene digitaler Gewalt
https://hateaid.org/
Hassinhalte melden und kostenfrei auf strafrechtliche Relevanz prüfen lassen
https://hassmelden.de/
Meldemöglichkeit rechtswidriger Inhalte
https://www.internet-beschwerdestelle.de/de/index.html
Verstöße gegen Jugendschutzbestimmungen melden
https://www.jugendschutz.net/hotline/index.html

Telefonseelsorge und Krisenhilfe

https://www.telefonseelsorge.de/
https://www.deutsche-depressionshilfe.de/depression-infos-und-hilfe/
Suchfunktion für Krisendienste und Sozialpsychiatrische Dienste
wo-finde-ich-hilfe/krisendienste-und-beratungsstellen

Allgemeine Beratung für Kinder und Jugendliche

Telefonische Beratung für Kinder und Jugendliche
https://www.nummergegenkummer.de/kinder-und-jugendberatung/kinder-und-jugendtelefon/

Online-Beratung der Caritas für Kinder und Jugendliche
https://www.caritas.de/hilfeundberatung/onlineberatung/kinder-jugendliche/
Bundesweite Übersicht von Kinderschutzzentren
https://www.kinderschutz-zentren.org/zentren-vor-ort

Beratung für junge Erwachsene

Übersicht deutschlandweiter Beratungsstellen der Deutschen Arbeitsgemeinschaft für Jugend- und Eheberatung e. V.
https://www.dajeb.de/beratungsfuehrer-online/beratung-in-ihrer-naehe
Krisenberatung für Jugendliche und junge Erwachsene
https://www.u25-deutschland.de/
Online-Beratung der Caritas für junge Erwachsene
https://www.caritas.de/hilfeundberatung/onlineberatung/krisenberatung-junge-erwachsene/start

Eltern- und Familienberatung

Übersicht deutschlandweiter Beratungsstellen der Deutschen Arbeitsgemeinschaft für Jugend- und Eheberatung e. V.
https://www.dajeb.de/beratungsfuehrer-online/beratung-in-ihrer-naehe
Telefonische Beratung für Eltern
https://www.nummergegenkummer.de/elternberatung/elterntelefon/
Bundesweite Übersicht von Jugendämtern
https://www.jugendaemter.com/jugendaemter-in-deutschland/

Themenschwerpunkt Missbrauch, Stalking, Opferschutz

Hilfe für Opfer von Kriminalität und Gewalt
https://weisser-ring.de/
Bundesweite Übersicht von Beratungsstellen der Opferhilfen
https://www.beratungsstellen-opferhilfen.de/beratungsstellen/
Telefonische und Online-Beratung für von Gewalt betroffene Frauen
https://www.hilfetelefon.de/das-hilfetelefon.html
Bundesweite Übersicht von Frauennotrufen und Frauenberatungsstellen
https://www.frauen-gegen-gewalt.de/de/hilfe-beratung.html

Hilfetelefon für Betroffene sexueller Gewalt
https://nina-info.de/hilfetelefon.html
Onlineberatung für Betroffene sexueller Gewalt
https://nina-info.de/save-me-online.html
Hilfeportal sexueller Missbrauch
https://www.hilfeportal-missbrauch.de/startseite.html
Beratung für Opfer von Stalking sowie für Täter
https://www.stop-stalking-berlin.de/de/fuer-menschen-die-gestalkt-werden/was-wir-anbieten/
Hilfe für pädo- und hebephile Personen
https://www.kein-taeter-werden.de/
Meldemöglichkeit für Hinweise und Verdachtsfälle sexueller Ausbeutung von Minderjährigen auf Reisen und im Tourismus
https://www.nicht-wegsehen.net/

Literaturnachweise

1. Bernd Kramer: Hinters Licht geführt, in: Die Zeit 28/2010, 8. Juli 2010, https://www.zeit.de/2010/28/Esoterik/
2. Stefanie Grossmann: Von Pocken bis Corona: Die Geschichte des Impfens, in: NDR Hamburg Journal, 3. 5. 2021, https://www.ndr.de/geschichte/chronologie/Von-Pocken-bis-Corona-Die-Geschichte-des-Impfens,impfen446.html
3. Michael Wuliger: Schulmedizin und arische Physik, in: Jüdische Allgemeine, 13. März 2019, https://www.juedische-allgemeine.de/kultur/schulmedizin-undarische-physik/
4. Peter Staudenmaier: Between Occultism and Fascism. Anthroposophy and the Politics of Race and Nation in Germany and Italy, 1900–1945, Leiden 2014.
5. Rudolf Steiner: Robert Hamerling: «Homunkulus». Modernes Epos in 10 Gesängen, Deutsche Wochenschrift 16/17 (1888), in: Rudolf Steiner: Gesammelte Aufsätze zur Literatur 1884–1902, Rudolf Steiner Gesamtausgabe, Bibliographie-Nr. 32, Dornach 2004 (3. Aufl.), Seite 145.
6. Rudolf Steiner: Vorträge vor Mitgliedern der anthroposophischen Gesellschaft, in: Rudolf Steiner Gesamtausgabe, Bibliographie-Nr. 177, Dornach 1917, S. 265.
7. Rudolf Steiner: Wie wirkt man für den Impuls der Dreigliederung des sozialen Organismus? Zwei Schulungskurse für Redner und aktive Vertreter des Dreigliederungsgedankens, in: Rudolf Steiner: Gesamtausgabe, Bibliographie-Nr. 338, Dornach 1986, S. 242 f.
8. Ministerium des Innern des Landes Nordrhein-Westfalen (2021): Sonderbericht zu Verschwörungsmythen und «Corona-Leugnern», S. 37, https://www.im.nrw/system/files/media/document/file/Sonderbericht_2021_Verschwoerungsmythen_und_Corona-Leugner.pdf
9. Universität Erfurt/Robert Koch-Institut/Bundeszentrale für gesundheitliche Aufklärung/Leibniz-Institut für Psychologie/Science Media Center/Bernhard Nocht Institut für Tropenmedizin/Yale Institute for Global Health: COSMO – COVID-19 Snapshot Monitoring, 2020/2021, https://projekte.uni-erfurt.de/cosmo2020/web/
10. Oliver Nachtwey/Robert Schäfer/Nadine Frei: Politische Soziologie der Corona-Proteste. Grundauswertung, (17. Dezember 2020, https://

idw-online.de/de/attachmentdata85376, S. 9, S. 51; Lebenslagen in Deutschland: Der Sechste Armuts- und Reichtumsbericht der Bundesregierung, Kurzfassung, April 2021, https://www.armuts-und-reichtums bericht.de/SharedDocs/Downloads/Berichte/sechster-armuts-reich tumsbericht-kurzfassung.pdf?__blob=publicationFile&v=2, S. 23.

11. Willem Koomen/Joop Van Der Pligt: The Psychology of Radicalization and Terrorism, London 2016, S. 30; Arie W. Kruglanski et al.: To the fringe and back. Violent extremism and the psychology of deviance, in: American Psychologist, 72(3), 2017.
12. Europäische Investitionsbank: EIB-Klimaumfrage 2020–2021, 2021, https://www.eib.org/de/surveys/climate-survey/3rd-climate-survey/climate-change-and-covid-recovery.htm
13. BDEW Bundesverband der Energie- und Wasserwirtschaft e. V./prolytics: Grafiken zur prolytics-Umfrage im Rahmen der BDEW-Kampagne «Wir sorgen vor», in: BDEW online, 2020, https://www.bdew.de/media/documents/20200806_BDEW_ZdW_Grafiken_Verhalten-aendern-fuer-KlimaschutzV2.pdf
14. Bundesamt für Verfassungsschutz: Verfassung schützen, https://www.verfassungsschutz.de/DE/verfassungsschutz/auftrag/verfassung-schuetzen/verfassung-schuetzen_artikel.html
15. Ebd.
16. Christoph Butterwegge: Contra Extremismusmodell: «ein inhaltsleerer Kampfbegriff», in: bpb, 24. Januar 2018, https://www.bpb.de/politik/extremismus/linksextremismus/263507/contra-extremismus modell
17. Claus Leggewie: Warum Begriffe wie «rechts» und «links» nur begrenzt taugen, in: Der Tagesspiegel, 31. Mai 2021, https://www.tagesspiegel.de/politik/auch-der-extremismus-ist-divers-warum-begriffe-wie-rechts-und-links-nur-begrenzt-taugen/27238690.html
18. Sebastian Gräfe: Rechtsterrorismus in der Bundesrepublik Deutschland. Zwischen erlebnisorientierten Jugendlichen, «Feierabendterroristen» und klandestinen Untergrundzellen, Reihe: Extremismus und Demokratie, Bd. 34, Baden-Baden 2017, S. 22.
19. Ministerium des Innern des Landes Nordrhein-Westfalen (2021): Sonderbericht zu Verschwörungsmythen und «Corona-Leugnern», S. 65, https://www.im.nrw/system/files/media/document/file/Sonderbericht_2021_Verschwoerungsmythen_und_Corona-Leugner.pdf
20. Anne-Béatrice Clasmann: Entwickelt sich «Querdenken» wie Pegida?, in: Sächsische Zeitung, 21. Dezember 2020, https://www.saechsische.de/politik/verfassungsschutz-querdenken-linksextrem-rechtsextrem-islamismus5343643.html

21. Andrew Silke: Holy Warriors, in: European Journal of Criminology 5(1), 2008, S. 103 f.
22. Ebd., S. 104.
23. David Webber/Arie W. Kruglanski: Psychological Factors in Radicalization. A «3 N» Approach, in: Gary LaFree/Joshua D. Freilich (Hg.): The Handbook of the Criminology of Terrorism 33 (46), Hoboken, NJ, 2016; Tore Bjørgo: Dreams and disillusionment. Engagement in and disengagement from militant extremist groups, in: Crime, Law and Social Change 55(4), 2011, S. 278; Fathali Moghaddam: The Staircase to Terrorism. A Psychological Exploration, in: American Psychologist, 60 (2), 2005, S. 162 f.
24. Bertjan Doosje et al.: Terrorism, radicalization and de-radicalization, in: Current Opinion in Psychology 11, 2016, S. 81.
25. Clark McCauley/Sophia Moskalenko: Friction. How Radicalization Happens to Them and Us, Oxford 2011, S. 11.
26. Bart Schuurman/Lasse Lindekilde/Stefan Malthaner/Francis O'Connor/Paul Gill/Noémie Bouhana: End of the Lone Wolf: The Typology that Should Not Have Been, in: Studies in Conflict & Terrorism, 2017, https://doi.org/10.1080/1057610X.2017.1419554
27. Clark McCauley/Sophia Moskalenko: Toward a Profile of Lone Wolf Terrorists: What Moves Individuals from Radical Opinion to Radical Action, in: Terrorism and Political Violence, 26, 2014, S. 83.
28. Paul Gill/John Horgan/Paige Deckert: Bombing Alone. Tracing the Motivations and Antecedent Behaviors of Lone-Actor Terrorists, in: Journal of Forensic Science, 59(2), 2014, S. 427–433.
29. Doosje et al., 2016, S. 79.
30. Gill/Horgan/Deckert, 2014, S. 430.
31. Ramón Spaaij, The Enigma of Lone Wolf Terrorism: An Assessment, in: Studies in Conflict & Terrorism 33, 2010, S. 854–870.
32. Gill/Horgan/Deckert, 2014, S. 425.
33. Ebd., S. 434.
34. Mark S. Hamm/Ramón Spaaij: The Age of Lone Wolf Terrorism, New York 2017, S. 157; Gill/Horgan/Deckert, 2014, S. 430.
35. Gill/Horgan/Deckert, 2014, S. 434.
36. Paul Gill: Seven Findings on Lone-Actor Terrorists, in: ICST (International Center for the Study of Terrorism), 6. Februar 2013, https://sites.psu.edu/icst/2013/02/06/seven-findings-on-lone-actor-terrorists/
37. Leonid Bershidsky: The only way to prevent lone-wolf attacks, in: The Sydney Morning Herald, 23. Juli 2016, https://www.smh.com.au/opinion/the-only-way-to-prevent-lonewolf-attacks-20160720-gq9ito.html; Southern Poverty Law Center: Tom Metzger, o. J., https://www.splcenter.

org/fighting-hate/extremist-files/individual/tom-metzger; Anti-Defamation League: Alex Curtis. ‹Lone Wolf› of Hate Prowls the Internet, 2012, https://www.adl.org/sites/default/files/documents/assets/pdf/combating-hate/Alex-Curtis-Report.pdf;

38. Gisela Diewald-Kerkmann: Frauen in der RAF, in: Bundeszentrale für politische Bildung, 20. August 2007, https://www.bpb.de/geschichte/deutsche-geschichte/geschichte-der-raf/49243/frauen-in-der-raf
39. Mia Bloom: Women and Terrorism, 2017, https://doi.org/10.1093/acrefore/9780190228637.013.124
40. European Parliament's Policy Department for Citizens' Rights and Constitutional Affairs; Eeva Eriksson/Seran de Leede et al.: Radicalisation and violent extremism – focus on women: How women become radicalised, and how to empower them to prevent radicalisation, 2017, S. 25, 28, https://www.europarl.europa.eu/RegData/etudes/STUD/2017/596838/IPOL_STU(2017)596838_EN.pdf; John P. Mello Jr.: Cyberwarfare Report, Vol. 2, No. 2: Cyberattacks On Election Systems More Widespread Than Originally Believed, 30. Juni 2017, https://cybersecurityventures.com/cyberwarfare-report-q2-2017/; MEMRI Jihad & Terrorism Threat Monitor: Pro-ISIS Female Hacking Group ‹Al Khansaa Kateeba› Releases Video On Telegram, 19. April 2017, https://www.memri.org/jttm/pro-isis-female-hacking-group-alkhansaa-kateeba-releases-video-telegram
41. Bloom, 2017; Mia Bloom: Dying to kill. The Allure of Suicide Terror, New York 2005, S. 142–165.
42. Mia Bloom: Bombshell: Women and terrorism, Philadelphia 2011, S. 86.
43. Bloom, 2017.
44. Alice Echtermann et al.: Kein Filter für rechts. Wie die rechte Szene Instagram benutzt, um junge Menschen zu rekrutieren, in: Correctiv, 6. Oktober 2020, https://correctiv.org/top-stories/2020/10/06/kein-filter-fuer-rechts-instagram-rechtsextremismus-frauen-der-rechten-szene/
45. Lili Loofbourow: It Makes Perfect Sense That QAnon Took Off With Women This Summer, in: Slate, 18. September 2020, https://slate.com/news-and-politics/2020/09/qanon-women-why.html
46. Anne Dittmann: Sie treffen Mütter da, wo es ihnen weh tut, in: Die Welt, 17. September 2020, https://www.welt.de/icon/article215801348/Rechte-Ideologie-auf-Instagram-Sie-treffen-Muetter-da-wo-es-ihnen-weh-tut.html; Echtermann, 2020.
47. Jamie Bartlett/Carl Miller: The Edge of Violence. Towards Telling the Difference Between Violent and Non-Violent Radicalization, in: Terrorism and Political Violence, 24 (1), 2012; Anja Dalgaard-Nielsen:

Violent Radicalization in Europe. What We Know and What We Do Not Know, in: Studies in Conflict & Terrorism, 33 (9), 2010.

48. Daniel Koehler: Understanding Deradicalization. Methods, Tools and Programs for Countering Violent Extremism, London 2016, S. 73–79.

49. Daniel Köhler/Ministerium für Inneres, Digitalisierung und Migration Baden-Württemberg: Strukturelle Qualitätsstandards in der Interventions- und Präventionsarbeit gegen gewaltbereiten Extremismus. Ein Handbuch für Praktikerinnen, Praktiker und staatliche Koordinationsstellen sowie zivilgesellschaftliche Projektträger in Deutschland, 2018, kpe-bw.info/wp-content/uploads/2019/11/FINAL-konex-Qualitätsstandards-2.-Auflage-Nov2018.pdf.

50. William James: Varieties of Religious Experience. A Study in Human Nature, London 2002, S. 283.

51. Arie W. Kruglanski et al.: Fully Committed. Suicide Bombers' Motivation and the Quest for Personal Significance, in: Political Psychology, 30 (3), 2009, S. 335.

52. Michael A. Hogg/Janice Adelman: Uncertainty-Identity Theory. Extreme Groups, Radical Behavior, and Authoritarian Leadership, in: Journal of Social Issues Volume: 69 (3), 2013, S. 441–448; Kruglanski et al., 2017, S. 222.

53. Robert A. Pape: Dying to Win. The Strategic Logic of Suicide Terrorism, New York 2005, S. 28, 63 f., 395, 402.

54. Lydia Wilson: What I Discovered From Interviewing Imprisoned ISIS Fighters, in: The Nation, 21. Oktober 2015, https://www.thenation.com/article/archive/what-i-discoveredfrom-interviewing-isis-prisoners/

55. Julian Richards: Extremism, Radicalization and Security. An Identity Theory Approach, Cham 2017, S. 210.

56. John Horgan: Individual disengagement. A psychological analysis, in: Tore Bjørgo/John Horgan (Hg.): Leaving Terrorism Behind. Individual and Collective Disengagement, London 2008, S. 24.

57. Ronald E. Riggio: Charisma, in: Encyclopedia of Mental Health (2. Aufl.), https://www.researchgate.net/publication/303315549_Charisma; Ronald E. Riggio: The charisma quotient: What it is, how to get it, how to use it, New York 1987.

58. Lorne L. Dawson: Psychopathologies and the Attribution of Charisma. A Critical Introduction to the Psychology of Charisma and the Explanation of Violence in New Religious Movements, in: Nova Religio. The Journal of Alternative and Emergent Religions, 10 (2), 2006, S. 15.

59. Katie Heaney/Janja Lalich: What Kind of Person Would Join a Sex Cult?, in: The Cut, 24. April 2019, https://www.thecut.com/2019/04/what-kind-of-person-would-join-a-sex-cult.html

60. Dawson, 2006, S. 11.

61. Marcus Bensmann/Ruth Fend/Bastian Schlange: Prügel, Folter und Gesang, in: Correctiv, 5. April 2019, https://correctiv.org/top-stories/2019/04/05/pruegel-folter-und-gesang/; Dirk Kurbjuweit: Die Folter war sauber und ordentlich, Die Zeit, 42/1997, https://www.zeit.de/1997/42/Die_Folter_war_sauber_und_ordentlich
62. Gregor Haschnik: Prozess gegen Sektenführerin: Hörigkeit der Anhänger erschüttert, in: Frankfurter Rundschau, 8. November 2019, https://www.fr.de/rhein-main/main-kinzig-kreis/hanau-ort66348/hanau-prozess-gegen-sektenfuehrerin-hoerigkeit-ihrer-anhaenger-zr-13204484.html; Julia Jüttner: «Sei nicht traurig, wenn Gott Jan holt», in: Spiegel Online, 22. Oktober 2019, https://www.spiegel.de/panorama/justiz/hanau-mordprozess-gegen-angebliche-sektenfuehrerin-mutter-des-toten-jungen-sagt-aus-a-1292816.html
63. Martin Helg/Diego Gambetta: Baumeister des Jihad, in: Neue Zürcher Zeitung, 4. April 2016, https://www.nzz.ch/nzzas/nzz-am-sonntag/ingenieure-baumeister-des-jihad-ld.11203
64. Lorne L. Dawson: The Study of New Religious Movements and the Radicalization of Home-Grown Terrorists: Opening a Dialogue, in: Terrorism and Political Violence 22:1, 2009, S. 15.
65. Marc Sageman: The Stagnation in Terrorism Research, in: Terrorism and Political Violence, 26 (4), 2014, S. 567.
66. Daniel Koehler: Contrast Societies. Radical Social Movements and their relationships with their target societies. A theoretical model, in: Behavioral Sciences of Terrorism and Political Aggression 7 (1), 2015, S. 24.
67. Bayerisches Staatsministerium des Innern, für Sport und Integration: Verfassungsschutzbericht 2019, 2020, S. 297 f., https://www.verfassungsschutz.bayern.de/mam/anlagen/vsb-2019_bf.pdf
68. Gregor Haschnik: Shinchonji-Kirche: Missionierung mit Tarnkappe, in: Frankfurter Rundschau, 31. Mai 2019, https://www.fr.de/rhein-main/missionierung-tarnkappe-12334542.html
69. James de Planta: Which group or individual outside Peoples Temple had the most significant impact on Jim Jones' decision to order the Jonestown Massacre?, in: San Diego State University, Department of Religious Studies: Alternative Considerations of Jonestown & Peoples Temple, 27. September 2018, https://jonestown.sdsu.edu/?page_id=81646; David Talbot: Jim Jones' sinister grip on San Francisco, in: Salon, 1. Mai 2012, https://www.salon.com/2012/05/01/jim_jones_sinister_grip_on_san_francisco/
70. Peter Maxwill/Maximilian Kreter: «Fast so, als gäbe es den Staat nicht mehr», in: Spiegel Online, 22. November 2020, https://www.spiegel.de/panorama/gesellschaft/sachsen-und-der-rechtsextremismus-so-

wirkt-der-pull-effekt-a-09915a33-6cf0-4f47-9c48-f8e601cc63b4; Philipp Schwenke: Eloquent, geschmeidig, belesen, in: Zeit Campus, 18. Oktober 2011, https://www.zeit.de/campus/2008/03/nazis-studenten/

71. Vanessa Grigoriadis: Inside Nxivm, the ‹Sex Cult› That Preached Empowerment. In: The New York Times Magazine, 30. Mai 2018, https://www.nytimes.com/2018/05/30/magazine/sex-cult-empowerment-nxivm-keith-raniere.html

72. Bayerisches Staatsministerium des Innern: Das System Scientology. Fragen und Antworten, S. 19 f., https://www.verfassungsschutz.bayern.de/mam/sonstige_aufgaben/content/so_2010_ansicht_bf_fin_18.11.10.pdf

73. John Horgan: Meta-Meditation: A Skeptic Meditates on Meditation, in: Scientific American, 8. Juli 2015, https://blogs.scientificamerican.com/cross-check/meta-meditation-a-skeptic-meditates-on-meditation/

74. Bärbel Schwertfeger: Die Wellness-Jünger Seiner Heiligkeit, in: Der Spiegel, 18. März 2004, https://www.spiegel.de/wissenschaft/mensch/maharishi-ayurveda-die-wellness-juenger-seiner-heiligkeit-a-289737.html; Andrew A. Skolnick: Maharishi Ayur-Veda. Guru's Marketing Scheme Promises the World Eternal ‹Perfect Health›, in: JAMA, 266 (13), 1991, S. 1741 ff.

75. Steven Novella: Transcendental Meditation Pseudoscience, in: Neurologica Blog, 3. April 2017, https://theness.com/neurologicablog/index.php/transcendental-meditation-pseudoscience/

76. Konrad Ege: Der peinliche Exfreund, in: taz, 15. September 2012, https://taz.de/Debatte-Moon-und-die-Republikaner/!5084040/; Angela Köhler: Sektenführer Moon: Von Jesus-Erscheinung zum Milliardär, in: Die Presse, 3. September 2012, https://www.diepresse.com/1286053/sekten fuhrer-moon-von-jesus-erscheinung-zum-milliardar; Erik Wemple: As the Rev. Moon goes, so goes the Washington Times?, in: Washington Post, 2. September 2012, https://www.washingtonpost.com/blogs/erik-wemple/post/as-the-rev-moon-goes-so-goes-the-washington-times/2012/09/02/a150051e-f535-11e1-86a5-1f5431d87dfd_blog.html

77. Frank Nordhausen: Scientology mit Scientology bekämpfen, in: Frankfurter Rundschau, 11. Oktober 2011, https://www.fr.de/panorama/scientology-scientology-bekaempfen-11373023.html

78. Armin Lehmann: Kolonie des Grauens, in: Der Tagesspiegel, 12. März 2005, https://www.tagesspiegel.de/politik/kolonie-des-grauens/592168.html

79. Matthias Rüb: Der Folterkeller hinter den sieben Bergen, in: Frankfurter Allgemeine Zeitung, 12. Juli 2016, https://www.faz.net/aktuell/politik/ausland/sekte-colonia-dignidad-der-folterkeller-hinter-den-sieben-bergen-14337200.html

80. Koehler, 2015, S. 24.

81. Andreas Zick/Anna Klein (Hg.): Fragile Mitte – Feindselige Zustände. Rechtsextreme Einstellungen in Deutschland 2014, Bonn 2014, S. 55 f., https://www.fes.de/index.php?eID=dumpFile&t=f&f=40929&token=719ef66b0d41a85cb3f28903fe70d9b6d31cc3be
82. Andreas Zick/Beate Küpper/Daniela Krause (Hg.): Gespaltene Mitte – Feindselige Zustände. Rechtsextreme Einstellungen in Deutschland 2016, Bonn 2016, S. 155, S. 48.
83. Oliver Decker/Elmar Brähler (Hg.): Flucht ins Autoritäre. Rechtsextreme Dynamiken in der Mitte der Gesellschaft, Gießen 2018, S. 77, https://www.boell.de/sites/default/files/leipziger_autoritarismus-studie_2018_-_flucht_ins_autoritaere_.pdf?dimension1=ds_leipziger_studie
84. Friedrich Ebert Stiftung; IKG Institut für interdisziplinäre Konflikt- und Gewaltforschung Universität Bielefeld (25. April 2019): Kurzzusammenfassung, S. 7, https://www.fes.de/index.php?eID=dumpFile&t=f&f=39657&token=b68b8efe1d66a60e980987e6f07fb1d5e3b01de3
85. Ebd., S. 6 f.
86. Schmidt, Matthias (17. Juli 2015): Jeder Siebte glaubt, dass die Zukunft in den Sternen steht, in: YouGov, https://yougov.de/news/2015/07/17/vor-allem-frauen-glauben-horoskope/
87. Leber, Sebastian; van Bebber, Werner (09. Oktober 2020): «Ich bin schon bei dir im Energiefeld»: Was die Deutschen so an Esoterik fasziniert, in: Tagesspiegel, https://plus.tagesspiegel.de/gesellschaft/reichsbuerger-und-bachblueten-wieso-die-esoterik-in-krisenzeiten-boomt-54641.html
88. Konietzny, Benjamin (05. November 2020): Warum die Umfragen derart danebenlagen, in: ntv, https://www.n-tv.de/politik/Warum-die-Umfragen-derart-danebenlagen-article22149734.html
89. Schulze, Lea (18. November 2020): Radikal und enthemmt im Osten, in: Tagesspiegel, https://www.tagesspiegel.de/politik/studie-zum-autoritarismus-radikal-und-enthemmt-im-osten/26637304.html
90. Zeit Online; Katholische Nachrichten-Agentur; Kammer, Alena (02. März 2021): Behörden melden 1606 Straftaten gegen Geflüchtete, in: Zeit Online, https://www.zeit.de/gesellschaft/zeitgeschehen/2021-03/rechtsextremismus-fluechtlinge-angriffe-straftaten-bundesinnenministerium-2020
91. Bundesministerium des Innern, für Bau und Heimat; Bundeskriminalamt (2021): Politisch motivierte Kriminalität im Jahr 2020. Bundesweite Fallzahlen, S. 7, https://www.bmi.bund.de/SharedDocs/downloads/DE/veroeffentlichungen/2021/05/pmk-2020-bundesweite-fallzahlen.pdf?__blob=publicationFile&v=4; Jansen, Frank (11. Februar 2021): Höchststand antisemitischer Kriminalität seit 20 Jahren, in: Tagesspiegel, https://www.tagesspiegel.de/politik/taeglich-mindestens-

sechs-angriffe-von-judenhassern-hoechststand-antisemitischer-krimi
nalitaet-seit-20-jahren/26905120.html?fbclid=IwAR0y984rDJaOw3e144
XZmI1JhJty6Ykq09tLR2_oPjPdGJNblNZHwMIE25w

92. Oliver Decker/Elmar Brähler (Hg.): Autoritäre Dynamiken. Alte Ressentiments – neue Radikalität, Gießen 2020, S. 226, S. 301, https://
www.boell.de/sites/default/files/2020-11/Decker-Braehler-2020-Auto
ritaere-Dynamiken-Leipziger-Autoritarismus-Studie.pdf?dimension1=
ds_leipziger_studie

93. Friedrich Naumann Stiftung: Globale Studie: Desinformationen durchdringen Gesellschaften weltweit, 14. August 2020, https://www.freiheit.
org/de/globale-studie-desinformationendurchdringen-gesellschaften-
weltweit

94. Decker/Brähler, 2020, S. 38, https://www.boell.de/sites/default/
files/2020-11/Decker-Braehler-2020-Autoritaere-Dynamiken-Leipziger-
Autoritarismus-Studie.pdf?dimension1=ds_leipziger_studie

95. Deutscher Bundestag, Wissenschaftliche Dienste: Kurzinformation Literatur zur Extremismus- und Hufeisentheorie, 19. Februar 2020,
https://www.bundestag.de/resource/blob/693392/387dee946cee0c53758
d8b6a029055c1/WD-1-007-20-pdf-data.pdf

96. Vgl. u. a. Uwe Backes: Rechts- und linksextreme Gewalt in Deutschland. Vergleichende Betrachtungen, in: Politische Studien Nr. 58, 2007, S. 34; Eckhard Jesse: Extremismus in Deutschland, in: Eckhard Jesse/Tom Thieme (Hg.): Extremismus in den EU-Staaten, Wiesbaden 2011, S. 94.

97. Eckhard Jesse: Philosemitismus, Antisemitismus und Anti-Antisemitismus. Vergangenheitsbewältigung und Tabus, in: Uwe Backes/Eckhard Jesse/Rainer Zitelmann (Hg.): Die Schatten der Vergangenheit, Berlin/Frankfurt a. M. 1990, S. 545 f.

98. Hans-Joachim Wiese/Eckhard Jesse: Auseinandersetzung mit der NPD statt Verbot, in: Deutschlandfunk, 25. Januar 2005, https://www.
deutschlandfunk.de/auseinandersetzung-mit-der-npd-statt-verbot.694.
de.html?dram:article_id=61812

99. Eckhard Jesse: Warum wir linke Gewalt milder bewerten als rechte Gewalt, in: Der Tagesspiegel, 20. September 2018, https://www.tages
spiegel.de/politik/extremismus-warum-wir-linke-gewalt-milder-
bewerten-als-rechte-gewalt/23087552.html

100. Arne Semsrott: Eingriff in Unabhängigkeit: Wie das Innenministerium der bpb Inhalte diktierte, 2. März 2021, https://fragdenstaat.de/
blog/2021/03/02/bpb-innenministerium-linksextremismus/https://
fragdenstaat.de/blog/2021/03/02/bpb-innenministerium-linksextre
mismus/; Volkan Agar: Unabhängigkeit bedroht, in: taz, 2. März 2021,
https://taz.de/Bundeszentrale-fuer-politische-Bildung/!5750736/

101. Ann-Katrin Müller/Isabella Reichert: Unionsfraktion bremst Demokratiefördergesetz aus, Spiegel Online, 31. März 2021, https://www.spiegel.de/politik/deutschland/cdu-csu-unionsfraktion-bremst-demokratie foerdergesetz-aus-a-6fef4874c411-4bbb-ab2e-64cb1f06976a
102. Heike Kleffner/Andreas Feser: Der NSU-Untersuchungsausschuss, in: bpb, 18. November 2013, https://www.bpb.de/politik/extremismus/rechts extremismus/172857/der-nsu-untersuchungsausschuss
103. Jan Hofer/Matthias Goergens: Das reihenweise Sterben der NSU-Zeugen, in: WDR Aktuelle Stunde, 11. März 2016, https://www1.wdr.de/fernsehen/aktuelle-stunde/startseite/nsu-prozess-zeugen-sterben-100.html; Dirk Laabs: Warum blieb der V-Mann-Führer so lange an Corelli dran?, in: Die Welt, 23. November 2016, https://www.welt.de/politik/deutschland/article159706366/Warum-blieb-der-V-Mann-Fuehrer-so-lange-an-Corelli-dran.html
104. Deutscher Bundestag, Drucksache 18/12950: Beschlussempfehlung und Bericht des 3. Untersuchungsausschusses gemäß Artikel 44 des Grundgesetzes*, 23. Juni 2017, https://dserver.bundestag.de/btd/18/129/1812950.pdf; Deutscher Bundestag, Drucksache 17/14600: Beschlussempfehlung und Bericht des 2. Untersuchungsausschusses nach Artikel 44 des Grundgesetzes*, 22. August 2013, https://dserver.bundestag.de/btd/17/146/1714600.pdf; Kerstin Herrnkind/Holger Witzel: Das Spitzel-Spiel – oder wie skrupellos der Verfassungsschutz die Wahrheit vertuscht, in: Stern, 8. Juli 2018, https://www.stern.de/politik/deutschland/nsu-prozess--die-dubiosen-machenschaften-des-verfassungsschutzes-8155994.html; Kerstin Herrnkind: Fall NSU: Ausschuss stellt Sicherheitsbehörden Armutszeugnis aus, in: Stern, 29. Juni 2017, https://www.stern.de/panorama/nsu-untersuchungsausschuss-ruegt-ermittlungs defizite-7513598.html
105. Julia Klaus/Rafael Behr: «Die Leute kommen nicht als Rassisten in die Polizei», in: zdf.de, 20. Oktober 2020, https://www.zdf.de/nachrichten/politik/polizei-studie-rassismus-100.html
106. Gordon Woo: Quantitative Terrorism Risk Assessment, in: The Journal of Risk Finance, Vol. 4, Issue 1, 2002, http://dx.doi.org/10.1108/eb022949, S. 9.
107. Mark S. Hamm/Ramón Spaaij, 2017, S. 151 f.; Loveday Morris: The anatomy of a suicide bomber, in: The National News, 2. Januar 2010, https://www.thenationalnews.com/uae/the-anatomy-of-a-suicide-bomber-1.578494
108. Mark S. Hamm/Ramón Spaaij, 2017, S. 85 f.; Sadhbh Walshe: The Right Word: the George Soros obsession, in: The Guardian,17. November 2019, https://www.theguardian.com/commentisfree/cifamerica/2010/nov/17/fox-news-glenn-beck

109. Deutscher Bundestag, Drucksache 19/19408: Antwort der Bundesregierung auf die Kleine Anfrage der Abgeordneten Konstantin Kuhle, Stephan Thomae, Grigorios Aggelidis, weiterer Abgeordneter und der Fraktion der FDP – Drucksache 19/18801 – Stochastischer Terrorismus im Fokus der Sicherheitsbehörden, 25. Mai 2020, S. 7, https://www.fdpbt.de/sites/default/files/2020-06/1919408.pdf
110. Thomas Grumke: Rechtsextremismus in den USA, Opladen 2001, S. 85 ff.
111. Chip Berlet/Carol Mason: Swastikas in Cyberspace. Ultra-Right White supremacy and antisemitism online, in: Chip Berlet (Hg.): Trumping Democracy. From Reagan to the Alt-Right, London 2020, S. 49–53; Frank Pasquale: Rankings, Reductionism, and Responsibility, Cleveland State Law Review 54 (1), 2006, S. 117–125, https://engagedscholarship.csuohio.edu/clevstlrev/vol54/iss1/7; Jessie Daniels: Race, Civil Rights, and Hate Speech in the Digital Era, in: Anna Everett (Hg.): Learning Race and Ethnicity. Youth and Digital Media, The John D. and Catherine T. MacArthur Foundation Series on Digital Media and Learning, Cambridge, MA, 2008, S. 138–142.
112. Karen Hao: AI is sending people to jail–and getting it wrong, in: MIT Technology Review, 21. Januar 2019, https://www.technologyreview.com/2019/01/21/137783/algorithms-criminal-justice-ai/
113. Will Douglas Heaven: Predictive policing algorithms are racist. They need to be dismantled, in: MIT Technology Review, 17. Juli 2020, https://www.technologyreview.com/2020/07/17/1005396/predictive-policing-algorithms-racist-dismantled-machine-learning-bias-criminal-justice/; Kashmir Hill: Wrongfully Accused by an Algorithm, in: The New York Times, 3. August 2020, https://www.nytimes.com/2020/06/24/technology/facial-recognition-arrest.html
114. Guillaume Chaslot: The Toxic Potential of YouTube's Feedback Loop, in: Wired, 13. Juli 2019, https://www.wired.com/story/the-toxic-potential-of-youtubes-feedback-loop
115. https://www.theguardian.com/technology/2015/jul/08/women-less-likely-ads-high-paid-jobs-google-study
116. Sebastian Meineck/Daniel Laufer: So penetrant empfiehlt Amazon den Kauf von Verschwörungsliteratur, in: Netzpolitik.org, 2. September 2020, https://netzpolitik.org/2020/desinformation-so-penetrant-empfiehlt-amazon-den-kauf-von-verschwoerungsliteratur/
117. Jeff Horwitz/Deepa Seetharaman: Facebook Executives Shut Down Efforts to Make the Site Less Divisive, in: The Wall Street Journal, 26. März 2020, https://www.wsj.com/articles/facebook-knows-it-encourages-division-top-executives-nixed-solutions-11590507499
118. Kelly Weill: How YouTube Built a Radicalization Machine for the

Far-Right, in: The Daily Beast, 17. Dezember 2018, https://www.thedailybeast.com/how-youtube-pulled-these-men-down-a-vortex-of-far-right-hate
119. Themenpapier jugendschutz.net: Löschung rechtswidriger Hassbeiträge bei Facebook, YouTube und Twitter. Ergebnisse des Monitorings von Beschwerdemechanismen jugendaffiner Dienste, https://www.bmjv.de/SharedDocs/Downloads/DE/News/Artikel/03142017_Monitoring_jugendschutz.net.pdf;jsessionid=E6E5B6DAA0CE8A535D49986FCFF7DD70.2_cid334?__blob=publicationFile&v=3
120. Daniel Mützel: Vom NetzDG zum HetzDG: Wie Trolle das Maas-Gesetz nutzen, um politische Gegner mundtot zu machen, in: Vice, 12. Januar 2018, https://www.vice.com/de/article/kznxz3/vom-netzdg-zum-hetzdg-wie-trolle-das-maas-gesetz-nutzen-um-politische-gegner-mundtot-zu-machen
121. Haufe Online Redaktion: Bundespräsident unterzeichnet Gesetz zur Bekämpfung von Hass und Rechtsextremismus, 1. April 2021, https://www.haufe.de/recht/weitere-rechtsgebiete/strafrecht-oeffentl-recht/gesetzespaket-zur-bekaempfung-der-hasskriminalitaet-im-internet_204_510192.html
122. Max Hoppenstedt: Telegram löscht rechtsterroristische Inhalte nur selten, in: Spiegel Online, 10. Juli 2020, https://www.spiegel.de/netzwelt/web/telegram-messenger-app-loescht-rechtsterroristische-inhalte-nur-selten-a-8fc169c9-37ec-4dd7-870b-5ec603c5a80b
123. B. Nabben et al.: Wie Facebook im Kampf gegen Hass versagt, in: tagesschau.de, 23. Juni 2020, https://www.tagesschau.de/investigativ/br-recherche/facebook-hassrede-101.html
124. Echtermann, 2020.
125. Billy Perrigo: Facebook Says It's Removing More Hate Speech Than Ever Before. But There's a Catch, in: Time, 26. November 2019, https://time.com/5739688/facebook-hate-speech-languages/
126. Guillaume Chaslot: «Algorithms not designed to have quality information in their objective functions will naturally favour disinformation», in: EU Disinfo Lab, https://www.disinfo.eu/face/algorithms-not-designed-to-havequality-information-in-their-objective-functions-will-naturally-favour-disinformation
127. https://twitter.com/tristanharris/status/1351659432548003842
128. Matthias Rüb: Bischofskonferenz geht auf Distanz zu umstrittenem Corona-Schreiben, in: Frankfurter Allgemeine Zeitung, 10. Mai 2020, https://www.faz.net/aktuell/politik/kontroverse-um-corona-appell-ranghoher-geistlicher-16763060.html
129. Anian C. Wimmer: Kardinal Sarah an Bischöfe: Wir müssen zur

Eucharistie zurückkehren, in: Catholic News Agency, 12. September 2020, https://de.catholicnewsagency.com/story/kardinal-sarah-wir-mussen-zur-eucharistie-zuruckkehren-6896

130. Das Erste Redaktion, Sendungsübersicht: Die Story im Ersten: Querdenker. Wie sich Menschen aus der Mitte radikalisieren, 19. Juli 2021, https://www.daserste.de/information/reportage-dokumentation/dokus/sendung/querdenker-102.html; Christian Esser et al.: Corona und die Folgen. Zwischen Panik und Pandemie, in: Frontal 21, 10. März 2020, https://www.zdf.de/politik/frontal/corona-zwischen-panik-und-pandemie-100.html
131. Dipak K. Gupta: Exploring roots of terrorism, in: Bjørgo, Tore (Hg.): Root Causes of Terrorism. Myths, reality and ways forward, London 2005, S. 19 f.
132. Daniel Laufer/Markus Reuter: Die fragwürdigen Spenden-Tricks der Anti-Corona-Bewegung, in: netzpolitik.org, 15. September 2020, https://netzpolitik.org/2020/intransparenz-die-fragwuerdigen-spenden-tricks-der-anti-corona-bewegung/; Till Eckert/Matthias Bau/Alice Echtermann: Im Netz der Corona-Gegner, in: Correctiv, 27. August 2020, https://correctiv.org/faktencheck/hintergrund/2020/08/27/imnetz-der-corona-gegner/
133. Felix Schröder/Philipp von Ditfurth/Felix Haas/dpa: Sekten in der Corona-Zeit: Wenn man nur fest dran glaubt, kann man Covid wegbeten, in: Stern, 4. Januar 2021, https://www.stern.de/panorama/weltgeschehen/sekten-und-corona--wenn-man-fest-dran-glaubt--kann-man-covid-wegbeten-9552876.html
134. Antonio Pierro et al.: Autocracy Bias in Informal Groups Under Need for Closure, in: Personality and Social Psychology Bulletin, 29 (3), 2003, S. 415.
135. Michael A. Hogg et al.: The solace of radicalism: Self-uncertainty and group identification in the face of threat, in: Journal of Experimental Social Psychology, 46, 2010, S. 1061–1066; Kira Harris et al.: Understanding the role of social groups in radicalisation. Conference paper, 7th Australian Security and Intelligence Conference, Edith Cowan University, Perth, Western Australia, 1.–3. Dezember, 2014, S. 22 f., https://ro.ecu.edu.au/cgi/viewcontent.cgi?article=1034&context=asi; Daniel Sullivan/Mark J. Landau/Zachary K. Rothschild: An existential function of enemyship: Evidence that people attribute influence to personal and political enemies to compensate for threats to control, in: Journal of Personality and Social Psychology, 98(3), 2010, S. 434–449.
136. Gordon W. Allport/Leo Postman: An Analysis of Rumor, in: The Public Opinion Quarterly, 10 (4), 1946–1947), S. 503.

137. Hans Blumenberg: Arbeit am Mythos, Frankfurt a. M. 2006, S. 40; Erstausgabe 1979.
138. R. B. Mohamed Ali et al.: Does the pursuit of meaning explain the initiation, escalation, and disengagement of violent extremists?, in: Aggression and Violent Behavior, 2017, S. 3; Zick/Klein, 2014, S. 82, S. 113–117; Kruglanski et al., 2009, S. 338.
139. Cass Sunstein/Adrian Vermeule: Conspiracy Theories. Causes and Cures, in: The Journal of Political Philosophy, 17 (2), 2009, S. 216.
140. Maria Fiedler/Michael Blume: Wie gefährlich wird die «Querdenker»-Bewegung 2021?, in: Der Tagesspiegel, 31. Dezember 2020, https://www.tagesspiegel.de/politik/sie-suchen-den-erloeserder-sie-befreien-kann-wie-gefaehrlich-wirddie-querdenker-bewegung-2021/26760802.html
141. Webber/Kruglanski, 2016, S. 36.
142. Roderick M. Kramer: The sinister attribution error: Paranoid cognition and collective distrust in groups and organizations, in: Motivation and Emotion, 18 (2), 1994, S. 199–230.
143. Roland Imhoff/Lea Dieterle/Pia Lamberty: Resolving the puzzle of conspiracy worldview and political activism: Belief in secret plots decreases normative but increases nonnormative political engagement, in: Social Psychological and Personality Science 12 (1), 2021, S. 71–79; Daniel Jolley/Jenny Paterson: Pylons ablaze. Examining the role of 5G COVID-19 conspiracy beliefs and support for violence, in: British Journal of Social Psychology 59 (3), 2020; Jamie Bartlett/Carl Miller: The power of unreason. Conspiracy theories, extremism and counter-terrorism, London 2010, https://demosuk.wpengine.com/files/Conspiracy_theories_paper.pdf?1282913891
144. Koehler, 2016, S. 113 f.
145. Sageman, 2014, S. 567.
146. Heike Tauch/Hermann Theißen: Ortserkundungen (4). Villa Baviera, Die ehemalige Colonia Dignidad, in: Deutschlandfunk Feature, 28. August 2007, https://www.deutschlandfunkkultur.de/villa-baviera-die-ehemalige-colonia-dignidad-pdf-dokument.media.44ecdce32c80c9331c92549ad297ae43.pdf
147. Bloom, 2011, S. 15; Martin Chulov: Innocent grandmother – or suicide bombing mastermind?, in: The Guardian, 11. Juni 2009, https://www.theguardian.com/world/2009/jun/11/iraq-samira-al-jaseem
148. Scott Cohn: Nxivm's Keith Raniere used a common marketing technique to attract victims, in: CNBC, 22. Januar 2021, https://www.cnbc.com/2021/01/22/nxivm-keith-raniere-used-multilevel-marketing-to-attract-victims.html
149. Nicole Hong/Sean Piccoli: Keith Raniere, Leader of Nxivm Sex Cult, Is

Sentenced to 120 Years in Prison, in: New York Times, 27. Oktober 2020, https://www.nytimes.com/2020/10/27/nyregion/nxivm-cult-keith-raniere-sentenced.html

150. Martha Crenshaw: Radicalization and Recruitment into Terrorism. Paper presented at the Conference «Processes of Radicalization and De-Radicalization», Zentrum für interdisziplinäre Forschung (ZiF), Bielefeld 2011, zitiert in: Alexandra Stein: Terror, Love and Brainwashing, London 2017, S. 127.
151. Daniel Koehler: Trust me with your life. TEDx Frankfurt, 11. Januar 2017, https://www.youtube.com/watch?v=956GheDoPKY
152. Stein, 2017, S. 127, 139 f.
153. Sara Geisler: Allah schickt keine Freundschaftsanfragen, in: fluter, 23. Juli 2017, https://www.fluter.de/allah-schickt-keine-freundschafts anfragen
154. Kristian Frigelj: Scientology schleust Sekten-Buch in Klassenzimmer, in: Die Welt, 10. März 2012, https://www.welt.de/regionales/duesseldorf/article13913320/Scientology-schleust-Sekten-Buch-in-Klassenzimmer.html
155. Karsten Hundeide: Becoming a Committed Insider, in: Culture & Psychology, 9 (2), 2003, S. 123.
156. Edward E. Jones: Ingratiation: A social psychologist analysis. Appleton-Century-Croft, New York 1964.
157. Dominiek Coates: «Cult Commitment» from the Perspective of Former Members: Direct Rewards of Membership versus Dependency Inducing Practices, in: Deviant Behavior, 33(3), 2012, S. 168–184, https://www.researchgate.net/publication/233367770_Cult_Commitment_from_the_Perspective_of_Former_Members_Direct_Rewards_of_Membership_versus_Dependency_Inducing_Practices
158. Steven Hassan: Ausbruch aus dem Bann der Sekten. Psychologische Beratung für Betroffene und Angehörige, Reinbek 1993.
159. Doosje, 2016, S. 81.
160. Alex P. Schmid: Challenging the Narrative of the «Islamic State», Research Paper für das International Centre for Counter-Terrorism – The Hague (ICCT), 2015, S. 1 f., https://icct.nl/app/uploads/2015/06/ICCT-Schmid-Challenging-the-Narrative-of-the-Islamic-State-June2015.pdf
161. Sara Geisler, 23. Juli 2017.
162. Katherine Leggiero: Countering ISIS Recruitment in Western Nations, in: Journal of Political Risk, 3 (1), 2015, http://www.jpolrisk.com/countering-western-recruitment-of-isis-fighters/#more-699
163. Joana Cook/Gina Vale: From Daesh to ‹Diaspora› II: The Challenges Posed by Women and Minors After the Fall of the Caliphate, in: CTC Sentinel,

12 (6), 2019, S. 31, https://ctc.usma.edu/wp-content/uploads/2019/07/CTC-SENTINEL-062019.pdf

164. Sageman, 2014, S. 567.

165. Marcia Holmes: Edward Hunter and the origins of ‹brainwashing›, in: Hidden Persuaders Project, Department of History, Classics and Archaeology Birkbeck, University of London, 26. Mai 2017, http://www7.bbk.ac.uk/hiddenpersuaders/blog/hunter-origins-of-brainwashing/

166. Ebd.

167. Sarah Marks: Manipulation Out of Control: J. A. M. Meerloo's ‹Menticide›, in: Hidden Persuaders Project, Department of History, Classics and Archaeology Birkbeck, University of London, 26. Januar 2018, http://www7.bbk.ac.uk/hiddenpersuaders/blog/manipulation-out-of-control/

168. James R. Lewis: Cults. A Reference Handbook, ABC-CLIO, Santa Barbara, Denver, Oxford 2005 (2. Aufl.), S. 31–35, S. 93 f., S. 190–220, S. 233–237.

169. Graig Graziosi: Cult deprogrammers inundated with requests to help people lost in Trump election, QAnon conspiracy theories, in: The Independent, 3. März 2021, https://www.independent.co.uk/news/world/americas/us-politics/cult-trump-election-qanon-conspiracy-theories-b1812078.html

170. Robert Lifton: Thought Reform and the Psychology of Totalism, Chapel Hill, NC, 1989; Edgar H. Schein/Inge Schneider/Curtis H. Barker: Coercive Persuasion: A Socio-Psychological Analysis of the «Brainwashing» of American Civilian Prisoners by the Chinese Communists, in: Social Forces, 40 (3), 1962, S. 283 f.; Edgar H. Schein: Brainwashing and Totalitarianism in Modern Society, in: World Politics, 11 (3), 1959, S. 430–441.

171. Cathrine Moestue/Robert Cialdini: You don't have to be a fool to be fooled. An Interview with Robert Cialdini about the similarities of persuasion tactics between cults and terror groups, 2016, S. 8, https://www.researchgate.net/publication/312916528_You_dont_have_to_be_a_fool_to_be_fooled_An_Interview_with_Robert_Cialdini_about_the_similarities_of_persuasion_tactics_between_cults_and_terror_groups

172. Tarcan G. Kumkale/Dolores Albarracín: The Sleeper Effect in Persuasion: A Meta-Analytic Review, in: Psychological Bulletin, 130(1), 2004, S. 143–172.

173. Jonah Lehrer: How we decide. Boston 2009, S. 24.

174. A. R. Allgeier/Donn Byrne/Barbara Brooks/Diane Revnes: The waffle phenomenon: Negative evaluations of those who shift attitudinally, in: Journal of Applied Social Psychology, 9 (2), 1979, S. 170–182; Theodore M. Newcomb: An approach to the study of communicative acts, in: Psychological Review, 60 (6), 1953, S. 393–404.

175. David B. Strohmetz/Bruce Rind/Reed Fisher/Michael Lynn: Sweetening

the Till: The Use of Candy to Increase Restaurant Tipping, in: Journal of Applied Social Psychology 32, 2002, S. 300–309.
176. Hershey H. Friedman/Paul J. Herskovitz: The Effect of a Gift-Upon-Entry on Sales: Reciprocity in a Retailing Context, in: American Journal of Business, 5 (1), 1990, S. 49 f.
177. Francis J. Flynn: What have you done for me lately? Temporal adjustments to favor evaluations, in: Organizational Behavior and Human Decision Processes, 91, 2002, S. 38–50; Jerry M. Burger/Misa Horita/Lisa Kinoshita/Kris Roberts/Christopher Vera: Effects of time on the norm of reciprocity, in: Basic and Applied Social Psychology, 19, 1997, S. 91–100.
178. Robert B. Cialdini: Influence. Science and Practice, Boston/New York/San Francisco 2009 (5. Aufl.), S. 23–50.
179. R. Kelly Aunel/Michael D. Basil: A Relational Obligations Approach to the Foot-In-The-Mouth Effect, in: Journal of Applied Social Psychology, 24 (6), 1994, S. 546–556.
180. Solomon E. Asch: Studies of independence and conformity: I. A minority of one against a unanimous majority, in: Psychological Monographs: General and Applied, 70 (9), 1956, S. 1–70; Solomon E. Asch: Effects of group pressure upon the modification and distortion of judgment, in: Harold Guetzkow (Hg.): Groups, leadership and men, Pittsburgh, PA, 1951.
181. Dennis Tourish/Tim Wolforth: On the Edge. Political Cults Right and Left, London 2015, S. 539 f. (E-Book-Version)
182. Cialdini, 2009, S. 128–131.
183. Daniel Kahneman: Schnelles Denken, langsames Denken, München 2012.
184. Nicolas Epley/Thomas Gilovich: The anchoring-and-adjustment heuristic: Why adjustments are insufficient, in: Psychological Science, 17, 2006, S. 311–318; Richard E. Petty/Duane T. Wegener: The elaboration likelihood model: Current status and controversies, in: Shelly Chaiken/Yaacov Trope (Hg.): Dual-process theories in social psychology, New York 1999, S. 37–72; Michael R. Leippe/Roger A. Elkin: When motives clash: Issue involvement and response involvement as determinants of persuasion, in: Journal of Personality and Social Psychology, 52 (2), 1987, S. 269–278; Richard E. Petty/John T. Cacioppo/Rachel Goldman: Personal involvement as a determinant of argument-based persuasion, in: Journal of Personality and Social Psychology, 41 (5), 1981, S. 847–855.
185. https://meditation.de/; https://de.tm.org/
186. Tim Emswiller/Kay Deaux/Jerry E. Willits: Similarity, sex, and requests for small favors, in: Journal of Applied Social Psychology, 1 (3), 1971, S. 284–291; Peter Suedfeld/Stephen Bochner/Carol Matas: Petitioner's attire and petition signing by peace demonstrators: A

field experiment, in: Journal of Applied Social Psychology, 1 (3), 1971, S. 278–283.

187. Cialdini, 2009, S. 149; Rick van Baaren/Rob W. Holland/Bregje Steenart/Ad van Knippenberg: Mimicry for money: Behavioral consequences of imitation, in: Journal of Experimental Social Psychology, 39 (4), 2003, S. 393–398; Tanya L. Chartrand/John A. Bargh: The chameleon effect: The perception–behavior link and social interaction, in: Journal of Personality and Social Psychology, 76 (6), 1999, S. 893–910.

188. Moestue/Cialdini, 2016, S. 7.

189. Gurit E. Birnbaum/Kobi Zholtack/Harry T. Reis: No pain, no gain: Perceived partner mate value mediates the desire-inducing effect of being hard to get during online and face-to-face encounters, in: Journal of Social and Personal Relationships, 37 (8–9), 2020.

190. Frank Huber/Isabel Matthes/Julia Hamprecht/Felix Ackermann: Erfolgsfaktoren und Rückwirkungseffekte von Limited Editions. Eine empirische Analyse im FMCG-Markt, Siegburg 2012; Heribert Gierl/Michael Plantsch: Sind knappe Produkte attraktiver?, in: Marketing ZFP, 29 (2), 2007, S. 119–142.

191. Gupta, 2005, S. 18.

192. Russell H. Fazio/Jim Blascovich/Denise M. Driscoll: On the Functional Value of Attitudes: The Influence of Accessible Attitudes on the Ease and Quality of Decision Making, in: Personality and Social Psychology Bulletin, 18 (4), 1992, S. 388–401; Dennis T. Regan/Martin Kilduff: Optimism about elections: Dissonance reduction at the ballot box, in: Political Psychology, 9 (1), 1988, S. 101–107.

193. Cialdini, 2009, S. 75 ff.

194. Caitlin Flanagan: The Dark Power of Fraternities, in: The Atlantic, 15. März 2014, https://www.theatlantic.com/magazine/archive/2014/03/the-dark-power-of-fraternities/357580/

195. Richard M. Perloff: The dynamics of persuasion. Communication and Attitudes in the 21st Century, London 2017, S. 423–426.

196. Frank W. Young: Initiation ceremonies. A cross-cultural study of status dramatization, Indianapolis 1965.

197. Cialdini, 2009, S. 78–81.

198. Mancur Olson: The Logic of Collective Action. Public Goods and the Theory of Groups, Cambridge, MA, 1965.

199. Robert A. Pape/James K. Feldman: Cutting the Fuse: The Explosion of Global Suicide Terrorism and How to Stop It, Chicago 2010, S. 360.

200. Carsten Upadek: Scientology – Die Struktur, in: Planet Wissen, 25. September 2018, https://www.planet-wissen.de/kultur/religion/jenseits_der_traditionellen_kirchen/scientology-struktur-100.html

201. Douglas E. Cowan/David G. Bromley: Cults and New Religions. A Brief History, Hoboken, NJ, 2015 (2. Aufl.), S. 44.

202. Grigoriadis, 30. Mai 2018.

203. Koehler, 2016, S. 73–79.

204. Michael Freeden: Political concepts and ideological morphology, in: Journal of Political Philosophy, 2 (2), 1994, S. 156.

205. Upadek, 25. September 2018.

206. Hansjörg Hemminger: Transzendentale Meditation (TM) – Kurzbeschreibung, in: Arbeitsstelle für Weltanschauungsfragen, Evangelische Landeskirche in Württemberg, 1. Dezember 2008, https://www.weltanschauung.elk-wue.de/fileadmin/mediapool/einrichtungen/E_weltanschauungsbeauftragte/DoksO-T/TM_kurz.pdf; Lenz Jacobsen: Die Hochschullandschaft erleuchten, in: Die Zeit 47/2007, https://www.zeit.de/campus/online/2007/47/lynch-uni; Svenja Mierau: Transzendentale Meditation: Aktivitäten, Hintergründe und Absichten, in: SektenInfo NRW, 9. März 2007, https://sekten-info-nrw.de/information/artikel/artikel-zu-guruistischen-gruppen/transzendentale-meditation-aktivitaeten,-hintergruende-und-absichten

207. Grigoriadis, 30. Mai 2018.

208. Grigoriadis, 30. Mai 2018.

209. Freedom of Mind Resource Center: Undoing Undue Influence and the BITE Model of Authoritarian Control, 2. Oktober 2020, https://freedomofmind.com/wp-content/uploads/2020/10/BITE-Model-of-Authoritarian-Control-Handout-Oct2-2020.pdf

210. Benjamin Zablocki: Towards a Demystified and Disinterested Scientific Theory of Brainwashing, in: Benjamin Zablocki/Thomas Robbins (Hg.): Misunderstanding Cults. Searching for Objectivity in a Controversial Field, Toronto 2001, S. 188.

211. Lacy G. McNamee et al.: A Call to Educate, Participate, Invoke and Indict. Understanding the Communication of Online Hate Groups, in: Communication Monographs, 77 (2), 2010, S. 273.

212. Koehler, 2016, S. 73–75; Moghaddam, 2005, S. 165; Kruglanski et al., 2017, S. 223.

213. Bjørgo, 2011, S. 282.

214. Maajid Nawaz: Radical. My journey out of islamist extremism, Guilford, CT, 2013, S. 248.

215. Thomas Chatterton Williams: Maajid Nawaz's Radical Ambition, in: New York Times, 28. März 2017, https://www.nytimes.com/2017/03/28/magazine/can-a-former-islamist-make-it-cool-to-be-moderate.html?_r=0; Nawaz, 2013, S. 273 f.

216. Williams, 28. März 2017.

217. Vanessa Thorpe: LBC's Maajid Nawaz's fascination with conspiracies raises alarm, in: The Guardian, 31. Januar 2021, https://www.theguardian.com/tv-and-radio/2021/jan/31/lbcs-maajid-nawazs-fascination-with-conspiraciesraises-alarm
218. Williams, 28. März 2017.
219. Bjørgo, 2011, S. 277–284.
220. Bjørgo, 2011, S. 279.
221. Koehler 2016, S. 15–23.
222. Janey Schumacher/Daniel Köhler: Extremismus: Eine Gefahr für die Demokratie, in: Cannstatter Zeitung, 4. Februar 2020, https://www.cannstatter-zeitung.de/inhalt.praeventionsprojekt-an-schulen-informiert-ueber-radikalisierung-extremismus-eine-gefahr-fuer-die-demokratie.3853c182-5953-45c0-a713-424601c57cb8.html
223. Claire Friedemann Smith et al.: GPs' use of gut feelings when assessing cancer risk: a qualitative study in UK primary care, in: British Journal of General Practice, 71(706), 2021, S. 356–363, https://www.ncbi.nlm.nih.gov/pmc/articles/PMC7997673/; Gary Klein/Roberta Calderwood/Anne Clinton-Cirocco: Rapid Decision Making on the Fire Ground: The Original Study Plus a Postscript, in: Journal of Cognitive Engineering and Decision Making, 4 (3), 2010, S. 186–209, https://www.researchgate.net/publication/254088491_Rapid_Decision_Making_on_the_Fire_Ground_The_Original_Study_Plus_a_Postscript
224. Friedemann Schulz von Thun: Miteinander reden 2 – Stile, Werte und Persönlichkeitsentwicklung. Differentielle Psychologie der Kommunikation, Reinbek 1989.
225. Christina Berndt: Resilienz. Das Geheimnis der psychischen Widerstandskraft. Was uns stark macht gegen Stress, Depressionen und Burnout, München 2013, S. 31.
226. Cass Sunstein: Terrorism and Probability Neglect, in: The Journal of Risk and Uncertainty, 26 (2/3), 2003, S. 121.
227. Berndt, 2013, S. 74, S. 193–203, S. 213–218, 221–230.
228. Koehler, 2016, S. 78.
229. Frank Nordhausen/Liane von Billerbeck: Scientology. Wie der Sekten-Konzern die Welt erobern will, Berlin 2008, S. 163; Fredy Gareis: Undercover bei Scientology, in: Stern, 24. Mai 2008, https://www.stern.de/politik/deutschland/sekte-undercover-bei-scientology-3860080.html
230. Koehler, 2016, S. 78.
231. Tourish/Wolforth, 2015, S. 560–564.
232. Bjørgo, 2011, S. 282.
233. Gupta, 2005, S. 19.
234. Bjørgo, 2011, S. 280 ff.

235. Koehler, 2016, S. 24.
236. Lewis A. Coser: Greedy Institutions. Patterns of Undivided Commitment, New York 1974.
237. Stephen Reicher/Alexander Haslam/Rakshi Rath: Making a Virtue of Evil: A Five-Step Social Identity Model of the Development of Collective Hate, in: Social and Personality Psychology Compass, 2/3, 2008, S. 1313–1344.
238. Christopher Schrader: 4. Definiere Dein Ziel und die Methoden: Was willst Du wie erreichen?, in: Über Klima sprechen. Das Handbuch, https://klimakommunikation.klimafakten.de/wp-content/uploads/HandbuchKlimakommunikation_Kap04-ZieleMethoden_final.pdf
239. Robert P. Abelson: Beliefs Are Like Possessions, in: Journal for the Theory of Social Behaviour, 16 (3), 1986, S. 237.
240. Marshall B. Rosenberg: Speak Peace in a World of Conflict: What You Say Next Will Change Your World, Encinitas, CA, 2005, S. 41–45.
241. Jonah Berger: Catalyst, New York 2020, S. 80–90.
242. Steven Hassan: Freedom of Mind: Helping Loved Ones Leave Controlling People, Cults, and Beliefs, Newton, MA, 2012, S. 184.
243. Ebd., S. 254 ff.
244. Ebd., S. 163–166, S. 283–296.
245. Ebd., S. 250 ff.
246. Marshall B. Rosenberg: Gewaltfreie Kommunikation. Aufrichtig und einfühlsam miteinander sprechen. Neue Wege in der Mediation und im Umgang mit Konflikten, Paderborn 2003, S. 144–152.
247. Rosenberg, 2005, S. 43.
248. Der Tagesspiegel/dpa/AFP: Esoteriker-Paar wegen Kindesmisshandlung verurteilt, in: Der Tagesspiegel, 4. August 2015, https://www.tagesspiegel.de/gesellschaft/panorama/guru-von-lonnerstadt-muss-ins-gefaengnis-esoteriker-paar-wegen-kindesmisshandlung-verurteilt/12142164.html; Katja Auer: «Nur noch Haut und Knochen», in: Süddeutsche Zeitung, 16. Juli 2014, https://www.sueddeutsche.de/bayern/prozess-um-guru-von-lonnerstadt-nur-noch-haut-und-knochen-1.2050269
249. Julian Borger: Mother who denied Aids link faces police investigation after death of daughter, in: The Guardian, 26. September 2005, https://www.theguardian.com/world/2005/sep/26/usa.aids
250. Birte Bredow/dpa: Landgericht Hanau verurteilt mutmaßliche Sektenanführerin zu lebenslanger Haft, in: Spiegel Online, 24. September 2020, https://www.spiegel.de/panorama/justiz/hanau-mutmassliche-sektenanfuehrerin-wegen-tod-eines-vierjaehrigen-zu-lebenslanger-haft-verurteilt-a-1a0f9008-7009-44d7-8170-270a70b3486c
251. Sara E. Gorman/Jack M. Gorman: Denying to the Grave: Why We Ignore the Facts That Will Save Us, Oxford 2017, S. 566.

252. Jan-Willem van Prooijen et al.: Social-cognitive processes underlying belief in conspiracy theories, in: Michael Butter/Peter Knight (Hg.): Routledge Handbook of Conspiracy Theories, London 2020, S. 173 f.
253. Meineck/Laufer, 2. September 2020.
254. van Prooijen et al., 2020, S. 175; The Media Insight Project: ‹Who shared it?› How Americans decide what news to trust on Social Media, März 2017, https://apnorc.org/wp-content/uploads/2020/02/MediaInsight_Social-Media-Final.pdf; Michael B. Robb: News and American Kids. How Young People Perceive and Are Impacted by the News, 2017, https://www.commonsensemedia.org/sites/default/files/uploads/research/2017_commonsense_newsandamericaskids.pdf
255. Klimafakten.de (28. April 2020): P-L-U-R-V – das sind die häufigsten Methoden der Desinformation. Neue Infografik im Posterformat, https://www.klimafakten.de/meldung/p-l-u-r-v-das-sind-die-haeufigsten-methoden-der-desinformation-neue-infografik-im; John Cook: A history of FLICC: the 5 techniques of science denial, 31. März 2020, https://skepticalscience.com/history-FLICC-5-techniques-science-denial.html
256. Helen Branswell: Scientist concedes his controversial MS therapy, once a source of great hope, is ‹largely ineffective›, in: Statnews, 28. November 2017, https://www.statnews.com/2017/11/28/multiple-sclerosis-paolo-zamboni/; Paolo Zamboni et al.: Efficacy and Safety of Extracranial Vein Angioplasty in Multiple Sclerosis. A Randomized Clinical Trial, in: JAMA Neurology, 2017, https://jamanetwork.com/journals/jamaneurology/fullarticle/2664001; Gerlinde Gukelberger-Felix: Mediziner zweifeln an fragwürdiger Theorie, in: Spiegel Online, 10. Oktober 2013, https://www.spiegel.de/gesundheit/diagnose/multiple-sklerose-das-ende-der-cerebro-spinalen-nervoesen-insuffizienz-a-926863.html
257. Jonathan Haidt: The righteous mind, New York 2012, S. 113 f., S. 139, S. 172–204.
258. Veronika Engert et al.: Cortisol increase in empathic stress is modulated by emotional closeness and observation modality, in: Psychoneuroendocrinology, 45, 2014, S. 192–201; Paul Bloom: The baby in the well. The case against empathy, in: The New Yorker, 13. Mai 2013, https://www.newyorker.com/magazine/2013/05/20/the-baby-in-the-well; Emil J. Authelet/Harold G. Koenig/Daniel L. Langford: When the Caregiver Becomes the Patient: A Journey from a Mental Disorder to Recovery and Compassionate Insight, London 2002.
259. Lisa Hegemann/Meike Laaff: Wie kommt man dem Hass auf Telegram bei?, in: Zeit Online, 23. September 2021, https://www.zeit.de/digital/internet/2021-09/idar-obersteinangriff-telegram-maskenstreit-messengerdienst-kontrolle-forderungen

260. Abraham H. Maslow: The Psychology of Science: A Reconnaissance, New York 1966, S. 15.

261. Abelson, 1986, S. 223–250.

262. John Suler: The Online Disinhibition Effect, in: CyberPsychology & Behavior 7 (3), 2004, https://www.researchgate.net/publication/8451443_The_Online_Disinhibition_Effect

263. Max Read: Going Postal. A psychoanalytic reading of social media and the death drive, in: Bookforum, 27 (3), 3. September 2020, https://www.bookforum.com/print/2703/a-psychoanalytic-reading-of-social-media-and-the-death-drive-24171

264. Joshua Garland et al.: Countering hate on social media. Large scale classification of hate and counter speech, 2020, https://arxiv.org/abs/2006.01974

265. Santa Fe Institute, Office of Communications: SFI @SciWri: Researchers unveil massive analysis of online hate & counter-speech, 22. Oktober 2020, https://www.santafe.edu/news-center/news/sfi-sciwri-researchers-unveil-massive-analysis-online-hate-counter-speech

266. Patrick Gensing/Lena Kampf, 22. April 2020: Wie Trolle im Wahlkampf manipulierten, in: tagesschau.de, https://www.tagesschau.de/faktenfinder/inland/manipulation-wahlkampf-101.html

267. Council of the EU, Pressemitteilung: Declaration by the High Representative on behalf of the European Union on respect for the EU's democratic processes, 24. September 2021, https://www.consilium.europa.eu/en/press/press-releases/2021/09/24/declaration-by-the-high-representative-on-behalf-of-the-european-union-on-respect-for-the-eu-s-democratic-processes/

268. Marlene Halser/Julia Ebner: Nur der Hass zählt, in: fluter, 1. November 2018, https://www.fluter.de/wie-trolle-im-netz-hass-verbreiten

269. Maik Baumgärtner/Roman Höfner/Ann-Katrin Müller: «Meine Familie und ich sind ungeschützt», in: Der Spiegel 15/2021, 8. April 2021, https://www.spiegel.de/politik/deutschland/doxing-gegen-comedy-autorin-jasmina-kuhnke-haltdiefresse-a-24fd1a0d-0142-4df9-90a0-22cd0bc44382

270. Tim Wiese: «Es war diese Sehnsucht», in: Deutschlandfunk Kultur, 2. August 2018, https://www.deutschlandfunkkultur.de/aus-der-sicht-eines-stalkers-es-war-diese-sehnsucht.976.de.html?dram:article_id=424460

271. Katharina Schipkowski: Andy Grote will kein Pimmel sein, in: taz, 8. September 2021, https://taz.de/Hausdurchsuchung-wegen-eines-Tweets/!5799732/

272. Grundgesetz, Artikel 5, Absatz 2, https://dejure.org/gesetze/GG/5.html

273. https://hateaid.org/
274. https://www.hilfetelefon.de/aktuelles.html
275. https://www.maennerhilfetelefon.de/
276. https://weisser-ring.de/
277. Richard Gutjahr: Unter Beschuss, 11. Januar 2018, https://www.gutjahr.biz/2018/01/hatespeech/
278. Sunstein, 2003, S. 121.
279. Steffen Bambach/Institut für Traumatherapie: Die 5–4–3–2–1-Übung, 2003, https://www.traumatherapie.de/users/bambach/hydratext.html
280. die online Psychologen: Grübeln beenden, 3. Dezember 2017, https://www.dieonlinepsychologen.de/tag/gruebeln-beenden.html
281. Eckhard Roediger: Schematherapie: Grundlagen, Modell und Praxis, Stuttgart 2016, (3. Aufl.), S. 329.
282. Martin Murphy/Andreas Dörnfelder/Stefan Menzel: Rassismus-Vorwürfe: VW entschuldigt sich für Werbespot, in: Handelsblatt, 20. Mai 2020, https://www.handelsblatt.com/unternehmen/industrie/neuer-golf-rassismus-vorwuerfe-vw-entschuldigt-sich-fuer-werbespot/25847110.html; Conrad Breyer: VW entzieht sich seiner Verantwortung, in: W&V, 11. Juni 2020, https://www.wuv.de/agenturen/vw_entzieht_sich_seiner_verantwortung; Anna von Garmissen: VW: Unconscious Bias in einem Weltkonzern, in: Achterknoten, 24. August 2020, https://www.achterknoten.de/aktuelles/vw-rassismusvorwurf
283. Jan Lindenau: Mit diesem Trick vertreibt eine Gamerin rassistische Trolle, in: Vice, 2. November 2018, https://www.vice.com/de/article/a3p5b5/twitch-gamerin-xmiramira-vertreibt-trolle-mit-cock-emoji-rassismus
284. Kashmir Hill/Jeremy White: Designed to Deceive: Do These People Look Real to You?, in: The New York Times, 21. November 2020, https://www.nytimes.com/interactive/2020/11/21/science/artificial-intelligence-fake-people-faces.html
285. Mirja Gabathuler: Rassisten machten den Frosch zum Troll – darum musste er sterben, in: SRF, 8. Mai 2017, https://www.srf.ch/kultur/netzwelt/rassisten-machten-den-frosch-zum-troll-darum-musste-er-sterben
286. Echtermann, 2020.
287. via telefonbucheintrag@telekom.de oder unter 0800 4540207
288. https://www.denic.de/
289. https://www.google.com/webmasters/tools/legal-removal-request?complaint_type=rtbf&hl=de&rd=1#
290. https://sec.hpi.de/ilc/search?lang=de
291. Martin Dahms: Spanien: Regierung legt Preise für Mundschutz fest, in: Berliner Zeitung, 26. April 2020, https://www.berliner-zeitung.de/

wirtschaft-verantwortung/spanien-mundschutz-fuer-hoechstens-96-cent-li.82055
292. Nadia Pantel: Hilfe rufen, wenn der Peiniger danebensteht, ist unmöglich, in: Süddeutsche Zeitung, 31. März 2020, https://www.sueddeutsche.de/panorama/corona-frankreich-haeusliche-gewalt-hilfe-1.4862729
293. Claudia Wüstenhagen/Sven Stockrahm/Cornelia Betsch/Michael Bang Petersen: «In Dänemark vertrauen die Menschen einander», in: Zeit Online, 25. September 2021, https://www.zeit.de/gesundheit/2021-09/corona-politik-daenemark-massnahmen-impfquote-psychologie-vertrauen-betsch-petersen
294. Universität Erfurt/Robert Koch-Institut/Bundeszentrale für gesundheitliche Aufklärung/Leibniz-Institut für Psychologie/Science Media Center/Bernhard Nocht Institut für Tropenmedizin/Yale Institute for Global Health: COSMO – COVID-19 Snapshot Monitoring, Impfungen, https://projekte.uni-erfurt.de/cosmo2020/web/topic/impfung/10-impfungen/#impfstatus-und-impfbereitschaft; Ministerium des Innern des Landes Nordrhein-Westfalen: Sonderbericht zu Verschwörungsmythen und «Corona-Leugnern», 2021, S 36 f., https://www.im.nrw/system/files/media/document/file/Sonderbericht_2021_Verschwoerungsmythen_und_Corona-Leugner.pdf
295. Michael Wolfowicz et al.: What Is the State of the Quantitative Literature on Risk Factors for Radicalization and Recruitment to Terrorism?, in: David Weisburd et al. (Hg.): Understanding Recruitment to Organized Crime and Terrorism, New York 2020, S. 25.
296. Sageman, 2014, S. 565–580; Mia Bloom: Chasing Butterflies and Rainbows. A Critique of Kruglanski et al.'s «‹Fully Committed: Suicide Bombers› Motivation and the Quest for Personal Significance», in: Political Psychology, 30 (3), 2009, S. 387.
297. Wolfowicz et al., 2020, S. 26; Sageman, 2014, S. 567 f.
298. Bundeskriminalamt: RADAR (Regelbasierte Analyse potentiell destruktiver Täter zur Einschätzung des akuten Risikos), o. J., https://www.bka.de/DE/UnsereAufgaben/Deliktsbereiche/PMK/Radar/radar_node.html
299. Vice: Diese Doku zeigt, was Polizei-Bespitzelung mit den Opfern macht, 13. Juni 2017, https://www.vice.com/de/article/3kz5pj/diese-doku-zeigt-waspolizei-bespitzelung-mit-den-opfern-macht; John Goetz/Thomas Hahn: Liebst du mich?, in: Süddeutsche Zeitung, 12. Juni 2017, https://www.sueddeutsche.de/politik/verdeckte-ermittlungen-in-der-roten-flora-liebst-du-mich-1.3543338; Kai von Appen: Polizeiliches Eingeständnis, in: taz, 10. Juli 2016, https://taz.de/Ausspitzelung-der-linken-Szene-Hamburgs/!5317368/

300. Daniel Koehler: Five years after ISIS' major offensive, what has changed regarding Europe's counter-radicalisation strategy?, in: Friends of Europe, 3. Mai 2019, https://www.friendsofeurope.org/insights/five-years-after-isis-major-offensive-what-has-changed-regarding-europes-counter-radicalisation-strategy/
301. Jana Simon: Der Vertrauensmann, in: Zeit Magazin Nr. 4/2021, 20. Januar 2021, https://www.zeit.de/zeit-magazin/2021/04/thomas-muecke-ideologie-rechtsradikalismus-islamismus
302. Simon, 2021; Marcus Staiger: Nick Greger kämpft für Jesus und gegen den Islam, in: Vice, 10. Dezember 2013, https://www.vice.com/de/article/xdkazw/neu-jerusalem-in-gambia-0000601-v9n11
303. Daniel Köhler/Ministerium für Inneres, Digitalisierung und Migration, Baden-Württemberg, 2018, S. 18.
304. Robert M. Bauer/Ward M. Eagen (2008): Design Thinking – Epistemic Plurality in Management and Organization, in: Aesthesis, 2(3), S. 64–74.
305. Alexander Gorts/Margarete Pratschke: Design Thinking – Kreativität als Methode, in: Marketing Review St. Gallen 2–2009, 2009, https://www.fu-berlin.de/en/sites/nachhaltigkeit/10_dokumente/DesignThinking-Kreativitaet-als-Methode.pdf
306. Philipp Daum/Philip Faigle/Rafael Behr: «Die Polizei ist sehr machtvoll. Wir müssen misstrauisch sein», in: Zeit Online, 20. August 2020, https://www.zeit.de/gesellschaft/2020-08/rafael-behr-racialprofiling-polizei gewalt-ausbildung-polizisten; Klaus/Behr, 2020.
307. Karen Hao: How Facebook got addicted to spreading misinformation, in: MIT Technology Review, 11. März 2021 https://www.technologyreview.com/2021/03/11/1020600/facebookresponsible-ai-misinformation
308. Amy Siskind: Child-Rearing Issues in Totalist Groups, in: Benjamin Zablocki/Thomas Robbins (Hg.): Misunderstanding Cults. Searching for Objectivity in a Controversial Field, Toronto 2001, S. 420.
309. https://www.qualitaetsoffensive-lehrerbildung.de/files/Neue_Wege_in_der_Lehrerbildung.pdf
310. https://www.bpb.de/politik/extremismus/radikalisierungspraevention/216365/newsletter-abonnieren-archiv
311. https://www.netzwerk-radikalisierungspraevention.com/
312. https://www.clearing-schule.de/
313. SZ/dpa: Präventiv für Demokratie, in: Süddeutsche Zeitung, 21. Oktober 2018, https://www.sueddeutsche.de/bayern/passau-praeventiv-fuer-demokratie-1.4178703
314. Eitan Y. Alimi et al.: The Dynamics of Radicalization: A Relational and Comparative Perspective, Oxford 2015, S. 271.
315. Cynthia Lum/Leslie W. Kennedy/Alison Sherley: Are Counter-Terrorism

Strategies Effective? The Results of the Campbell Systematic Review on Counter-Terrorism Evaluation Research, in: Journal of Experimental Criminology, 2 (4), 2006, S. 489–516.

316. Wolfowicz et al., 2020, S. 49; Michael Wolfowicz et al.: A Field-Wide Systematic Review and Meta-analysis of Putative Risk and Protective Factors for Radicalization Outcomes, in: Journal of Quantitative Criminology, 36, 2020, S. 407–447; Fabian Srowig et al.: Radikalisierung von Individuen: Ein Überblick über mögliche Erklärungsansätze, in: Prif Report 6/2018, Report-Reihe Gesellschaft Extrem, Leibniz-Institut Hessische Stiftung Friedens- und Konfliktforschung, Peace Research Institute Frankfurt 2018.

317. https://www.presserat.de/ruegen-presse-uebersicht.html

318. Benjamin Bidder/Reuters: Springer-Verlag findet Döpfners DDR-Vergleich überspitzt, in: Spiegel Online, 19. Oktober 2021, https://www.spiegel.de/wirtschaft/unternehmen/mathias-doepfner-axel-springer-verlag-relativiert-ddr-vergleich-als-ueberspitzt-a-3d1ad045-cded-4b87-a6b4-484d6ceadcb2; Dirk Peitz: Unter drei, in: Zeit Online, 19. Oktober 2021, https://www.zeit.de/kultur/2021-10/julian-reichelt-bild-zeitung-axel-springer-ippen-recherche; öffentlicher Tweet von Ben Smith am 18. Oktober 2021: https://twitter.com/benyt/status/1450210786303938561?s=21; Ben Smith: At Axel Springer, Politico's New Owner, Allegations of Sex, Lies and a Secret Payment, in: The New York Times, 17. Oktober 2021, https://www.nytimes.com/2021/10/17/business/media/axel-springer-bild-julian-reichelt.html

319. Zeit Online/dpa/Veronika Völlinger: Mathias Döpfner bedauert DDR-Vergleich, in: Zeit Online, 24. Oktober 2021, https://www.zeit.de/kultur/2021-10/axel-springer-mathias-doepfner-bdzv-praesident-kritik-private-sms

320. RND/dpa: Nach Reichelt-Aus: Springer-Chef Mathias Döpfner äußert Bedauern für betroffene Frauen, in: RND, 22. Oktober 2021, https://www.rnd.de/medien/nach-reichelt-aus-springer-chef-mathias-doepfner-aeussert-bedauern-fuer-betroffene-frauen-NQXFD7CAI7ZUOOXO52ATNJBNKY.html

321. Stefan Schultz/dpa-AFX: So begründet Ippen das Zurückhalten der Springer-Recherche, Spiegel Online, 18. Oktober 2021, https://www.spiegel.de/wirtschaft/unternehmen/ippen-mediengruppe-begruendet-zurueckhalten-der-recherche-zu-julian-reichelt-und-springer-a-77db9aec-bbe8-4b3d-98ce-0080215534fa

322. Meinolf Ellers: Journalismus in Zeiten der Polarisierung: neun Empfehlungen von Jeff Jarvis, in: dpa, 30. September 2020, https://innovation.dpa.com/2020/09/30/jeff-jarvis-journalismus-neun-empfehlungen/

323. Nina Horaczek: Die virale Wirkmacht der Impfgegner, in: Falter 51/20, 15. Dezember 2020, https://www.falter.at/zeitung/20201215/die-virale-wirkmacht-der-impfgegner
324. Babsi Clute-Simon: Nicht pieksen, ich habe Argumente, in: taz, 10. März 2018, https://taz.de/Die-Geschichte-der-Impfgegner/!5490195/
325. BR24 Rundschau: #Faktenfuchs: Was ist dran an #DIVIgate?, in: BR, 22. Mai 2021, https://www.br.de/nachrichten/deutschland-welt/divigate-was-ist-dran-ein-faktenfuchs,SY3WGGT
326. Steffen Rabe/Dieter Kassel: Keine Impfung ohne individuelle Nutzen-Risiko-Abwägung, in: Deutschlandfunk Kultur, 4. Dezember 2020, https://www.deutschlandfunkkultur.de/arzt-steffen-rabe-zu-corona-keine-impfung-ohne-individuelle.1008.de.html?dram:article_id=488675
327. Brian Deer: How the vaccine crisis was meant to make money, in: the BMJ, 342 (7789), 11. Januar 2011, https://www.bmj.com/content/342/bmj.c5258
328. Clare Dyer: Wakefield was dishonest and irresponsible over MMR research, says GMC, in: the BMJ, 340, 29. Januar 2010, https://www.bmj.com/content/340/bmj.c593.full
329. John F. Burns: British Medical Council Bars Doctor Who Linked Vaccine With Autism, in: The New York Times, 24. Mai 2010, https://www.nytimes.com/2010/05/25/health/policy/25autism.html; Cinthia Briseño/dpa/AFP, 3. Februar 2010, https://www.spiegel.de/wissenschaft/medizin/zurueckgezogene-studie-das-offizielle-ende-eines-forschungsskandals-a-675592.html; Reiner Luyken: Panik vor dem Piks, in: Die Zeit 17/2007, 19. April 2007, https://www.zeit.de/2007/17/M-Anti-Impfkampagne
330. Walter Laqueur: The New Terrorism: Fanaticism and the Arms of Mass Destruction, Oxford 1999, S. 44.
331. David P. Phillips: The Impact of Mass Media Violence on U. S. Homicides, in: American Sociological Review, 48 (4), 1983, S. 560–568, http://jefftirshfield.com/wp-content/uploads/2017/09/Mass-Media-Violence-and-Homicide_Phillips-1983.pdf
332. Adam Lankford/Eric Madfis: Don't Name Them, Don't Show Them, But Report Everything Else: A Pragmatic Proposal for Denying Mass Killers the Attention They Seek and Deterring Future Offenders, in: American Behavioral Scientist, 62(2), 2017, https://www.researchgate.net/publication/319560751_Don't_Name_Them_Don't_Show_Them_But_Report_Everything_Else_A_Pragmatic_Proposal_for_Denying_Mass_Killers_the_Attention_They_Seek_and_Deterring_Future_Offenders